KLAUS-ALBRECHT GERSTENMAIER

Die Sozialstaatsklausel des Grundgesetzes
als Prüfungsmaßstab im Normenkontrollverfahren

Schriften zum Öffentlichen Recht

Band 267

Die Sozialstaatsklausel des Grundgesetzes als Prüfungsmaßstab im Normenkontrollverfahren

Justitiabilität und Justitiabilisierung der
Sozialstaatsklausel des Grundgesetzes

Von

Dr. Klaus-Albrecht Gerstenmaier

DUNCKER & HUMBLOT / BERLIN

Alle Rechte vorbehalten
© 1975 Duncker & Humblot, Berlin 41
Gedruckt 1975 bei Buchdruckerei A. Sayffaerth - E. L. Krohn, Berlin 61
Printed in Germany

ISBN 3 428 03407 4

Meinen Eltern

Inhaltsverzeichnis

Teil A

Einleitung und Problemstellung   15

Teil B

Inhaltliche Bedeutung der Sozialstaatsklausel des Grundgesetzes   17

1.	Historische Entwicklung der Sozialstaatsidee	17
1.1.	Im Mittelalter	17
1.1.1.	Im jütischen Recht	17
1.1.2.	Armenpflege kein Element der Sozialstaatlichkeit	18
1.2.	Die Auffassung Wilhelm v. Humboldts	18
1.3.	Erste Formulierungen der Sozialstaatsidee	18
1.3.1.	Rodbertus und Radowitz	19
1.3.2.	Lorenz von Stein	19
1.4.	Erste Positivierungen unter Bismarck	20
1.5.	Der Sozialstaatsgedanke in der Weimarer Verfassung	21
1.6.	Die Sozialstaatsklausel des Grundgesetzes — reformatio in peius?	22
2.	Die Entstehungsgeschichte der grundgesetzlichen Sozialstaatsklausel	22
2.1.	Tauglichkeit der Entstehungsgeschichte als Interpretationshilfe	23
2.2.	Fehlen gemeinsamer Vorstellungen im Parlamentarischen Rat	24
3.	Diskussion der Sozialstaatsklausel im Schrifttum: „Indefinibles" Beiwort oder selbständige Verfassungsentscheidung	24
3.1.	Der Begriff der Sozialstaatlichkeit als Erweiterung des Rechtsstaatsprinzips	25
3.1.1.	Die Auffassung Grewes	26
3.1.2.	Die Auffassung Kleins	27
3.1.3.	Die Auffassung Ipsens	27

Inhaltsverzeichnis

3.1.4.	Die Auffassung Forsthoffs	28
3.1.5.	Die Auffassung Bachofs	29
3.1.6.	Die Auffassung Scheuners	30
3.1.7.	Die Auffassung Mengers	31
3.1.8.	Die Auffassung Leibholz'	32
3.2.	Die modernere Lehre: Selbständige Bedeutung des Sozialstaatsprinzips im Verfassungssystem	33
3.2.1.	Sozialstaatsprinzip als unmittelbare Anspruchsgrundlage	34
3.2.2.	Die Auffassungen Lerches und W. Webers	34
3.2.3.	Die Auffassung Hartwichs	34
4.	Die Sozialstaatsklausel in der Rechtsprechung	35
4.1.	Die Rechtsprechung des Bundesverfassungsgerichtes	35
4.1.1.	Die Urteile und Beschlüsse im einzelnen	35
4.1.2.	Zusammenfassung	42
4.2.	Die Rechtsprechung der obersten Bundesgerichte	43
4.2.1.	Die Rechtsprechung des Bundesverwaltungsgerichtes	43
4.2.2.	Die Rechtsprechung des Bundesarbeitsgerichtes	44
4.2.3.	Die Rechtsprechung des Bundesgerichtshofes	45
4.2.4.	Die Rechtsprechung des Bundessozialgerichtes	46
4.2.5.	Die Rechtsprechung des Bundesfinanzhofes	47
4.2.6.	Zusammenfassung	49
5.	Eigene Beurteilung	49
5.1.	Die Sozialstaatsklausel als unverbindliches Postulat oder geltendes Recht?	49
5.2.	Die formale Struktur der grundgesetzlichen Sozialstaatsklausel	52
5.2.1.	Sedes materiae	52
5.2.2.	Rechtssatz — Rechtsgrundsatz — verfassungsgestaltende Grundentscheidung	53
5.2.2.1.	Die Sozialstaatsklausel als Rechtssatz?	53
5.2.2.2.	Die Sozialstaatsklausel als Rechtsgrundsatz?	54
5.2.2.3.	Die Sozialstaatsklausel als verfassungsgestaltende Grundentscheidung?	57
5.2.2.3.1.	Die Lehre Wolffs von den verfassungsgestaltenden Grundentscheidungen	57
5.2.2.3.2.	Kritische Bemerkungen zur Wolffschen Lehre	58
5.2.3.	Zusammenfassung	61
5.3.	Der materielle Gehalt der Sozialstaatsklausel — Grundlagen —	62
5.4.	Einzelfunktionen der Sozialstaatsklausel — allgemeines —	63
5.5.	Sozialstaatsklausel und Legislative	66

5.5.1.	Legislative und statisch-konservierende Funktion der Sozialstaatsklausel	66
5.5.1.1.	Verbot der ersatzlosen Abschaffung des Systems der sozialen Sicherung und anderer Institutionen	67
5.5.1.2.	Grenzen und Inhalt der konservierenden Funktion	68
5.5.2.	Legislative und dynamisch-repressive Funktion der Sozialstaatsklausel	69
5.5.2.1.	Pflicht des Gemeinwesens, äußere Not zu beseitigen	69
5.5.2.2.	Grenzen der staatlichen Eingriffsverpflichtung zugunsten des einzelnen — Prinzip der Subsidiarität	70
5.5.2.3.	Staatlicher Eingriff zugunsten sozialer Gruppierungen	71
5.5.2.4.	Korrespondierender Einzelanspruch auf legislative Aktivität	72
5.5.3.	Legislative und dynamisch-progressive Funktion der Sozialstaatsklausel	73
5.5.3.1.	Pflicht zur Errichtung zeitgerechter sozialer Ordnungen	74
5.5.3.2.	Kontinuierliche Anpassung anstelle radikaler Umgestaltung	74
5.6.	Sozialstaatsklausel und Verwaltung	75
5.6.1.	Verwaltung als Leistungsträger	75
5.6.2.	Soziale Zielsetzung des Verwaltungshandelns	76
5.6.2.1.	Soziale Zielsetzung bei der Festlegung unbestimmter Rechtsbegriffe	76
5.6.2.2.	Soziale Zielsetzung bei der Ausübung von Ermessen	77
5.7.	Sozialstaatsklausel und rechtsprechende Gewalt	77
5.7.1.	Bindung der Rechtsprechung durch die Sozialstaatsklausel	78
5.7.1.1.	Sozialstaatsklausel als Auslegungsregel	78
5.7.1.2.	Gefahren der Anwendung der Sozialstaatsklausel als Auslegungsregel	80
5.7.1.3.	Korrekturfunktion der Rechtsprechung auf der Basis der Sozialstaatsklausel	80
5.7.2.	Normenkontrolle im Bereich der statischen Funktion der Sozialstaatsklausel	81
5.8.	Zusammenfassung	81

Teil C

Die Sozialstaatsklausel als Prüfungsmaßstab im Normenkontrollverfahren 83

1.	Justitiabilität der verfassungsgestaltenden Grundentscheidung für den sozialen Rechtsstaat	83
1.1.	Allgemeine Voraussetzungen der Justitiabilität	84
1.1.1.	Justitiabilität einer Verfassungsbestimmung	84
1.1.2.	„Negative" Justitiabilität	86

1.1.3.	Justitiabilität der Verfassungsbestimmung auch unter Verzicht auf die intermediäre Funktion einfachen Gesetzesrechts	87
1.1.4.	Unmittelbare Anwendbarkeit trotz notwendiger Weite	87
1.2.	Justitiabilität der Sozialstaatsklausel (Lehre und Rechtsprechung)	88
1.2.1.	Die Auffassungen der Lehre	88
1.2.1.1.	Sozialstaatsklausel nicht justitiabel	89
1.2.1.2.	Begrenzte Justitiabilität der Sozialstaatsklausel	89
1.2.1.3.	Uneingeschränkte Justitiabilität der Sozialstaatsklausel	91
1.2.2.	Die Auffassung der Rechtsprechung	92
1.2.2.1.	Die Ansicht des Bundesverwaltungsgerichtes	92
1.2.2.2.	Die Ansicht des Bundesverfassungsgerichtes	93
1.3.	Justitiabilität der Sozialstaatsklausel (Eigene Ansicht)	98
1.3.1.	Justitiabilität der Sozialstaatsklausel bei Verletzung des Kernbereiches	98
1.3.2.	Justitiabilität des Bereichs des Halbschattens der Sozialstaatsklausel	99
1.3.2.1.	Die „Probleme des Halbschattens"	99
1.3.2.2.	Durchdringung des Bereichs des „Halbschattens" durch Legislative oder Jurisdiktion	100
2.	Justitiabilisierung der Sozialstaatsklausel	101
2.1.	Justitiabilisierung durch legislatives Handeln	101
2.1.1.	Justitiabilisierung durch einfaches Gesetz	101
2.1.2.	Justitiabilisierung durch Verfassungsgesetz: Bestehende ververfassungsgesetzliche Konkretisierungen der Sozialstaatsklausel	104
2.1.2.1.	Art. 14 GG	105
2.1.2.2.	Art. 9 GG	106
2.1.2.3.	Art. 12 GG	106
2.1.2.4.	Art. 15 GG	107
2.1.2.5.	Art. 3 Abs. 1 GG	108
2.1.3.	Exkurs: Sozialstaatsklausel und Gleichheitssatz	110
2.1.3.1.	Formale und materielle Gleichheit	111
2.1.3.1.1.	Verschiedenartige Pflichten des Staates	111
2.1.3.1.2.	Deprivation — Diskriminierung	112
2.1.3.2.	Verstöße gegen formale und materielle Gleichheit	113
2.1.3.3.	Formale und materielle Gleichheit in der Rechtsprechung des Bundesverfassungsgerichts	116
2.1.4.	Zusammenfassung	117
2.2.	Justitiabilisierung durch Rechtsprechung	118
2.2.1.	Der Grundsatz der Trennung der Gewalten	119
2.2.2.	Die Funktion der dritten Gewalt im modernen Verfassungsstaat	123

2.2.3.	Rechtsschöpfung durch die dritte Gewalt im angelsächsischen Rechtskreis	126
2.2.3.1.	Die Relevanz angelsächsischer Praxis für die Klärung der Befugnisse deutscher Gerichte, insbesondere des Bundesverfassungsgerichtes	127
2.2.3.2.	Die Spruchtätigkeit angelsächsischer Gerichte, insbesondere des US-Supreme Court	128
2.2.3.2.1.	Umfang und Grenzen richterlicher Rechtsschöpfung	132
2.2.3.2.2.	Verfassungswandlung durch Zeitablauf	135
2.2.3.2.3.	Richterliche Umdeutung der Verfassung vor Stellungnahme der öffentlichen Meinung	137
2.2.3.2.4.	Zusammenfassung	139
2.2.4.	Befugnis des Richters zu schöpferischer Rechtsfindung	140
2.2.4.1.	Der Richter als „Phonograph"	141
2.2.4.2.	Abkehr von der Doktrin der reinen Gewaltentrennung	142
2.2.4.3.	Befugnis des (Verfassungs-)Richters zur Rechtsfortbildung auf der Basis verfassungsimmanenter Wertvorstellungen	143
2.2.4.4.	Befugnis des (Verfassungs-)Richters zur Rechtsfortbildung auf der Basis der in der Sozialstaatsklausel enthaltenen Wertvorstellungen	143
2.2.4.4.1.	Feststellbarkeit gesetzlicher oder konstitutioneller Wertvorstellung	143
2.2.4.4.2.	Eingriffspflicht des Staates bei freiheitsbedrohender Deprivation	145
2.2.4.5.	Befugnis des Verfassungsrichters zur Justitiabilisierung der Sozialstaatsklausel	148
2.2.4.5.1.	Justitiabilisierung durch Anerkennung existenter zeitgemäßer Formen sozialer Sicherung	149
2.2.4.5.2.	Justitiabilisierung im Wege der Neugestaltung der sozialen Ordnung	150
2.2.5.	Zusammenfassung und Ergebnis	151

Teil D

Schluß 152

Literaturverzeichnis 155

Abkürzungsverzeichnis

Am. Bar. Ass. J.	=	American Bar Association Journal
Am. Journal of Comp. Law	=	American Journal of Comparative Law
AÖR	=	Archiv des öffentlichen Rechts
Ariz.	=	Arizona (Reports)
BAG	=	Bundesarbeitsgericht
BAGE	=	Amtliche Sammlung der Entscheidungen des Bundesarbeitsgerichts
BB	=	Betriebsberater
Betrieb	=	Der Betrieb
BFH	=	Bundesfinanzhof
BGB	=	Bürgerliches Gesetzbuch
BGBl	=	Bundesgesetzblatt
BGH	=	Bundesgerichtshof
BSHG	=	Bundessozialhilfegesetz
BSozG	=	Bundessozialgericht
BSozGE	=	Amtliche Sammlung der Entscheidungen des Bundessozialgerichts
BVerfG	=	Bundesverfassungsgericht
BVerfGE	=	Amtliche Sammlung der Entscheidungen des Bundesverfassungsgerichts
BVerwG	=	Bundesverwaltungsgericht
BVerwGE	=	Amtliche Sammlung der Entscheidungen des Bundesverwaltungsgerichts
Calif.	=	California (Reports)
Can. Bar Rev.	=	Canadian Bar Review
CDU	=	Christlich Demokratische Union
Co.	=	Company
DC	=	District of Columbia
DDR	=	Deutsche Demokratische Republik
diss.	=	dissenting
diss. op.	=	dissenting opinion
DJT	=	Deutscher Juristentag
DÖV	=	Die öffentliche Verwaltung
DRZ	=	Deutsche Rechtszeitschrift
DRiZ	=	Deutsche Richterzeitschrift
DVBl	=	Deutsches Verwaltungsblatt
E	=	Entscheidungen (Band und Seite der amtlichen Sammlung)

EVG	=	Europäische Verteidigungsgemeinschaft
FamRZ	=	Ehe und Familie, Zeitschrift für das gesamte Familienrecht
FAZ	=	Frankfurter Allgemeine Zeitung
FDP	=	Freie Demokratische Partei
F. Supp.	=	Federal Reporter Supplement
GG	=	Grundgesetz
GMH	=	Gewerkschaftliche Monatshefte
GVG	=	Gerichtsverfassungsgesetz
JÖR (NF)	=	Jahrbuch des öffentlichen Rechts (Neue Folge)
JZ	=	Juristenzeitung
KG	=	Kammergericht
KgfEG	=	Kriegsgefangenenentschädigungsgesetz
KPD	=	Kommunistische Partei Deutschlands
LSozG	=	Landessozialgericht
Mich. Law Rev.	=	Michigan Law Review
Miss.	=	Mississippi (Reports)
m. w. N.	=	mit weiteren Nachweisen
NJW	=	Neue Juristische Wochenschrift
NY	=	New York (Reports)
OLG	=	Oberlandesgericht
RdA	=	Recht der Arbeit
Rev.	=	Review
RVO	=	Reichsversicherungsordnung
scil.	=	scilicet
Sect.	=	Section
Sp. Ct. Rep.	=	Supreme Court Reporter
SPD	=	Sozialdemokratische Partei Deutschlands
sten.	=	stenographisch
Univ. Colorado L. Rev.	=	University of Colorado Law Review
USA	=	United States of America
US	=	United States Supreme Court Reports
v.	=	versus
VVDStRL	=	Veröffentlichungen der Vereinigung der deutschen Staatsrechtslehrer
WRV, WV	=	Weimarer Reichsverfassung
WuW	=	Wirtschaft und Wettbewerb
ZGStW	=	Zeitschrift für die gesamten Staatswissenschaften
ZPO	=	Zivilprozeßordnung
ZSR	=	Zeitschrift für Schweizerisches Recht

TEIL A

Einleitung und Problemstellung

„Wo nichts gemeint ist, läßt sich nichts interpretieren[1]." Das harte Wort Forsthoffs zur Sozialstaatsklausel der Artikel 20 und 28 des Grundgesetzes läßt von allem Anfang an fraglich erscheinen, ob nicht jede Erörterung dieses Teils der Verfassung im wörtlichen Sinne gegenstandslos ist oder bestenfalls fernab jeder juristischen Methodik in Sphären der Philosophie und Metaphysik abgleitet[2].

Das „Soziale" des Rechtsstaats, wäre es nur ein geistesgeschichtlichpolitisches Phänomen, entzöge sich der rechtlichen und insbesondere der verfassungsrechtlichen Analyse; dem Juristen zumindest stellte es sich als „Adjektiv dubiosen Sinngehalts"[3] dar.

Die Betrachtung der Geschichte des gegenwärtigen und des vergangenen Jahrhunderts wird zeigen, daß es sich in der Tat bei der Idee des sozialen Staats zunächst um eine Staatsphilosophie und keineswegs um eine Staatsform gehandelt hat. Während in der ersten Hälfte des 19. Jahrhunderts das Gottesgnadentum den Klassenstaat mit durch erste Verfassungen nur wenig geschmälerter Macht beherrschte, verfocht Rodbertus, einer der beiden frühen Theoretiker des Sozialstaates, bereits einen heutigen Ohren revolutionär klingenden Staatssozialismus.

Erst in der zweiten Hälfte des 19. Jahrhunderts setzte ein Prozeß der Verdichtung des philosophischen Theorems zum rechtlich klassifizierbaren System ein. Den heutigen Stand dieser Entwicklung festzustellen wird Aufgabe der Erörterungen sein. Die Klassifizierung allerdings ist mühsam. Schon die Vielzahl der noch immer vertretenen Meinungen[4] bringt das deutlich zum Ausdruck.

Kenntnis von Wesen und Inhalt der Sozialstaatsklausel ist aber notwendige Voraussetzung für eine fruchtbare Untersuchung des Hauptproblems: Bietet eine in 2 Worten der Art. 20 Abs. 1 und Art. 28 Abs. 1 des Grundgesetzes kristallisierte Idee dem Verfassungsgericht einen

---

[1] *Forsthoff*, Umbildung, S. 161.
[2] Eine Gefahr, die nicht nur Forsthoff zu drohen scheint, vgl. *Benda*, S. 60.
[3] *Forsthoff*, Umbildung, S. 102.
[4] Vgl. die Aufzählung bei *Kontiades*, S. 80.

ausreichend konkreten Maßstab zur Kontrolle einfacher Gesetze auf ihre Verfassungsmäßigkeit? Mit anderen Worten: Ist die Sozialstaatsklausel im Verfassungsstreit justitiabel?

Der erste Anschein minimaler Positivierung läßt vermuten, daß Justitiabilität nicht ohne konkretisierendes Gesetz oder richterliche Aktivität erreicht werden kann. Beide Verfahren könnten sich als problematisch erweisen: Dem Richterrecht droht im Rechtsstaat die Kollision mit dem Prinzip der Gewaltentrennung während die Applizierung einfachen Rechts zur Bestimmung der Sozialstaatsklausel die Vorrangigkeit des Verfassungsgesetzes in Frage stellen könnte[5].

Im letzten Teil der Arbeit sollen daher Maß und Grenzen möglicher Justitiabilisierung der Sozialstaatsklausel durch Gesetzgeber und Verfassungsgericht erörtert werden. Auf idealtypische Vorstellungen von Gewaltentrennung wird allerdings nicht einzugehen sein. Denn in reiner Form ist die Gewaltentrennung in der historischen Realität nie praktiziert worden und auch im heutigen Staat scheint die scharfe Trennung der Gewalten entlang theoretischer Grenzen der Funktion gerade eines Rechtsstaates nicht förderlich zu sein[6].

Nur dort, wo die *gesamten* Befugnisse eines Zweiges der Staatsgewalt durch Machtträger ausgeübt werden, denen die alleinige Berechtigung zur Ausübung einer zweiten Teilgewalt zugeordnet ist, sind Prinzipien des rechtsstaatlichen Systems mit Sicherheit verletzt. Eine gewisse Teilhabe der einen an der anderen Gewalt ist zunächst durchaus denkbar. Innerhalb dieser Grenzen muß daher der heutige Machtbereich der einstigen „Hilfsgewalt Rechtsprechung"[7] erkundet werden.

---

[5] Vgl. *Leisner*, JZ 64, 201.
[6] Vgl. *Vile*, S. 318; *Ueberschaer*, S. 20.
[7] *Werner*, Funktion, S. 72.

TEIL B

Inhaltliche Bedeutung der Sozialstaatsklausel des Grundgesetzes

1. Historische Entwicklung der Sozialstaatsidee

1.1. Im Mittelalter

Im Schatten der Sozialstaatsklausel des Grundgesetzes gedeiht nur an wenigen Stellen übereinstimmendes Gedankengut. Inhaltliche Bedeutung und rechtliche Tragweite dieser Klausel wenigstens partiell mit Hilfe von Interpretationsgrundsätzen festzustellen, die aus staatsphilosophischer und verfassungshistorischer Quelle hergeleitet sind, mag den Vorzug haben, sich auf unbezweifelte Quellen stützen zu können. Allgemein wird denn auch angenommen, die Sozialstaatsidee entstamme der frühen industriellen Gesellschaft der ersten Hälfte des 19. Jahrhunderts[1] und sei 1842 erstmals in dem epochalen Werk Lorenz von Steins „Geschichte der sozialen Bewegung in Frankreich von 1789 bis auf unsere Tage"[2] formuliert worden.

1.1.1. Im jütischen Recht

Hamann allerdings[3] will Sozialstaatlichkeit bereits im jütischen Recht von 1241 entdeckt haben, wo die Pflicht des Staates, sozial Schutzbedürftigen beizustehen, verankert sei[4].

Abgesehen davon, daß es sich dabei nicht um einen Rechtssatz, sondern lediglich um eine Vorrede handelt, enthält die zitierte Kodifizierung auch keineswegs sozialstaatliches Gedankengut. Den Herrschern wird dort die Einhaltung und Durchsetzung des Rechts ohne Ansehen der Person zur Aufgabe gemacht; Anfänge rechtsstaatlicher Ordnung werden hier sichtbar.

---

[1] Vgl. u. a. Born, S. 81; E. R. Huber, DÖV 56, S. 203.
[2] Vgl. Band II, Nachdruck Darmstadt 1959.
[3] NJW 55, S. 972.
[4] Vgl. Vorrede zum jütischen Gesetzbuch von 1241 (Jyske Lov): „Das ist das Amt des Königs und der Fürsten, die im Lande sind, die Urteile zu überwachen und Recht zu setzen und diejenigen zu befreien, die mit Gewalt unterdrückt werden, wie es Witwen und Waisen und vormundlose Kinder, Pilger und Ausländer sind, denen am häufigsten Gewalt geschieht ..." Zitiert nach der Übersetzung v. See's aus dem Altdänischen, S. 25.

1.1.2. Armenpflege kein Element der Sozialstaatlichkeit

Ebensowenig kann die örtliche Armenpflege im ausgehenden Mittelalter sozialer Aktivität des Trägers der staatlichen Gewalt zugeschrieben werden. Sie war das Ergebnis einer auf breitere Basis gestellten, bis dahin von der Familien- und Hausgemeinschaft gebotenen sozialen Sicherung. Diese Leistungen beruhten auf Selbsthilfe und wurden nicht etwa auf Grund eines status positivus dem Untertan gewährt.

1.2. Die Auffassung Wilhelm v. Humboldts

Im Kampf des wirtschaftlich erstarkten Bürgertums des ausgehenden 18. Jahrhunderts gegen die umfassende Machtausübung der absoluten Monarchie wurde die Distanz des einzelnen zum Staat zunächst noch erweitert — freilich nunmehr als Folge der liberal-rechtsstaatlichen Einschränkung staatlicher Allgewalt und der Schaffung eines unantastbaren individuellen Freiheitsbereiches. „Der Staat enthalte sich aller Sorgfalt für den positiven Wohlstand der Bürger und gehe keinen Schritt weiter, als zu ihrer Sicherstellung gegen sich selbst und gegen auswärtige Feinde notwendig ist; zu keinem anderen Zweck beschränke er ihre Freiheit[5]."

„Sowenig Staat wie möglich" war die fundamentale Forderung der Vertreter der Rechtsstaatsidee, die gemeinnützige Einrichtungen des Staates als nachteilig und als unwürdig ansahen[6]. Durch sie werde das freie Spiel der Kräfte und die Mannigfaltigkeit menschlichen Lebens eingeschränkt, würden Moral und Charakter der Bürger verdorben[7] und letztlich aus Menschen Maschinen gemacht[8].

1.3. Erste Formulierungen der Sozialstaatsidee

Das Menetekel Humboldts wurde zur Wirklichkeit — freilich nicht durch ein lähmendes Übermaß sozialstaatlicher Aktivität, sondern im Gegenteil durch die Enthaltsamkeit des Staates hinsichtlich der Steuerung wirtschaftlicher und sozialer Konflikte: Der freie Wettbewerb und der freie individuelle Arbeitsmarkt gaben den wirtschaftlich schwachen und abhängigen Lohnarbeitern des einsetzenden Industriezeitalters nicht die Möglichkeit, sich eine ausreichende und menschenwürdige Existenz zu sichern[9].

---

[5] v. Humboldt, S. 52/53.
[6] Vgl. v. Humboldt, S. 33.
[7] v. Humboldt, S. 36.
[8] v. Humboldt, S. 34.
[9] Vgl. zur soziologischen Situation im 19. Jahrhundert Born, S. 84 ff.

1.3. Erste Formulierungen der Sozialstaatsidee

Aber der Gedanke, Freiheit und Persönlichkeitsrechte könnten auf andere Weise als durch staatliche Eingriffe bedroht und verletzt werden, war dem sich emanzipierenden Bürgertum des 18. und 19. Jahrhunderts völlig fremd. Der Staat war der einzig mögliche „Feind"[10] der Freiheit. Nahezu unbeachtet geblieben waren daher die um die Mitte des 19. Jahrhunderts erstmals entwickelten sozialstaatlichen Denkansätze. Sie gehen vor allem auf Veröffentlichungen Karl von Rodbertus' und Lorenz von Steins zurück.

1.3.1. Rodbertus und Radowitz

Rodbertus hielt eine Regulierung von Arbeitszeit, Mindestlöhnen und Höchstpreisen für erforderlich und verlangte Kontrolle der sozialen Verhältnisse durch den Staat. Die gerechteste Lösung sozialer Fragen schien ihm ein Staatssozialismus zu gewährleisten mit öffentlichem Eigentum am Boden, am Kapital und an den Produktionswerkzeugen.

Und ein weiterer Vertreter des Staatssozialismus, J. von Radowitz, bemerkenswerterweise ein preußischer Außenminister, schrieb bereits im Jahre 1853 in weitsichtiger Erkenntnis: „Der Staat wird dazu getrieben werden, der sozialen Aufgabe zu genügen — oder sie wird ihn über den Haufen werfen[11]."

Das zeitgenössische liberale Bürgertum allerdings, welches im Staat ohnehin die Quelle allen sozialen und wirtschaftlichen Mißstandes sah und das den Staat allenfalls als notwendiges Übel ertragen mochte, qualifizierte derartige Theorien als revolutionäre Torheit vereinzelter Außenseiter.

1.3.2. Lorenz von Stein

Auch Lorenz von Stein — seinerzeit ein prominenter Verfassungs- und Verwaltungskenner — war ebensowenig wie Rodbertus und Radowitz von der liberalen Doktrin überzeugt. Seine Vorschläge basierten allerdings auf dem bestehenden System der konstitutionellen Monarchie. Er ging davon aus, daß Harmonie zwischen den persönlichen Interessen aller Individuen sich nicht schon dann kraft naturgesetzlicher Konsequenz einstellen werde, wenn nur dem Wettkampf der Kräfte freier Raum gelassen werde. Der Staat vielmehr müsse sich durch das über den Klassenkämpfen stehende erbliche Königtum um den Ausgleich sozialer Gegensätze bemühen[12] und diesen Ausgleich auch „gegenüber denjenigen Kräften und Zuständen der Gesellschaft zur Geltung bringen, welche durch ihre Macht und ihr Recht den Prozeß

---
[10] Neumann, S. 41.
[11] Gesammelte Schriften IV, S. 264.
[12] v. Stein, Soziale Bewegung, Band II, S. 49.

der freien Entwicklung jedes einzelnen je nach seiner Individualität faktisch hemmen oder rechtlich unmöglich machen"[13].

Die industrielle Evolution machte die pessimistischen Überlegungen Steins zur Wirklichkeit. Mit der Lohnabhängigkeit der Arbeiterschaft begann die weitsichtig erkannte und beschriebene soziale und wirtschaftliche Desintegration[14] der Bevölkerungsschichten. Ausgleichende Aktivität des Staates wäre nach Vorstellungen Steins notwendige Folge dieser gesellschaftlichen Situation gewesen. Im „Nachtwächterstaat" konnte staatliche Intervention aber nur einem Ziele dienen: Der Konservierung des gesellschaftlichen status quo[15].

1.4. Erste Positivierungen unter Bismarck

Erste Ausprägung erfuhr die staatliche Sorge für die Wohlfahrt aller Staatsbürger durch die Sozialversicherungs- und Arbeiterschutzgesetzgebung Bismarcks[16]. Seine Pläne — in den achtziger Jahren nur zum Teil verwirklicht — dienten in letzter Konsequenz allerdings der Sicherung der Monarchie; die geförderten Arbeitnehmer sollten dem bestehenden Staat als loyale Anhänger verpflichtet werden[17].

Die sublime Strategie Bismarcks erfüllte ihren Zweck nicht; sie schuf jedoch gewissermaßen als Nebeneffekt die spezifisch deutsche Gestaltung der Sozialordnung und initiierte die kontinuierliche Entwicklung des Rechtsstaates zum (auch) sozialen Staat[18].

---

[13] Verwaltungslehre, S. 101/102; die Aktualität Steinscher Lehren zeigen deutlich die aus dem Jahre 1954 stammenden Ausführungen des US-Supreme Court-Justice Jackson: "It is my basic view that whenever any organization or combination of individuals, whether in a corporation, a labor union or other body, obtains such economic or legal advantage that it can control or in effect govern the lives of other people, it is subject to the control of the government, ..., for the government can suffer no rivals in the field of coercion. Liberty requires that coercion be applied to the individual not by other individuals but by the government after full inquiry into the justification", Supreme Court, S. 69.

[14] Vgl. *Stark*, Gehalt, S. 16.

[15] Vgl. *Abendroth*, Begriff, S. 90.

[16] Vgl. *Ellwein*, S. 409; vgl. auch *Fechner*, RdA 55, S. 164, der hierzu anmerkt, die ersten Äußerungen sozialstaatlichen Denkens seien ihrem Ursprunge nach nicht Maßnahmen für bedrängte Volkskreise, sondern Selbsterhaltungsmaßnahmen des an sich selbst zugrundegehenden Rechtsstaates gewesen.

[17] *Born*, S. 93/94.

[18] Vgl. *E. R. Huber*, DÖV 56, S. 203; *Otto*, S. 214; *Weisel*, S. 26; noch 1936 erklärte dagegen die Mehrheit des US-Supreme Court ein Gesetz des Staates New York, das Mindestlöhne statuierte, für verfassungswidrig, weil es die Vertragsfreiheit der Arbeitnehmer beschränke und die „due-process-clause" der Verfassung verletze (Morehead v. New York ex rel. Tipaldo, 298 US 587 [1936]); in einem scharf formulierten Sondervotum führten damals die Richter Stone, Brandeis und Cardozo aus, es sei „grim irony speaking of

1.5. Der Sozialstaatsgedanke in der Weimarer Verfassung

In den Verfassungsurkunden des Reiches und der Länder allerdings spiegelt sich bis nach dem ersten Weltkrieg nichts von der durch soziale Wandlung und positives Recht umgestalteten Verfassungswirklichkeit. Aus der historischen Situation des Bürgertums ist das erklärlich: Die Verfassungen des 19. Jahrhunderts wurden erkämpft um den Primat des Individuums von der Staatsallmacht zu sichern[19]. Nur die private Freiheitssphäre wurde abgesteckt, soziologische Zusammenhänge vom Verfassungsgeber nicht erkannt oder jedenfalls nicht anerkannt[20].

Grundsätze für die Interpretation der grundgesetzlichen Positivierung sozialstaatlicher Doktrin lassen sich daher der deutschen Verfassungstradition jedenfalls des 19. und beginnenden 20. Jahrhunderts nicht entnehmen.

1.5. Der Sozialstaatsgedanke in der Weimarer Verfassung

Erst in der Weimarer Verfassung wurde den veränderten gesellschaftlichen Bedingungen Tribut gezollt. Geschaffen in der Erkenntnis, daß der einzelne in steigender allgemeiner Not nicht mehr isoliert und für sich allein bestehen kann[21], daß er vielmehr zum Elementarteil überindividueller Zusammenhänge relativiert wird, anerkennt die Verfassung die Sozialpflichtigkeit des Staates.

Im Rahmen ihres zweiten Hauptteils wird nicht nur die soziale Förderung der Familie zur Aufgabe des Staates erklärt, der Anspruch kinderreicher Familien auf ausgleichende Fürsorge festgelegt (Art. 119 Abs. II) und die Jugend vor Ausbeutung geschützt (Art. 122); in einem besonderen Abschnitt über „Wirtschaftsleben" (Art. 151 - 165) wird darüber hinaus die Arbeitskraft unter den besonderen Schutz des Reiches gestellt (Art. 157 Abs. I), Arbeiter und Arbeitgeber aufgerufen, an der gesamten wirtschaftlichen Entwicklung der produktiven Kräfte „gleichberechtigt" mitzuwirken (Art. 165 Abs. 1) und schließlich in Art. 151 das Fundament einer sozialliberalen Wirtschaftsverfassung errichtet:

„Die Ordnung des Wirtschaftslebens muß den Grundsätzen der Gerechtigkeit mit dem Ziele der Gewährleistung eines menschenwürdigen Daseins für alle entsprechen. In diesen Grenzen ist die Freiheit des Einzelnen zu sichern."

---

the freedom of contract of those who, because of their economic necessities, give their services for less than is needful to keep body and soul together".
[19] *Hecklinger*, S. 19.
[20] Vgl. *Grewe*, Begriff, S. 40, der weiter ausführt, lediglich bei Lasalle stoße man in dessen Vortrag über „Verfassungswesen" (veröffentlicht in Lasalle, Reden und Schriften, S. 146 ff.) auf ein klares Bewußtsein von der verfassungsbildenden und verfassungsbestimmenden Macht der sozialen Verhältnisse.
[21] *Fechner*, Soziologische Grenze, S. 10.

Die verfassungsnormative Verwirklichung dieser sozialstaatlichen Konzeption hätte bei aller „Bruchstück- und Kompromißhaftigkeit"[22] die Basis legislativer Bewältigung der zunehmend komplizierten wirtschaftlichen und sozialen Probleme bilden können. Eine Aktualisierung der Verfassungsbestimmungen mißlang jedoch; sie blieben als „interfraktionelles Parteiprogramm"[23] bloße politische Beteuerung.

1.6. Die Sozialstaatsklausel des Grundgesetzes — reformatio in peius?

Wenn das Grundgesetz — im Gegensatz zu einigen Länderverfassungen[24] — die spezifizierten Sozialnormen der Weimarer Verfassung nicht übernommen hat, der weite Bereich staatlicher und gesellschaftlicher Sozialpflichtigkeit vielmehr in äußerster Knappheit zusammengefaßt ist, so bedeutet das weniger die Abkehr der Konstituante von den Prinzipien einer zerschlagenen Verfassung als die Abkehr von der Methode ihrer Darstellung. Denn angesichts der Intensität und Evidenz, zu der der Sozialstaat im Laufe der Zeit fortgeschritten war[25], konnte sich der Verfassungsgeber dem Zwang zu positiver Anerkennung der Verfassungswirklichkeit nicht wieder entziehen.

Für die Bedeutung der sozialstaatlichen Aussagen des Grundgesetzes kann festgehalten werden, daß diese den Grundsatz staatlicher Handlungspflicht im sozialen Bereich beinhalten, wenn auch ein ausdrückliches Bekenntnis zu bestimmten sozialen Errungenschaften und Notwendigkeiten ebenso fehlt, wie die Festlegung staatlicher Interventionslinien.

2. Die Entstehungsgeschichte der grundgesetzlichen Sozialstaatsklausel

Verfassungsbestimmungen, insbesondere wenn sie karg formuliert an zentraler Stelle zu finden sind, folgen „freier begrifflicher Flugbahn"[26] und können letztlich nur durch Projektion in die Verfassungsrealität in ihrem allein maßgeblichen aktuellen objektiven Sinn erfaßt

---

[22] *Grewe*, Begriff, S. 41.
[23] *Thieme*, S. 297.
[24] Vgl. Art. 151 - 177 der Verfassung des Freistaates Bayern; Art. 27 - 47 der Verfassung des Landes Hessen; Art. 51 - 73 der rheinland-pfälzischen Verfassung; Art. 24 - 29 der nordrhein-westfälischen Verfassung; Art. 37 - 58 der bremischen Verfassung; vgl. aber auch Art. 23 Abs. I der baden-württembergischen Verfassung, wo das Land als sozialer Rechtsstaat bezeichnet wird.
[25] Ähnlich *Weisel*, S. 27.
[26] *Ridder*, S. 4, Fußnote 11.

werden[27]. So kann sich als Wille des Gesetzgebers darstellen, was dem Gesetzesverfasser niemals ins Bewußtsein gelangte[28] — „habent sua fata leges" wie gerade mit Bezug auf die Sozialstaatsklausel häufiger[29] bemerkt wurde[30].

Dennoch ist die Beleuchtung der Entstehungsgeschichte der Sozialstaatsklausel nicht ohne Nutzen. Die historische Situation, in welcher sich der Verfassungsgesetzgeber bei der Schaffung des Grundgesetzes befand, vermag gegebenenfalls einen Ansatzpunkt für die Ermittlung des aktuellen materiellen Gehalts der Verfassungsbestimmungen zu bieten.

2.1. Tauglichkeit der Entstehungsgeschichte als Interpretationshilfe

Die Protokolle des Parlamentarischen Rates lassen allerdings verbindliche Aussagen über das Sozialstaatsverständnis der Abgeordneten weitgehend vermissen. Die Bestimmungen der Art. 20 und 28, soweit sie den sozialen Rechtsstaat betreffen, wurden — auf Vorschlag des SPD-Abgeordneten Carlo Schmid — so schnell und ohne Auseinandersetzungen im Grundgesetz verankert, daß bei einer Interpretation nur in sehr beschränktem Umfange auf die wenigen Beiträge einzelner Ratsmitglieder zurückgegriffen werden kann[31].

Auch angesichts des nunmehr seit nahezu 25 Jahren andauernden Streites über die Bedeutung des Sozialstaatsprinzips mag bezweifelt werden, ob im Parlamentarischen Rat überhaupt ein klares Bild von Bedeutung und insbesondere von rechtlicher Tragweite des Adjektivs „sozial" vorhanden war[32]. Es erscheint daher etwas hochgegriffen zu sein, aus der widerspruchslosen, ja sogar diskussionslosen Aufnahme der Formulierung in das Grundgesetz auf eine gemeinsame Grundvorstellung des Parlamentarischen Rats über den sozialen Staat

---

[27] Vgl. *Ipsen* in VVDStRL 10, S. 74; *Esser*, Grundsatz und Norm, S. 8 ff.; vgl. aber *Wolff*, Rechtsgrundsätze, S. 51, wonach eine gültige Inhaltsbestimmung nur in Übereinstimmung mit dem vom Verfassungsgeber gewollten Sinn ermittelt werden kann; zur Verfassungsinterpretation des BVerfG vgl. E 1, 312.

[28] Vgl. *Radbruch*, S. 211; *Benda*, S. 62.

[29] *Menger*, S. 72; *Stark*, S. 11.

[30] Eminentes Gewicht kommt damit derjenigen Institution zu, die es unternehmen kann, den „Willen" des Verfassungsgebers von dem Augenblicke an zu definieren, in welchem die formulierte Norm den unmittelbaren Bereich des Gesetzgebers verläßt. Hierauf wird unten eingegangen werden.

[31] So auch *Otto*, S. 67.

[32] Vgl. *Hecklinger*, S. 18; *Grewe*, Begriff, S. 39; *Benda*, S. 62; vgl. in diesem Zusammenhang auch die aufschlußreich unpräzise „Amtliche Inhaltsübersicht zum Grundgesetz": „Art. 20 Abs. I: Staatsrechtlicher, politischer, soziologischer und rechtsstaatlicher Charakter des Bundes."

schließen zu wollen, die den Abgeordneten so selbstverständlich war, daß kein weiteres Wort mehr verloren zu werden brauchte[33].

Es mag im Gegenteil sogar fraglich sein, ob das in verschiedenen Länderverfassungen erarbeitete sozialstaatliche Konzept vom Parlamentarischen Rat willentlich in das Grundgesetz übernommen wurde[34]. Und selbst wenn man Hartwichs These folgt, nach der die Sozialstaatsbestimmung der Art. 20 und 28 „das Bekenntnis auch der bürgerlichen Parteien zu sozialpolitischen Eingriffen des Staates in Wirtschaft und Gesellschaft und zugleich die Intention der SPD umfaßte, mit Hilfe der Bundeszuständigkeit für die Gesetzgebung über später zu gewinnende Mehrheiten im Bundestag die von ihr beabsichtigte Veränderung des gesellschaftlichen status quo durchzusetzen"[35], so ist damit allenfalls politisches Kalkül der Parteien nachgewiesen. Eine inhaltliche Fixierung des angedeuteten Konzepts erfolgte nicht. Möglicherweise auch aus Antipathie gegenüber unklaren dilatorischen Formelkompromissen, wie sie in der Verfassungswirklichkeit Weimars gehäuft zu finden waren, blieb es bei einem einzelnen kryptischen Begriff.

2.2. Fehlen gemeinsamer Vorstellungen im Parlamentarischen Rat

Ein Minimalergebnis jedoch kann auch bei zurückhaltender Analyse den Verhandlungen entnommen werden: Die Bundesrepublik Deutschland ist nach dem Willen ihres Verfassungsgebers kein formaler Rechtsstaat traditioneller Gestalt.

Zur positiven Festlegung der Vorstellungen des Parlamentarischen Rates fehlt es jedoch an der gemeinsam bestimmten sozial- und wirtschaftspolitischen Entwicklungsrichtung, eine Unterlassung, die es Theodor Heuß[36] erlaubte, mit Genugtuung anzumerken, man habe verhindert, daß „Sozialökonomisches" in das Grundgesetz „hereinkam".

3. Diskussion der Sozialstaatsklausel im Schrifttum: „Indefinibles" Beiwort oder selbständige Verfassungsentscheidung

Die mangelnde Diskussion des Sozialstaatsbegriffs im Parlamentarischen Rat macht es verständlich, daß die entsprechenden Aussagen der Verfassung zunächst wenig Beachtung in Rechtsprechung und

---

[33] So aber *Weisel*, S. 25; *Bachof*, Begriff, S. 40.
[34] Vgl. *Wimmer*, S. 27; vgl. auch die Äußerungen des F.D.P.-Abgeordneten *Theodor Heuß*, Sten. Berichte S. 44 der 2. Plenarsitzung des Parlamentarischen Rates vom 8. 9. 1948.
[35] *Hartwich*, status quo, S. 19.
[36] *Heuß*, Tagebuch, S. 162.

3.1. Sozialstaatlichkeit als Erweiterung des Rechtsstaatsprinzips

Literatur fanden[37]. Hinzu kam die Bindung der Verfassungsrechtslehre an die traditionelle Problematik: Ordnung der spannungsreichen Interessengegensätze zwischen Staat und Bürger durch Anwendung der rechtsstaatlichen Prinzipien. In diesem Bereich konnte mit Hilfe einer gemeinsamen Basis wenigstens der materielle Ausgangspunkt verfassungsrechtlicher Weiterentwicklung fixiert werden: Die Theoretiker des Rechtsstaats stimmten — nicht zuletzt mit Blick auf die Pervertierung der Rechtsfindung im Dritten Reich — darin überein, daß der Staat nicht Schöpfer des Rechts, sondern dem Rechte unterworfen ist und deswegen die persönliche Freiheit des ihm in der rechtlichen Bewertung übergeordneten Individuums anerkennen und respektieren muß[38].

Die wissenschaftliche Diskussion des Sozialstaatsbegriffs begann im Jahre 1949 mit der Hamburger Universitätsrede Ipsens[39]; sie erreichte im Laufe der Jahre ein nur schwer noch zu übersehendes Ausmaß und dauert heute noch an. Schon der Überblick über den Wortschatz der westdeutschen Staatsrechtslehre macht den Umfang des Schrifttums, vor allem aber das Fehlen einer allgemein akzeptierten Terminologie deutlich[40] — Symptom profunder Uneinigkeit im materiellen Bereich.

3.1. Der Begriff der Sozialstaatlichkeit als Erweiterung des Rechtsstaatsprinzips

Diese Untersuchung fragt nach dem Umfang der Justitiabilität der Sozialstaatsklausel. Mit Blick auf die Beantwortung dieser Grundfrage soll die Darstellung der kontroversen Auffassungen der Wissenschaft angeordnet werden. Verschiedene, teilweise gewichtige Stimmen sprechen der Sozialstaatsklausel neben dem Rechtsstaatsprinzip jeglichen verfassungsrechtlichen Gehalt ab; die unauflösbar antithetische Fassung des Grundgesetzes bringe eo ipso eine Nullifizierung der Sozialstaatsklausel mit sich.

Im großen Teil der Stellungnahmen — vor allem in neuerer Zeit — wird dagegen dem Sozialstaatsprinzip in Verbindung mit dem Rechtsstaatsprinzip eine eigenständige verfassungsrechtliche Bedeutung oder zumindest eine formende Teilhabe an der strukturellen Gestaltung des Rechtsstaates zuerkannt; diese Auffassung bejaht — im Gegensatz zu

---

[37] Vgl. *Gerber*, S. 5.
[38] *E. R. Huber*, Kulturstaat, S. 3 f.; *Hecklinger*, S. 19.
[39] *Ipsen*, Über das Grundgesetz.
[40] Vgl. hierzu *Kontiades*, S. 66, der für den von ihm „Staatsstrukturbestimmung" genannten Art. 20 Abs. I GG 88 verschiedene Bezeichnungen im Schrifttum aufgespürt und aufgeführt hat.

der die Inkompatibilität vertretenden Meinung — die Interdependenz des Rechts- und Sozialstaatsprinzips bei der Bestimmung der Staatsform.

In der Stellung zum Rechtsstaatsprinzip — unauflösbare Konfrontation oder sinnvolle Synthese, gleichwertiges Gestaltungsprinzip gebundener Individualfreiheit oder modernistischer Wortgeklingel[41] — findet sich die Vorentscheidung über die Position der Sozialstaatsklausel im Wertesystem der Verfassung und über ihre Anwendbarkeit im verfassungsgerichtlichen Verfahren. Normenkontrolle nämlich am Maßstab der Sozialstaatsklausel kann nicht möglich sein, wenn die Kennzeichnung eines Rechtsstaates als sozial eine unzulässige weil unmögliche Apostrophierung des über zeitbedingten politischen Wertungen stehenden „ewigen" Staatswesens darstellt[42].

Normenkontrolle hingegen ist möglich, wo die Rechtsordnung ihrer gesamten Struktur nach die staatlichen Gewalten ermächtigt oder verpflichtet, gesellschaftliche Gegebenheiten bei der Rechtsnormenschöpfung und beim Rechtsnormenvollzug zu berücksichtigen[43]; dabei muß allerdings eine Gefahr im Auge behalten werden: Die Hinwendung der Rechtslehre zu einseitigem Soziologismus[44] und damit die Anerkennung bloßer Faktizität sozialer Gegebenheiten als Rechtsquelle mittels einer als Medium wirkenden Sozialstaatsverlautbarung[45]. Logik und Objektivität der Rechtsordnung gingen dann verloren, denn das Maß des Rechts beurteilte sich vorwiegend nach soziologischer Zweckmäßigkeit[45]. Der „normativen Kraft des Faktischen" würde scheinbare Legalität aus sich selbst gewährt und so das System rechtsstaatlicher Sicherungen aus den Angeln gehoben.

3.1.1. Die Auffassung Grewes

Grewe freilich gerät nicht in den gedanklichen Bannkreis derartiger Zerfallserscheinungen. Als früher Vertreter der Inkompatibilität der beiden Struktursysteme glaubt er in der Staatskonzeption des Grundgesetzes den überkommenen Rechtsstaat des 19. Jahrhunderts wiederzuerkennen[46]. Die verwendete Formel „sozialer Rechtsstaat" stelle lediglich einen „substanzlosen Blankettbegriff"[47] dar. Auswirkungen des Beiwortes „sozial" auf das rechtsstaatliche System vermag Grewe nicht festzustellen.

---

[41] „wohlfeile Formel aus Kompromiß und Konzession", *Ipsen*, VVDStRL 10, S. 74.
[42] Vgl. *Triepel*, VVDStRL 7, S. 197.
[43] *Schnorr*, S. 262.
[44] Vgl. *Fechner*, Rechtsphilosophie, S. 33.
[45] Vgl. *Schnorr*, S. 258.
[46] *Grewe*, DRZ 49, S. 392.
[47] Ebd., S. 351.

3.1.2. Die Auffassung Kleins

Und auch Friedrich Klein[48] glaubt in der Sozialstaatsbestimmung der Art. 20 und 28 GG kein geltendes Recht erkennen zu können. Er sieht folgerichtig der puren rechtsstaatlichen Idee zumindest für die Gegenwart das Feld überlassen. Die Formulierung sozialstaatlicher Intentionen bilde einen „schwer begreifbaren und kaum erklärbaren Widerspruch"[49], da das Grundgesetz keine Voraussetzungen für die Erfüllung sozialstaatlicher Postulate biete[50].

3.1.3. Die Auffassung Ipsens

Wenig später betonte Ipsen die Interdependenz zwischen den verfassungsmäßigen Grundentscheidungen für Rechtsstaat und für Sozialstaat. In seiner Hamburger Universitätsrede[51] weist er auf die „soziale, nicht mehr nur liberale Funktion der Grundrechte" hin.

Besonders pointiert im Sinne einer Wechselbeziehung zwischen Rechtsstaat und Sozialstaat und richtungsweisend für die weitere Erörterung des Problems[52] äußerte sich derselbe Autor auf der Göttinger Staatsrechtslehrertagung von 1951:

> „Ich spreche nachdrücklich einer Ausdeutung und Auslegung des Grundgesetzes das Wort, unter aller gebotenen Respektierung der eindeutig erkennbaren Verfassungsentscheidungen (vor allem auch derjenigen für den Rechtsstaat) dort, wo dies mit den verfügbaren Erkenntnismitteln irgend erreichbar und vertretbar ist, die grundgesetzliche Entscheidung für den Sozialstaat im Sinne der Gestaltung der Sozialordnung zu vertiefen und zu verbreitern[53]."

Die Thesen Ipsens bildeten den Ausgangspunkt für die Verhandlungen der Staatsrechtslehrertagung in Bonn (1953); Kern der Diskussion war dort die Frage, ob das Grundgesetz mit der Sozialstaatsklausel dem von ihm getragenen deutschen Staat der Gegenwart eine umwälzende verfassungsrechtliche Sonderprägung habe geben wollen, oder ob damit nur — unverbindlich — auf die Möglichkeit zeitbedingter Ausgestaltung des Staatslebens habe hingewiesen werden sollen, ohne gleichzeitig eine Legitimation zur Umdeutung des Grundgesetzes im Sinne einer Einschränkung des Bekenntnisses zum Rechtsstaat zu schaffen[54].

---

[48] ZGStW 106, S. 401.
[49] Ebd., S. 403.
[50] *Forsthoff*, VVDStRL 12, S. 23, bemerkt hierzu mit Recht, Klein sei über die Feststellung der bloßen Antinomie nicht hinausgegangen.
[51] a.a.O.
[52] *Gerber*, S. 6, spricht mit Recht von Sätzen, die „programmatischen Charakter sich erwarben für die Interpretation des geltenden Verfassungsrechts".
[53] VVDStRL 10, S. 74 f.

3.1.4. Die Auffassung Forsthoffs

Forsthoff[55] stand den Thesen Ipsens in kritischer Zurückhaltung gegenüber. Rechtsstaat und Sozialstaat sind nach seiner Meinung in ihrer Intention gegensätzlich und in ihrer Funktion grundverschieden. Während der Rechtsstaat Freiheit durch Ausgrenzung staatlicher Gewalt vom Kernbereich persönlicher Lebensgestaltung gewährleistet, begründet und sichert der Sozialstaat Recht auf Teilhabe an den Darbietungen eines Staates, dem die Verbesserung der gesellschaftlichen Situation des einzelnen zur Aufgabe gemacht ist[56]. Verbürgungen von Freiheit sind der Verfassungsnormierung im Rechtsstaat ohne weiteres zugänglich, sie sichern den freiheitlichen status quo. Die Wirkrichtung sozialer Teilhaberechte geht auf Veränderung; sie können nach Forsthoffs Auffassung nur ganz ausnahmsweise in vollzugsreife abstrakte Normen gefaßt werden. Eine Verfassung, auf das Ganze gerichtet, kann daher seiner Meinung nach nicht Sozialgesetz sein. Zu der strukturellen Schwierigkeit komme noch die Unklarheit über den Begriff des Sozialen. Weder in der Verfassung klargestellt noch aus außerverfassungsrechtlichen Bereichen spezifiziert, läßt dieses „Adjektiv dubiosen Sinngehalts"[57] nach Forsthoff nur einige sehr allgemeine Feststellungen hinsichtlich seiner Bedeutung zu. Selbst wenn aber die inhaltliche Bestimmung mit hinreichender Genauigkeit gelänge, ließe sich der Formel „sozialer Rechtsstaat" eine unmittelbar bindende Wirkung nur vindizieren, wenn man ihr die gleiche Garantiefunktion gäbe, wie den Worten „republikanischer Rechtsstaat" und „demokratischer Rechtsstaat"[58]. Hier aber fürchtet Forsthoff unabsehbare Folgen: Der Begriff der verfassungsmäßigen Ordnung der Länder würde dadurch einen materiellrechtlichen Gehalt bekommen, dessen Umgrenzung unmöglich wäre.

Die Klausel ist für Forsthoff somit kein Rechtsbegriff in dem Sinne, daß sie einen besonderen Rechtsstaatsbegriff von eigener, institutioneller Prägung und spezifischem materiellen Gehalt bezeichnet. Allein aus dieser Klausel lassen sich seiner Meinung nach weder Rechte noch Pflichten begründen, noch Institutionen ableiten. Das Adjektiv „sozial" ist für die juristische Begriffsbildung unbrauchbar, eine Verschmelzung von Rechtsstaat und Sozialstaat auf Verfassungsebene unmöglich. Die Verfassungsform der Bundesrepublik ist mit dem Begriff „Rechtsstaat" vielmehr erschöpfend bezeichnet.

---

[54] Vgl. *Gerber*, S. 7.
[55] VVDStRL 12, 8 ff.
[56] *Forsthoff*, S. 18 f.; vgl. auch H. *Huber*, Soziale Verfassungsrechte, S. 11.
[57] Umbildung, S. 162.
[58] VVDStRL 12, S. 26.

3.1. Sozialstaatlichkeit als Erweiterung des Rechtsstaatsprinzips

Eine gewisse Rechtswirkung kommt der „typenbestimmenden Kennzeichnung" nach Forsthoff nur insoweit zu, als sie die Staatsgewalt verpflichtet, unter möglichen Auslegungen des Gesetzes diejenige zu wählen, die sozialen Bedürfnissen am ehesten entspricht[59].

3.1.5. Die Auffassung Bachofs

Bereits im Korreferat wurde Forsthoffs These, Rechtsstaat und Sozialstaat seien auf Verfassungsebene nicht vereint und auch nicht vereinbar, von Bachof[60] zurückgewiesen. Es könne nicht ohne zwingenden Grund davon ausgegangen werden, eine Verfassungsnorm sei bar jeden konkreten juristischen Gehalts[61]. So enthalte die Sozialstaatserklärung die Entscheidung darüber, daß der Staat sozialordnungsgestaltend tätig werden solle mit dem Ziel, soziale Gerechtigkeit herzustellen; durch staatliche Intervention solle Gerechtigkeit durch konkrete Gleichheit und somit Ungleichheit zur Wiederherstellung der Gleichheit geschaffen werden[62]. Vor allem aber verlange die Erhaltung der Würde des Menschen die Gewährung sozialgebundener Freiheit. Bedingungslose Freiheit mißachte die immanente Grenze des Sittengesetzes.

Eine „echte" Antinomie zwischen Rechtsstaat und Sozialstaat besteht nach Bachofs Meinung demnach nicht. Denn der zeitgenössische Rechtsstaat könne nicht länger als Restauration des bürgerlichen Rechtsstaates mit der absolut verstandenen Einzelperson als Zentralwert verstanden werden. Auch existiere kein Rangverhältnis zwischen Freiheit und Sozialität[63], da die Sozialbindung immanente Begrenzung der Freiheit sei. Der soziale Rechtsstaat beruhe vielmehr auf einem System des

---

[59] Ebd., S. 27 ff.; eine zusätzliche Begründung für seine Auffassung liefert Forsthoff in seinem Schlußwort, wo ihn seine „immer bescheideneren Vorstellungen" vom Berufe des Juristen fürchten lassen, es werde alsbald zu unkontrollierbaren Ausdeutungen des Wortes „sozial" im ökonomischen, politischen oder sozialen Bereich kommen, bejahe man nur erst die unmittelbare normative Wirkung des Begriffs. Und in einer neueren Äußerung — konfrontiert mit dem seit Schaffung des Grundgesetzes von Rechtsprechung und Teilen der Lehre der Sozialstaatsklausel zugesprochenen Sinngehalt — nimmt Forsthoff Stellung gegen die „Preisgabe der klassischen Regeln der Auslegungskunst" (Umbildung, S. 160 ff.): Anstelle von Interpretation zu betreiben, würden „Bestrebungen an der Verfassung legitimiert", diese Bestrebungen in den Vorrang der Verfassungsmäßigkeit erhoben, wo sie dann an dem der Verfassung innewohnenden Vollziehungsanspruch teilnähmen.
[60] VVDStRL 12, S. 38 ff.
[61] Vgl. auch Benda, S. 64.
[62] Bachof, VVDStRL 12, S. 40 f.
[63] Vgl. auch die entschiedene Zustimmung Fröhlers, S. 18, 28, wo dieser allerdings die Theorie Forsthoffs zu Unrecht mit den Ansichten Leibholz' identifiziert; vgl. hierzu die ausdrückliche Stellungnahme des Letzteren in Die Zeit Nr. 21, S. 8; vgl. weiter E. R. Huber, DÖV 56, S. 203; Isensee, S. 193; Wilh. Reuss, S. 10, 17; Rohwer-Kahlmann, Diskussionsbeitrag, S. G 82.

balancierten Ausgleichs, was eine Absage an die Allmacht des Gesetzgebers — auch auf sozialordnendem Gebiet — und an die Bindungslosigkeit des Individuums, aber auch an die Autonomie der Sozialordnung bedeute.

3.1.6. Die Auffassung Scheuners

Ein Jahr zuvor, auf der Marburger Staatsrechtslehrertagung (1952), äußerte sich Scheuner im Rahmen einer Analyse der grundgesetzlichen Wirtschaftsverfassung grundsätzlich zur Idee des sozialen Rechtsstaates[64]. Dem Staat ist es — seiner Meinung nach — zugestanden, in beschränktem Umfange Dirigismus als Mittel der Wirtschaftspolitik zu nutzen. Die Grenzen freiheitlich-rechtsstaatlicher Verfassung müßten allerdings gewahrt bleiben. Bei der Festlegung dieser Grenzen sei dem Umstand Rechnung zu tragen, daß Freiheit im industriellen Massenzeitalter nicht nur gegenüber dem Staat, sondern gegenüber materiellen Gruppeninteressen zu sichern sei. Dies werde dadurch erreicht, daß das Grundgesetz die freiheitlichen Rechtsverbürgungen traditioneller Art mit besonderem sozialen Gehalt versehe, die ihren Ausdruck in der Bezeichnung des Staates als sozialem Rechtsstaat fänden[65]. Eine „kombinatorische Interpretation" des Grundgesetzes sei daher angebracht. Sie verhindere eine Mißdeutung des Konglomerats freiheitlicher und sozialer Elemente als beziehungsloses Nebeneinander heterogener Momente und diene dem Ziel, die freiheitlichen Bestandteile des Grundgesetzes unter dem Vorzeichen einer verfassungsrechtlichen Bindung im Sinne des sozialen Rechtsstaates zu deuten und sie damit von einer rein individuellrechtlichen Deutung fernzuhalten[66]. Nirgends dürften daher „die Verbürgungen der Freiheitsrechte in einem vollen und unbeschränkten individualistischen Sinne verstanden werden, denn es sei ihnen die „Gemeinschaftsbindung von Anfang an immanent"[67].

---

[64] VVDStRL 11, S. 7 ff.

[65] Ebd., S. 20 f.

[66] Ebd., S. 20 f.

[67] Ebd., S. 22; erwähnenswert scheint an dieser Stelle eine Äußerung Scheuners aus dem Jahre 1939 (ZStGW 99, S. 249). Der Gedanke von der Gemeinschaftsbindung individueller Freiheit dient dort der Promovierung anderer Ziele, nämlich der Vernichtung der Freiheit unter Berufung auf den durch unkontrollierte politische Macht jeweilig geformten Volksnutzen: „Die ganze Vorstellungswelt der Grundrechte, der Entgegensetzung von Individuum und Staat, der Idee eines ursprünglichen und unverletzlichen Freiheitsbereiches der Einzelperson, dessen Erhaltung und Sicherung als ein oberstes Ziel des Staates erscheint, die Unterstellung der politischen Organisation unter den Gesichtspunkt der gegenseitigen Hemmung der politischen Gewalten zum Schutze der individuellen Rechte und Freiheiten widerspricht der nationalsozialistischen Auffassung grundsätzlich, die von dem Vorrang der Volksgesamtheit vor dem Einzelnen, von der Pflicht und Notwendigkeit

3.1. Sozialstaatlichkeit als Erweiterung des Rechtsstaatsprinzips

Durch die Sozialstaatsklausel wird also — laut Scheuner — dem Staat ein Prinzip objektiven Rechts bindend als Richtschnur für die Auslegung und Anwendung des Rechts auf bestimmten Gebieten an Hand gegeben; Art. 20 und 28 GG sind daher als Interpretationsgrundsatz von größter Tragweite und höchster Geltungskraft (Art. 79 Abs. III) zu verstehen[68].

3.1.7. Die Auffassung Mengers

Ebenfalls zu Beginn der fünfziger Jahre befaßte sich Menger[69] ausführlich mit dem Begriff des sozialen Rechtsstaates und erkannte ihm von vorneherein schon aufgrund seiner Positivierung in der Verfassung die Qualität eines Rechtssatzes zu[70], der den Staat verpflichte, über die bloße Wohlfahrtsvermittlung hinaus das Sozialprodukt gerecht zu verteilen und die Belange aller gerecht zu berücksichtigen.

Über die Ordnung des Wirtschaftslebens hinaus verpflichte er den Staat aber weiter, öffentliche Daseinsvorsorge als ein Mittel zur Verwirklichung von Gerechtigkeit als eines Staatszweckes zu betreiben. Denn im sozialen Rechtsstaat sei die Gerechtigkeitsforderung das entscheidende Element, welches durch den Begriff des Sozialen in seiner ethischen Wortbedeutung und in den übrigen Grundrechten verfassungsrechtlich positiviert sei[71]. Aber nicht nur der Staat werde verpflichtet. Ebenso verlange das Grundgesetz vom Bürger Rücksichtnahme gegenüber seinem Staat[72]. Der soziale Rechtsstaat sei daher „Gerechtigkeitsstaat"[73], auf gegenseitige Rücksichtnahme gegründet[74].

---

der Einordnung eines jeden Volksgenossen in die große Gemeinschaft der Nation ... ausgeht."
Hier zeigt sich, daß allein die Gewährung individueller Freiheiten, nicht aber auch die Verwirklichung sozialen Gedankenguts mit der vom totalen Staat vorausgesetzten Objektqualität des Individuums prinzipiell unvereinbar ist; vgl. *Leibholz*, Verfassungsrecht u. Arbeitsrecht, S. 33 f. und Die Zeit Nr. 21, S. 8.

[68] *Scheuner*, Institutionelle Garantien, S. 96.
[69] *Menger*, S. 42 ff.
[70] Ebd., S. 43 f.
[71] Ebd., S. 71 f.
[72] Vgl. hierzu *Fechner*, Freiheit und Zwang, S. 14, der wie auch *Friesenhahn*, Staatsrechtslehre, S. 11 im Sozialstaat die Verpflichtung des einzelnen zur Teilnahme an der Gesamtaufgabe begründet sieht und sogar ausführt, es handele sich bei dem Wesen des Sozialstaates nicht um Ansprüche des Bürgers gegenüber der Gesamtheit, sondern im Gegenteil „um den Anspruch der Gesamtheit gegenüber dem Einzelnen, um Verpflichtung des Einzelnen für das Ganze, nötigenfalls unter Einsatz von Zwang".
[73] Vgl. auch *Wittig*, S. 167 f.
[74] *Menger*, S. 72.

3.1.8. Die Auffassung Leibholz'

Bereits in seinen früheren Äußerungen geht Leibholz[75] einen weiteren Schritt: Das verfassungsgestaltende Konstitutionsprinzip des sozialen Rechtsstaates erzeuge wie die sogenannten sozialen Grundrechte Pflichten nicht nur dem Staate, sondern auch unbeteiligten Dritten gegenüber[76]. Diese Pflichten begrenzten die Freiheit und schafften daher eine Spannung zwischen den liberalen Grundrechten und den demokratischen Staatsrechten gleichkommenden sozialen Grundrechten[77].

Wenn damit auch der Begriff des sozialen Rechtsstaates in seiner idealtypischen Struktur widersprüchlich sei, so spreche das doch nicht gegen die verfassungsrechtliche Relevanz des Rechtsbegriffs[78]. Der auf Freiheit gegründete Rechtsstaat solle vielmehr durch das auf Gleichheit gegründete Sozialstaatsprinzip temperiert, das heißt zum Zwecke der Gemeinverträglichkeit begrenzt werden.

Nach Auffassung Leibholz' erscheint angesichts der durch uferlose Freiheit unfrei Gewordenen der klassische Liberalismus des 19. Jahrhunderts nicht mehr zeitgemäß. Die fortschreitende Egalisierung, genährt durch das Bekenntnis zum Sozialstaat biete dagegen die Chance, sich der drohenden Vernichtung der Freiheit zu erwehren[79]. Das Sozialstaatsprinzip richte sich deshalb zunächst an den Gesetzgeber[80]. Justitiabel sei das Prinzip nur insoweit, als es in Konkretisierung des allgemeinen Gleichheitssatzes inhaltlich jeweils näher bestimmt worden sei. Für sich allein betrachtet ermangele es der Klausel an dem

---

[75] Strukturprobleme, S. 130 f.
[76] Vgl. ähnlich *Gallwas*, S. 64, der ebenfalls die Ausstrahlung des „Sozialen" auf den Drittbereich postuliert; vgl. weiter *Hecklinger*, S. 61, der „allseitige" Verbindlichkeit der Sozialstaatsnorm bejaht; *Weisel*, S. 121 ff. meint ebenfalls, die Sozialstaatsklausel rufe die Drittwirkung der Grundrechte hervor und will die drittwirkenden (liberalen) Grundrechte gar als *staatliches* Werkzeug zur Gestaltung der Sozialordnung eingesetzt wissen. Denn erst durch judiziellen Akt werde die Schutz- und Verbotswirkung der jedem einzelnen grundsätzlich im selben Maße zukommenden Grundrechte nach dem Grade der Schutzwürdigkeit im konkreten Fall aufs neue abgewogen und verteilt. Auf diese Weise könne der Staat zur Sicherung der existentiellen Stellung des einzelnen beitragen. Der Gestaltungsmacht des Staates korrespondierend erlange der einzelne einen Anspruch auf positive Inschutznahme durch den Staat. — Eine Diskussion der Gedanken Weisels würde an dieser Stelle zu weit führen; es soll lediglich darauf hingewiesen werden, daß es fraglich erscheint, ob Grundrechte, die ihrer Wirkung und ihrem Umfange nach zur Disposition des Staates stehen, noch ihre eigentliche Aufgabe der Ausgrenzung des Staates von der individuellen Freiheitssphäre wahrzunehmen in der Lage sind.
[77] *Leibholz*, Verfassungsrecht und Arbeitsrecht, S. 32.
[78] *Ders.*, Strukturprobleme, S. 339; Verfassungsrecht und Arbeitsrecht, S. 34.
[79] Strukturprobleme, S. 340.
[80] Verfassungsrecht und Arbeitsrecht, S. 34.

3.2. Selbständige Bedeutung des Sozialstaatsprinzips

rational verläßlichen Maßstab, den jede Anwendung durch die Rechtsprechung voraussetze, und den der Richter auch nicht aus eigener Macht schaffen könne, ohne zum Gesetzgeber zu werden[81]. Aus der Sozialstaatsklausel allein könnten demgemäß auch keine Ansprüche gegen den Staat hergeleitet werden. Als Auslegungsregel stehe die Klausel dem Richter jedoch insoweit zur Verfügung, als sie erkennbar dem Gesetzgeber verwehre, sich seinen Pflichten in einer dieses Prinzip gröblich mißachtenden Form zu entziehen[82]. Insbesondere für die Interpretation des Gleichheitssatzes sei die Heranziehung der Sozialstaatsmaxime von großer Bedeutung, weshalb das BVerfG zu Recht in Anwendung *beider* Verfassungssätze eine weitgehende Angleichung der Situation von Bemittelten und Unbemittelten verlangt habe[83].

3.2. Die modernere Lehre: Selbständige Bedeutung des Sozialstaatsprinzips im Verfassungssystem

Auch in neuerer Zeit findet sich in der Literatur noch die Meinung, es handle sich bei der Sozialstaatsklausel um einen „nebelhaften Begriff"[84], einen konturlosen Allgemeinbegriff[85], oder um ein Programm ohne unmittelbare Rechtsgeltung[86]. Die Mehrheit des modernen Schrifttums hält aber inzwischen die Konturen der Sozialstaatsklausel für soweit geklärt, daß sie der Klausel trotz ihrer kärglichen positiven Gestalt den Rang unmittelbar wirksamen Verfassungsrechts zuerkennt[87]. Auch Leibholz scheint an seiner strengen Interpretation, die das Sozialstaatsprinzip lediglich als Ermächtigung zu sozialer „Abtönung" liberaler Grundrechte durch die Rechtsprechung versteht, in seinen jüngsten Äußerungen nicht länger festhalten zu wollen. Ein Gesetz könne vielmehr — so eine Stellungnahme aus dem Jahre 1972[88] — in Übereinstimmung mit der Rechtsprechung zum Gleichheitssatz[89] dann seiner Verfassungsmäßigkeit entkleidet werden, wenn

---

[81] Ebd., S. 37; vgl. aber auch Die Zeit Nr. 21, S. 8, wo Leibholz es immerhin „äußerstenfalls" für zulässig hält, daß der Verfassungsrichter das Verhalten eines Eigentümers auf seine Übereinstimmung mit dem Sozialprinzip überprüft.

[82] Strukturprobleme, S. 131.

[83] Verfassungsrecht und Arbeitsrecht, S. 39.

[84] *Hayek*, S. 72; *Menzel*, S. 298.

[85] *Isensee*, S. 192.

[86] *Dichgans*, S. 49.

[87] Vgl. *Hamann*, Grundgesetz, S. 28; *E. R. Huber*, Nationalstaat, S. 266; ders., Rechtsstaat u. Sozialstaat, S. 610.

[88] Die Zeit Nr. 21, S. 8.

[89] Vgl. auch *Benda*, S. 68.

es als evident sozialstaatswidrig charakterisiert werden müsse[90]. Mit anderen Worten: Die Sozialstaatsklausel ist, wenn auch nur in den engen Grenzen extremer Verletzung ihres Kerngehalts, als Verfassungssatz justitiabel.

3.2.1. Sozialstaatsprinzip als unmittelbare Anspruchsgrundlage

Die Ansicht Leibholz' hat breitere Zustimmung gefunden. Umstritten ist aber nach wie vor Umfang und Intensität des sozialstaatlichen „Kraftfeldes" in der Verfassung. So wird teilweise die Auffassung vertreten, das Sozialstaatsprinzip bilde eine unmittelbare Anspruchsgrundlage des Bürgers gegen den Staat[91].

3.2.2. Die Auffassungen Lerches und W. Webers

Lerche[92] und Werner Weber[93] sind insoweit einig, als sie der Sozialstaatsklausel eine Garantie des überlieferten Systems der sozialen Sicherheit, eine Verbürgung des sozialrechtlichen status quo entnehmen[94].

3.2.3. Die Auffassung Hartwichs

Hartwich[95] begnügt sich mit solchem Ausschluß sozialer Konterevolution keineswegs. Dem „herrschenden status-quo-sichernden" Verständnis des Sozialstaatsgrundsatzes wirft er vor, daß es „im Prinzip auf den klassischen Freiheits- und Grundrechten aufbaut und grundsätzlich die Aufgabe der Sozialgestaltung in der Ermöglichung autonomer Prozesse bei gleichzeitiger oder nachträglicher Vornahme der notwendigen sozialpolitischen Korrekturen sieht". Das Sozialstaatsgebot fordere aber systemüberwindende Reformen beispielsweise durch Veränderung der überkommenen Eigentums- und Besitzstrukturen.

---

[90] Vgl. auch eine Äußerung Leibholz' vom 3.1.1971, wo dieser in einer Sendung des Südwestfunks die Meinung vertrat, mißbräuchliche Ausübung des Eigentumsrechts sei verfassungswidrig, da dies dem grundgesetzlichen Bekenntnis zum Sozialstaat widerstreite.

[91] *Wimmer*, S. 11; *Wiethölter*, S. 333 f.; *Hamel*, S. 36; vgl. auch *Rüfner*, zit. bei *Erichsen*, DVBl 70, S. 167: Die Stellung des Bürgers ist heute gesichert durch einen Anspruch auf das Existenzminimum; vgl. weiter *Dahm*, S. 301; eingeschränkt *Bethge*, S. 94.

[92] Übermaß, S. 231.

[93] Grenzen, S. 216.

[94] Vgl. auch *Rohwer-Kallmann*, NJW 60, S. 1645.

[95] Gewerkschaftliche Monatshefte, Okt. 1971.

4. Die Sozialstaatsklausel in der Rechtsprechung

Der summarische Überblick über verschiedene Hauptrichtungen wissenschaftlicher Deutungsversuche zeigt die vielfältigen Ergebnisse dieser Untersuchungen. Trotz — oder gerade wegen — kontrovers und leidenschaftlich geführter Diskussion hat sich die Rechtsprechung noch verhältnismäßig wenig mit Begriff und Wesen der Sozialstaatsklausel befaßt[96]. Dennoch soll die Rechtsprechung vor allem des BVerfG und der obersten Bundesgerichte in ihren Grundzügen dargestellt werden, um auf diese Weise das Maß der von der Rechtsprechung selbst in Anspruch genommenen Justitiabilität zu erkennen.

4.1. Die Rechtsprechung des Bundesverfassungsgerichtes

4.1.1. Die Urteile und Beschlüsse im einzelnen

Im Jahre 1951 eröffnete ein seitdem vielzitierter Beschluß des Ersten Senates des BVerfG[97] die Reihe der verfassungsgerichtlichen Entscheidungen. Das Gericht führte aus[98]:

„Wenn auch die Wendung vom ‚sozialen Bundesstaat' nicht in den Grundrechten, sondern in Art. 20 des Grundgesetzes steht, so enthält sie doch ein Bekenntnis zum Sozialstaat, das bei der Auslegung des Grundgesetzes von entscheidender Bedeutung sein kann. Das Wesentliche zur Verwirklichung des Sozialstaates kann aber nur der Gesetzgeber tun."

Der Gesetzgeber sei verfassungsrechtlich zu sozialer Aktivität, insbesondere zur Herstellung erträglicher Lebensbedingungen verpflichtet. Aber nur wenn er diese Pflicht willkürlich, das heißt ohne sachlichen Grund versäume, könne „möglicherweise" dem einzelnen hieraus ein mit der Verfassungsbeschwerde verfolgbarer Anspruch erwachsen.

In BVerfGE 2,380 war das Gericht mit der Frage befaßt, ob die Herabsetzung oder Streichung von Fürsorgeansprüchen gegen die Verfassung verstößt. Das Ergebnis der Entscheidung — keine verfassungsrechtliche Garantie subjektiv öffentlicher Vermögensrechte — braucht nicht zu überraschen; erstaunlich ist lediglich, daß das Gericht zwar die Vereinbarkeit des einschlägigen Gesetzes mit Art. 3 und Art. 14 GG sowie mit allgemeinen Grundsätzen der Verfassung prüfte[99], daß es aber einen Verstoß gegen das Sozialstaatsprinzip überhaupt nicht erst erwog[100].

---

[96] Ineffektiver Rechtsschutz auf sozialstaatlichem Gebiete ist nach *Zacher*, S. 368 auch weiterhin zu beklagen, solange es das BVerfG unterläßt, „die Legalisierung und Publizierung dieses Bereichs voranzutreiben".
[97] E 1, 97.
[98] Ebd., S. 105.
[99] S. 401 ff.
[100] Um so erstaunlicher, als E 1, 97, 105 das Recht auf Fürsorge in unmittelbaren Zusammenhang mit der Sozialstaatsklausel bringt.

1954[101] anerkannte das Gericht die Sozialstaatlichkeit als tragendes Prinzip unseres Staates und hielt die Exekutive im Rahmen der Gesetzmäßigkeit der Verwaltung durch dieses Prinzip für gebunden[102].

Deutliche Abkehr von den Vorstellungen des liberalen Rechtsstaates und Hinwendung zu sozialstaatlichen Wertbegriffen zeigt die Entscheidung zum Investitionshilfegesetz[103], wo sich die berühmt gewordenen Sätze finden:

„Das Menschenbild des Grundgesetzes ist nicht das eines isolierten souveränen Individuums; das Grundgesetz hat vielmehr die Spannung Individuum - Gemeinschaft im Sinne der Gemeinschaftsbezogenheit und Gemeinschaftsgebundenheit der Person entschieden, ohne dabei deren Eigenwert anzutasten. Das ergibt sich insbesondere aus einer Gesamtsicht der Art. 1, 2, 12, 14, 15, 19 und 20 GG."

Die Entscheidung des Verfassungsgebers für den sozialen Rechtsstaat, die die Fassung einiger Grundrechtsartikel wie Art. 14 geprägt hat[104], bestimmt nach Ansicht des Gerichts auch die Auslegung aller anderen Grundrechte[105]. Diese Neubewertung der Grundrechte müsse aber derart vorgenommen werden, daß dem Menschen um seiner Würde willen auch bei ausgleichender Gestaltung des Soziallebens durch den Staat eine möglichst weitgehende Entfaltung seiner Persönlichkeit gesichert bleibe, aber gleichzeitig die schädliche Auswirkung schrankenloser Freiheit verhindert werde[106]. Auf diese Weise müsse die Gleichheit fortschreitend verwirklicht werden. Nicht die Interessen einer bestimmten Klasse würden dabei bevorzugt; vielmehr werde das Gesamtwohl im Sozialstaat im Ausgleich der Klassengegensätze und in der Schonung der Interessen aller gesucht.

Diesen Formulierungen läßt sich bereits entnehmen, was das BVerfG im „Elfes"-Urteil ausspricht[107]. Das Sozialstaatsprinzip ist neben dem Grundsatz der Rechtsstaatlichkeit wesentlichste Grundentscheidung der Verfassung[108]. Ihr gemäß habe der Staat die Fürsorgeverpflichtungen der früheren Großfamilie bzw. die Unterhaltsverpflichtungen Leistungsunfähiger zu übernehmen[109] und den Ausgleich der durch die moderne gesellschaftliche Entwicklung entstehenden Belastungen zu betreiben[110]. Sachlich nicht gerechtfertigte Leistungen, die der einzelne

---

[101] E 3, 377.
[102] S. 381.
[103] E 4, 7.
[104] So E 4, 387.
[105] Vgl. E 4, 96, 102.
[106] E 5, 85, 204 ff., „KPD-Urteil".
[107] E 6, 32, 41.
[108] Vgl. auch E 6, 55, 72; 10, 354, 363.
[109] Vgl. auch E 17, 1, 10.

4.1. Die Rechtsprechung des Bundesverfassungsgerichtes

auf Grund formaler Rechtspositionen von der öffentlichen Hand erhielte, dürften aber gerade wegen des Sozialstaatsprinzips nicht zum Nachteil der anderen und des Ganzen durch die Rechtsordnung geschützt und aufrechterhalten werden[111].

Der Verfassungsgrundsatz der Sozialstaatlichkeit wird vom Gericht in seiner Wirksamkeit aber nicht auf das Verhältnis Bürger—Staat beschränkt. Er bestimmt auch Inhalt und Grenzen der Vertragsfreiheit und nimmt auf diese Weise Einfluß auf Beziehungen der Bürger untereinander[112].

Im Jahre 1959 nahm das Gericht zum Problem der Angleichung sozialer Verschiedenheiten im Sozialstaat Stellung. Es erklärte, eine weitgehende Angleichung der Situation von Bemittelten und Unbemittelten sei im Bereiche des Rechtsschutzes ausreichend; eine solche Angleichung sei durch den Gleichheitssatz in Verbindung mit der aus Art. 20 I GG sich ergebenden Sozialpflicht des Staates aber auch geboten[113].

Im übrigen sei dem Gesetzgeber in der unaufhebbaren und grundsätzlichen Spannungslage zwischen Individualfreiheit und den Anforderungen einer sozialstaatlichen Ordnung ein weiter Raum für freie Gestaltung gegeben, innerhalb dessen er die nach seinem Ermessen notwendigen und verhältnismäßigen Eingriffe in die Freiheit zu bestimmen habe[114].

Für die verfassungsrechtliche Beurteilung genüge es, wenn festgestellt werden könne, daß die Grenze legislativen Ermessens nicht überschritten, d. h. die Freiheit des einzelnen nur soweit eingeschränkt worden sei, als es erforderlich sei, um den sozialen Gedanken zur Geltung zu bringen[115]. Insbesondere in der Abgrenzung gegenüber dem Gleichheitssatz ermächtige auch das Sozialstaatsprinzip nicht zu beliebiger Sozialgestaltung, die das Gebot der Gleichheit auflösen würde[116]. Zwar dürften einzelne Gruppen gefördert, d. h. ungleich behandelt werden. Der unterschiedlichen Behandlung müsse aber auch ein von Fall zu Fall zu prüfendes legitimes Unterscheidungskriterium zugrundeliegen, so daß die besondere Förderung einer am Gerechtigkeitsgedanken orientierten Betrachtungsweise entspreche[117].

---

[110] E 11, 105, 113; 14, 312, 315 f.
[111] E 7, 129, 152.
[112] E 8, 274, 329; 21, 87, 91.
[113] E 9, 124, 131; siehe auch E 10, 264, 270; 11, 50, 56; 21, 117, 131.
[114] E 10, 354, 371; siehe auch E 18, 257, 267 ff.
[115] E 10, 354, 369 ff.
[116] E 12, 354, 367.
[117] BVerfG a.a.O.

Auch bei der Erhöhung staatlicher Leistungen kann das Sozialstaatsprinzip eine Differenzierung nach dem Grade der sozialen Schutzbedürftigkeit des Empfängers rechtfertigen[118]. Dasselbe gilt für die Erhebung von Steuern, die im Sozialstaat stets der Gesellschaftspolitik zu dienen hat und auf ihre Weise die schwächeren Schichten der Bevölkerung schont und schützt[119].

Im Beschluß vom 4. 4. 1962[120] war vom Gericht zu prüfen, ob die Regelung des § 27 Abs. IV KgfEG gegen die Verfassung verstößt. Danach sind die Kosten einer Rechtsvertretung, sofern nicht Anwaltszwang besteht, stets vom Antragsteller zu tragen.

Das Gericht führte dazu aus: Sowohl § 27 Abs. IV KgfEG als auch die allgemeine Regel über die Erstattung der Vertretungskosten im verwaltungsgerichtlichen Verfahren fänden auf sozial Schwache gleichermaßen Anwendung wie auf sozial Starke, wenn auch nicht zu verkennen sei, daß unter den Antragstellern im Kriegsgefangenenentschädigungsverfahren die sozial Schwachen überwögen. Die Gültigkeit der Bestimmung könne also nicht davon abhängen, ob der Gesetzgeber das Sozialstaatsprinzip verletzt habe, sondern ob die getroffene Regelung dem Gleichheitssatz widerspreche[121].

Im Feldmühleurteil[122] hält das Gericht einen Verstoß gegen allgemeine Verfassungsprinzipien des Rechtsstaats und des Sozialstaats auch und gerade dann für denkbar, wenn Probleme der Wirtschaftsverfassung nicht unmittelbar im Grundgesetz geregelt sind[123]. So seien der Regelungsbefugnis des Gesetzgebers nach dem Wortlaut des Art. 14 Abs. I S. 2 GG keine Schranken gesetzt. Der einzelne müsse es hinnehmen, wenn der Gesetzgeber entsprechend dem Sozialstaatsprinzip aus überwiegenden gesamtwirtschaftlichen und sozialen Gründen die im Interesse des Gemeinwohls liegenden vertretbaren Maßnahmen treffe[124]. Dennoch müsse selbstverständlich jede gesetzliche Inhalts- und Schrankenbestimmung sowohl die grundlegende Wertentscheidung des Grundgesetzes zugunsten des Privateigentums im herkömmlichen Sinne beachten, als auch mit den übrigen Verfassungsnormen im Einklang stehen und insbesondere dem Gleichheitssatz, dem Grundrecht

---

[118] E 13, 248, 259; 14, 30, 33.
[119] E 13, 331, 346; s. a. E 27, 111, 131.
[120] E 14, 42.
[121] Werden also Bemittelte und Minderbemittelte in absolut gleicher Weise gefördert, so kann nach Auffassung des Gerichts diese Regelung — erstaunlicherweise — nicht das Sozialstaatsprinzip, sondern allenfalls den Gleichheitssatz verletzen. Man sollte denken, daß gerade derartige Gleichbehandlung das Gebot sozialer Differenzierung verletzt.
[122] E 14, 263.
[123] Ebd., S. 275.
[124] Ebd., S. 282; s. a. E 29, 260, 267.

4.1. Die Rechtsprechung des Bundesverfassungsgerichtes

auf freie Entfaltung der Persönlichkeit und den Prinzipien der Rechts- und Sozialstaatlichkeit entsprechen[125]. Es sei allerdings Sache des Gesetzgebers, wieweit er eine besondere soziale Schutzwürdigkeit des Aktionärs allgemein anerkennen wolle.

Im Urteil vom 24. 7. 1963 über die Witwenrente[126] weist das Gericht zunächst darauf hin, daß es der Sozialstaatlichkeit am ehesten entspreche, wenn soziale Ausgleichsleistungen nur dorthin gelenkt würden, wo im Einzelfall Bedarf festgestellt werde. Das Bemühen des Gesetzgebers, wenigstens die typischen Fälle des Bedarfs abzugrenzen, entspreche dieser Tendenz[127]. Bei all seiner grundsätzlichen Freiheit sei der Gesetzgeber aber in der Ausgestaltung sozialer Leistungen an das Grundgesetz, insbesondere an den allgemeinen Gleichheitssatz und seine Konkretisierung gebunden. Das sei im sozialen Rechtsstaat angesichts der außerordentlichen Bedeutung der darreichenden Verwaltung für die Existenz des einzelnen selbstverständlich[128]. Aber nur dort, wo sich der einzelne nicht selbst zu helfen in der Lage sei, könne er Darreichungen des Staates erwarten. Denn die Pflicht, einen Verlust, dessen Ersatz die Gemeinschaft zu tragen habe, selbst zu mildern, soweit das zumutbar ist, habe das Sozialrecht weitgehend geformt und könne geradezu als ein Ausfluß des Prinzips der Sozialstaatlichkeit bezeichnet werden[129].

In einer weiteren Entscheidung[130] greift das Gericht nochmals das Problem der Sozialbindung des Eigentums auf und stellt fest, der Eigentümer unterliege im grundgesetzlichen System vor allem im Hinblick auf das Sozialstaatsprinzip stärkerer Beschränkung seiner Verfügungsmacht über sein Eigentum[131]. Angesichts der grundsätzlichen Wertentscheidung für das Privateigentum dürfe eine Einschränkung im öffentlichen Interesse aber nur soweit gehen, als es der Schutz des Gemeinwohls zwingend erfordere; der Eingriff stehe unter dem Gebot der Verhältnismäßigkeit und des Übermaßverbotes[132].

---

[125] Ebd., S. 277 f.; s. a. E 18, 121, 132; eine gleichartige Grenze zieht das Gericht der Anwendung der „hergebrachten Grundsätze des Berufsbeamtentums", die es als spezielle Konkretisierung der Sozialstaatsklausel bezeichnet, E 17, 337, 355.
[126] E 17, 1; s. a. E 28, 324, 348, wo die Hinterbliebenenversorgung als besonders prägnanter Ausdruck des Sozialstaatsprinzips bezeichnet wird.
[127] Ebd., S. 11.
[128] Ebd., S. 23.
[129] E 17, 38, 56.
[130] E 20, 351.
[131] s. a. E 21, 73, 83.
[132] Ebd., S. 361.

In seiner Entscheidung vom 11. 7. 1967[133] präzisiert das BVerfG den Inhalt der Sozialstaatsklausel. Wenn Art. 20 I GG ausspreche, daß die Bundesrepublik ein sozialer Staat sei, so folge daraus nur, daß der Staat die Pflicht habe, für einen Ausgleich der sozialen Gegensätze und damit für eine gerechte Sozialordnung zu sorgen; dieses Ziel werde er in erster Linie im Wege der Gesetzgebung zu erreichen suchen. Keineswegs folge aus dem Sozialstaatsprinzip, daß der Gesetzgeber für die Verwirklichung dieses Ziels nur behördliche Maßnahmen vorsehen dürfe. Art. 20 bestimme nur das „Was", das Ziel, die gerechte Sozialordnung; es lasse aber für das „Wie", d. h. für die Erreichung des Ziels alle Wege offen[134]. So sei es dem Gesetzgeber auch erlaubt, durch Lenkungsmaßnahmen das freie Spiel der Kräfte zu korrigieren, um die von ihm erstrebte Wirtschafts- und Sozialordnung zu erreichen[135].

Wenig später prüft das Gericht erneut[136], ob bezüglich der Dauer staatlicher Leistungen Differenzierungen zulässig sind. Dies wird bejaht[137]. Das Sozialstaatsprinzip sei nicht verletzt, wenn die Differenzierung nach dem Grade sozialer Schutzbedürftigkeit erfolge[138].

Auch die Erhebung von Gewerbesteuer auf Grund objektiver Betriebsergebnisse verletzte selbst dann das Sozialstaatsprinzip nicht, wenn bei der Erhebung von der Leistungsfähigkeit des Inhabers der zu besteuernden Wirtschaftseinheit abstrahiert werde[139]; dies gelte vor allem da, wo Steuern im Rahmen eines Steuersystems erhoben würden, das der persönlichen Leistungsfähigkeit des Steuerpflichtigen in vielfältiger Weise Rechnung trage. Wollte man aber aus dem Sozialstaatsprinzip die Folgerung ableiten, der Gesetzgeber müsse die kapitalschwächeren Unternehmen besser stellen als diejenigen, die über ausreichendes Eigenkapital verfügten, so verstieße auch in diesem Falle das Abzugsverbot für Dauerschuldzinsen gerade nicht gegen diesen Verfassungsgrundsatz; vor allem Großbetriebe nämlich, die häufig mit bedeutenden Krediten arbeiteten, würden durch uneingeschränkte Abzugsfähigkeit begünstigt[140].

In seiner Entscheidung vom 3. 6. 1969[141] untersuchte das Gericht die Verfassungsmäßigkeit des § 1708 Abs. I S. 1 BGB. Prüfungsmaßstab war Art. 6 Abs. 5 GG, der nach Auffassung des Gerichts eine besondere

---
[133] E 22, 180.
[134] Ebd., S. 204.
[135] Vgl. E 23, 50, 60 m. w. N.
[136] E 23, 135.
[137] Ebd., S. 145.
[138] Vgl. auch E 13, 248, 259.
[139] E 26, 1, 7.
[140] Ebd., S. 10.
[141] E 26, 44.

4.1. Die Rechtsprechung des Bundesverfassungsgerichtes

Ausprägung des Sozialstaatsprinzips darstellt[142]. Das Sozialstaatsprinzip dürfe deshalb nicht mehr zur Normenkontrolle herangezogen werden[143]; es sei nicht ersichtlich, wie die Ordnung von Rechtsbeziehungen, die in erster Linie der Sicherung einer sozial schutzbedürftigen Personengruppe diene, dem Sozialstaatsprinzip widersprechen könne. Dieser Verfassungsgrundsatz dürfe nicht dahin ausgelegt werden, daß mit seiner Hilfe jede Einzelregelung, deren Anwendung in bestimmten Fällen zu Härten oder Unbilligkeiten führte, modifiziert werden könne[144].

Mit Blick auf den Ausgleich von Besatzungsschäden führt das Gericht aus[145]: Die Wertordnung des Grundgesetzes, die den freien, sich in der Gemeinschaft entfaltenden Menschen in den Mittelpunkt der staatlichen Ordnung stellt, verlangt besonders im Hinblick auf das in Art. 20 I GG zum Ausdruck gekommene Sozialstaatsprinzip, daß die staatliche Gemeinschaft in der Regel Lasten mitträgt, die aus einem von der Gesamtheit zu tragenden Schicksal, namentlich durch Eingriffe von außen entstanden sind und mehr oder weniger zufällig nur einige Bürger oder bestimmte Gruppen getroffen haben. Dies bedeutet keine automatische Abwälzung solcher Lasten auf den Staat mit der Wirkung, daß dieser nunmehr den Betroffenen zu vollem Ausgleich verpflichtet wäre; vielmehr kann sich aus den genannten Rechtsgrundsätzen zunächst nur die Pflicht zu einer Lastenverteilung, zu einem innerstaatlichen Ausgleich der Belastung nach Maßgabe einer gesetzlichen Regelung ergeben. Erst eine solche Regelung kann konkrete Ausgleichsansprüche des einzelnen Geschädigten begründen[146].

Das Gericht stellt weiter klar, daß sich der Gesetzgeber angesichts des Ausmaßes des Staatsbankrotts darauf beschränken durfte, gewisse äußerste Folgen auszugleichen, also sozialen Erwägungen den Vorrang[147] zu geben. Diese Regelung diene insgesamt in zulässiger Weise der Verwirklichung sozialer Gerechtigkeit[148].

Im Urteil über die Verfassungsmäßigkeit des Konjunkturzuschlages[149] nimmt das Gericht schließlich nochmals zur Vertretbarkeit unterschiedlicher Belastung durch öffentliche Abgaben Stellung: Soweit eine Frei-

---

[142] Ebd., S. 60.
[143] Ebd., S. 61; vgl. BVerfG NJW 72, 373: „Art. 6 IV konkretisiert dieses Prinzip für seinen speziellen Bereich. Deshalb kann aus dem allgemeinen Prinzip hier kein weitergehender verfassungsrechtlicher Schutz hergeleitet werden."
[144] Ebd., S. 62.
[145] E 27, 253.
[146] Ebd., S. 283.
[147] scil.: vor dem Grundsatz absoluter Gleichbehandlung.
[148] Ebd., S. 292.
[149] E 29, 402.

stellung vom Konjunkturzuschlag vorgesehen sei, so rechtfertige sich dies aus dem Sozialstaatsprinzip des Art. 20 I, wonach die Steuerpolitik auf die Belange der schwächeren Schichten der Bevölkerung Rücksicht zu nehmen habe. Dieser Rechtsgedanke könne auch einer Abgabe nichtsteuerlicher Art zugrundegelegt werden.

Soweit ersichtlich, ist das Urteil zur Verfassungsmäßigkeit des numerus clausus die letzte Entscheidung, in welcher vom Gericht mehr als nur beiläufig die Sozialstaatsbestimmung zur Streitentscheidung herbeigezogen wird[150]. Dort wird ausgeführt, daß zwar grundsätzlich daran festzuhalten sei, daß es auch im modernen Sozialstaat der nicht einklagbaren Entscheidung des Gesetzgebers überlassen bleibe, ob und inwieweit er im Rahmen der darreichenden Verwaltung Teilhaberechte gewähren wolle; dennoch könnten sich, wenn der Staat gewisse Ausbildungseinrichtungen geschaffen habe, aus dem Gleichheitssatz in Verb. mit Art. 12 I GG und dem Sozialstaatsprinzip Ansprüche auf Zutritt zu diesen Einrichtungen ergeben[151]. In diesem Bereich staatlicher Teilhabegewährung würde es aber dem Gebot sozialer Gleichheit, das sich im Gleichheitssatz konkretisiere, geradezu zuwiderlaufen, wenn nur begrenzt verfügbare öffentliche Mittel unter Vernachlässigung anderer wichtiger Gemeinschaftsbelange bevorzugt einem privilegierten Teil der Bevölkerung zugute kämen.

4.1.2. Zusammenfassung

Der Überblick zeigt als erstes evidentes Ergebnis, daß das BVerfG das Sozialstaatsprinzip zur Normenkontrolle heranzieht, also von einem mindestens in Teilbereichen bestimmbaren, justitiablen Gehalt der Bestimmung ausgeht. Abgesehen von den materialen Inhalten, die der Sozialstaatsklausel zugesprochen werden und die an anderer Stelle näher beleuchtet werden sollen, erscheint insbesondere bemerkenswert, daß das Gericht in neuerer Rechtsprechung die Klausel nicht länger nur als Auslegungsmaxime unter anderen verwendet[152]. Das zeigt deutlich die Prüfung von Gesetzesbestimmungen, die — isoliert von dem möglichen Einflußbereich sonstiger Verfassungssätze — auf ihre Vereinbarkeit mit dem Sozialstaatsprinzip untersucht wurden.

Festgehalten werden muß aber auch, daß das Gericht das Gebot sozialer Gerechtigkeit und damit die Berechtigung zu differenzierter, sozial gleicher Behandlung nicht — wie zu erwarten wäre — dem Sozialstaatsprinzip entnimmt, sondern dieses Gebot im allgemeinen Gleichheitssatz konkretisiert sieht.

---

[150] E NJW 72, 1561.
[151] Ebd., S. 1564.
[152] Vgl. aber noch *Hecklinger*, S. 54; *Dichgans*, S. 49.

4.2. Die Rechtsprechung der obersten Bundesgerichte

Verschiedene oberste Bundesgerichte vertreten teilweise erheblich weitergehende Auffassungen zu Inhalt und Justitiabilität der Sozialstaatsklausel. Das ist einsichtig; denn justitiabel bzw. operabel ist die Sozialstaatsklausel für die Gerichte nicht als bloße grundsätzliche Ausprägung eines verfassungsmäßigen Wertsystems. Das aber mag wiewiederum dem BVerfG im Normenkontrollverfahren genügen. Anwendbar ist die Sozialstaatsklausel für die Gerichte zunächst und zuvörderst nur als Anspruchsgrundlage, was bei den Bundesgerichten die Tendenz zu dezidierter und detaillierter Interpretation der Verfassungsbestimmung fördert[153]. Die recht ausführliche Rechtsprechung der obersten Bundesgerichte soll daher an wenigen Beispielen dargestellt werden.

4.2.1. Die Rechtsprechung des Bundesverwaltungsgerichtes

In einem ersten, grundsätzlichen Urteil setzt sich das BVerwG mit dem Charakter staatlicher Daseinsfürsorge in dem durch das Grundgesetz geformten Staatswesen auseinander[154]. Dem einzelnen Bürger stehe ein Rechtsanspruch auf Fürsorge und auf Sicherung seiner Daseinsmöglichkeit gegenüber der öffentlichen Gewalt zu[155]. Dies ergebe sich aus den allgemeinen Grundsätzen der Verfassung. Der Gemeinschaftsgedanke, der in den Grundsätzen des sozialen Rechtsstaates und der Sozialgebundenheit des Eigentums seinen Ausdruck gefunden habe, erschöpfe sich aber nicht in der Gewährung materieller Leistungen, sondern verlange, daß die Teilnehmer der Gemeinschaft als Träger eigener Rechte anerkannt werden und daß nicht ein wesentlicher Teil des Volkes in dieser Gemeinschaft hinsichtlich seiner Existenz ohne Rechte dastehe[156]. Solche „Sozialpflichtigkeit des Staates", die in Art. 20 niedergelegt sei, solle eine Hilfsbedürftigkeit beseitigen, deren Fortbestehen die Menschenwürde des Hilfesuchenden verletzen würde[157]. Konkretisiert werde diese Verpflichtung im Sozialhilferecht, das auf seine Gültigkeit hin an Art. 20 GG zu messen sei[158]. Dabei verletze das Prinzip der Subsidiarität staatlicher Hilfe den Sozialstaatsgedanken nicht; indem es dem Schutze der Personalität diene, enthalte es eher eine Verdeutlichung dieses Gedankens und entspreche damit zu-

---
[153] Auf das Problem der Erforderlichkeit eines intermediären einfachen Gesetzes kann hier nur hingewiesen werden. Es wird unten näher behandelt werden.
[154] E 1, 159.
[155] Ebd., S. 161.
[156] Ebd., S. 162.
[157] E 23, 149, 153.
[158] Ebd., S. 152.

gleich der Menschenwürde[159]. Die Anrechnung eigener Mittel oder von Mitteln der Eltern, deren Erbringung zwar möglich, aber nicht zumutbar sei, verstoße jedoch gegen den Sozialstaatsgrundsatz[160].

Daß die Sozialstaatsklausel als Staatszielbestimmung den Staat zur Aktivität im Hinblick auf die Herstellung und Sicherung sozialer Gerechtigkeit verpflichte, führt das BVerwG in einer weiteren Entscheidung aus[161]. Handeln der staatlichen Gewalt mit diesem Ziel sei dann unbedingt geboten, wenn der einzelne ohne dieses Tätigwerden in seiner Personenwürde Schaden nähme[162].

4.2.2. Die Rechtsprechung des Bundesarbeitsgerichtes

Möglicherweise wegen der Schwierigkeiten, die einer umfassenden inhaltlichen Präzisierung entgegenstehen, spielt die Sozialstaatsklausel in der Praxis des BAG eine geringere Rolle, als man es angesichts der vor allem im Arbeitsrecht stattfindenden weitgehenden Verwirklichung des Sozialstaates annehmen dürfte[163].

In verschiedenen Entscheidungen hat das BAG die Bedeutung des Sozialstaatsprinzips für die Gesetzesauslegung hervorgehoben. So erklärte es, die Verfassung enthalte ein normatives Bekenntnis zum Sozialstaat, das bei der Auslegung des Grundgesetzes sowie anderer Gesetze von entscheidender Bedeutung sei[164] und durch welches die freie Entfaltung der Persönlichkeit des sozial Schwächeren geschützt werden solle[165]. Die gestaltende Intensität des Sozialstaatsgedankens erlaubt es dabei nach Ansicht des BAG, verschiedene Grundrechte auch in Drittbeziehungen anzuwenden[166]. So wird für das Gericht der Sozialstaatsgedanke über die Anwendung als bloße Auslegungsrichtlinie hinaus zum „allgemeinen Beziehungspunkt im Rechtssystem"[167], der „für die Fortbildung auf dem Gebiete des Arbeitsrechts regelmäßig beachtlich ist und auch die Rechtsprechung bei der Rechtsfindung verpflichtet"[168].

---

[159] Ebd., S. 153; vgl. auch E 23, 304, 306.
[160] E 18, 352, 356; zur Anwendung der Sozialstaatsklausel als Kontrollmaßstab vgl. auch E 4, 95.
[161] E 23, 304, 306, s. a. E 27, 58, 62.
[162] E 27, 58, 63.
[163] Vgl. Oellrich, S. 164; Benda, S. 57; Bogs, Sozialer Rechtsstaat, S. 44; s. a. Bethge, S. 95, der auf die Vielzahl von Konkretisierungen des Sozialstaatsgedankens gerade im Arbeitsrecht hinweist.
[164] E 1, 51, 56; ähnlich E 1, 185, 193; E 4, 274, 276; E 9, 124, 131.
[165] E 8, 1, 10; E 9, 260, 276.
[166] Vgl. bzgl. Art. 6 I: E 4, 274, 276; Art. 5: E 1, 185, 193; Art. 3: E 1, 258, 265 f.
[167] Vgl. Müller, S. 524.
[168] E 1, 128, 132 f.

4.2.3. Die Rechtsprechung des Bundesgerichtshofes

In sehr geringem Umfange wird das Sozialstaatsprinzip vom BGH in seiner Zivilrechtsprechung angewandt. Erstmals im 18. Bande stützt sich das Gericht unter anderem auf Art. 20 GG, um die entsprechende Anwendung des § 844 BGB zugunsten mittelbar geschädigter Unterhaltsberechtigter zu begründen[169]. Es könne nicht hingenommen werden, wenn, sofern als Folge hoheitlichen Eingriffs nicht lediglich Körperverletzung, sondern Tod eingetreten sei, der Betroffene mithin ein weitaus größeres Opfer erbracht habe, die durch dieses Opfer nur mittelbar, aber doch in besonders fühlbarer Weise getroffenen unterhaltsberechtigten Angehörigen leer ausgingen. Ein solches Ergebnis würde mit dem Prinzip eines sozialen Rechtsstaats unvereinbar sein und dem verfassungsmäßig garantierten Schutz der Familie widerstreiten[170].

Eine weitere Entscheidung[171] sieht es dem heutigen Staat als einem sozialen Rechtsstaat zur unmittelbaren Aufgabe gemacht, den Staatsbürger gegen die Wechselfälle des Lebens zu schützen[172].

Die Verfassungskonformität eines vorkonstitutionellen Gesetzes, des Gefangenenunfallfürsorgegesetzes, prüft der BGH am Prinzip der Sozialstaatlichkeit[173]. Die Beschränkung der Ansprüche unfallgeschädigter Gefangener auf Rente verstößt nach Ansicht des Gerichtes nicht gegen den Sozialstaatsgedanken. Die Regelung stehe nämlich mit der Regelung der Entschädigung freier Arbeiter im Einklang[174]. Auch der Höchstsatz von DM 300,— könne nicht beanstandet werden, da von den Generalstaatsanwälten Billigkeitszuschläge gewährt würden. Diese Zuschläge dürften allerdings entgegen einer Ausführungsverordnung des Reichsjustizministeriums von 1936 nicht nur widerruflich gewährt werden. Denn das Prinzip der Sozialstaatlichkeit fordere, daß in einer der Zielsetzung des Art. 20 GG entsprechenden Rechtsfortbildung anerkannt werde, daß zur objektiven Verpflichtung des Staates zu ausreichender Fürsorge für seine Gefangenen das subjektive Recht auf Gewährung eben dieser Fürsorge trete. Erleide der einzelne in Befolgung eines staatlichen Gebotes außergewöhnlich schwere Schäden,

---

[169] E 18, 286; s. a. E 34, 24.
[170] Ebd., S. 290 f.
[171] E 25, 186, 192.
[172] s. a. E 40, 225, 228.
[173] E 25, 231.
[174] Ebd., S. 233.; die Begründung leuchtet freilich nicht ein; immerhin wäre es ja möglich, daß auch die Regelung der Ansprüche freier Arbeiter dem Sozialstaatsprinzip widerspricht.

so müsse gerade im sozialen Rechtsstaat — solle dieses Prinzip nicht zur unverbindlichen Phrase werden — die Allgemeinheit dieses Opfer ausgleichen[175].

In einer — soweit ersichtlich — letzten Entscheidung zieht der BGH in Erwägung, daß die ungleiche Behandlung von Besuchern öffentlicher und privater Schulen das Sozialstaatsprinzip verletzt[176]. Ein solcher Verstoß liege im konkreten Fall aber nicht vor; denn die grundgesetzliche Ordnung gebiete es nicht, die den öffentlichen Schulen gewährten Vergünstigungen auch privaten Schulen zukommen zu lassen.

Die seltenen Fälle des Rückgriffs auf die Sozialstaatsklausel zeigen immerhin, daß der BGH diese Verfassungsbestimmung keineswegs nur als Auslegungsmaxime zu verstehen bereit ist. Durch sie erfährt vielmehr nach Ansicht des Gerichts der soziale status quo einen verstärkten Bestandsschutz, auf dem aufbauend das Gericht sogar in rechtsfortbildender Tätigkeit dem Sozialstaatsgedanken nicht entsprechende Regelungen an diese Grundkonzeption des Grundgesetzes anpaßt. Darüber hinaus sah sich der BGH verpflichtet — was besondere Aufmerksamkeit verdient —, die Sozialstaatsklausel als geltendes Verfassungsrecht bei der Prüfung der Verfassungsmäßigkeit einfacher Gesetze zu berücksichtigen.

4.2.4. Die Rechtsprechung des Bundessozialgerichtes

In ungleich größerem Umfang wird das Sozialstaatsprinzip vom BSozG herangezogen. Es nimmt im Jahre 1957 eindeutig zur Rechtsnatur der Sozialstaatsklausel Stellung und führt aus[177]:

Die Sozialstaatlichkeit ist zu den tragenden Grundsätzen des Staates erklärt worden. Diese Erklärung ist als Rechtsbegriff, als — allerdings schwer faßbare — den Grundrechten gleichgestellte positive Verfassungsnorm anzusehen. Sie ist nicht lediglich eine programmatische Forderung, sondern als Ermächtigung und Auftrag zur Gestaltung der Sozialordnung anzusehen, gerichtet auf Herstellung und Wahrung sozialer Gerechtigkeit und auf Beseitigung sozialer Bedürftigkeit[178]. Gerade hierin findet sich der Gegensatz zum bürgerlichen Rechtsstaat, der zwar gegebenenfalls Notstände abänderte, aber die Sozialordnung nicht grundsätzlich selbst gestaltete.

---

[175] Ebd., S. 238, 241.
[176] E 52, 325, 335.
[177] E 6, 213, 219.
[178] Vgl. auch E 14, 59, 62; E 15, 1, 8; E 15, 71, 76; E 19, 88, 92.

Wird Hilfe ohne sachlichen Grund geleistet, etwa auf Grund einer zwar rechtskräftigen, aber materiell ungerechtfertigten Entscheidung, so kann diese formale Rechtsstellung nach Ansicht des BSozG[179] auch im sozialen Rechtsstaat nicht zum Nachteil der anderen und der Rechtsordnung geschützt werden. Hiervon zu unterscheiden seien freilich Leistungen, die ohne Rechtsgrund und freiwillig gewährt wurden. Solche Unterstützung dürfe nämlich nur unter Beachtung sozialstaatlicher Grundsätze eingestellt werden[180].

Bestimmte Anspruchsfolgerungen könnten aus dem Grundsatz der Sozialstaatlichkeit, aus dem herkömmlicherweise ein Schutzprinzip zugunsten der wirtschaftlich Schwächeren entnommen werde, allerdings unmittelbar nicht gezogen werden[181], insbesondere nicht dann, wenn der Gesetzgeber erst durch Verabschiedung neuer Vorschriften derartige Ansprüche gewähren müßte[182].

Bei der Frage der Verfassungswidrigkeit des Wegfalls der Zusatzsterbegeldversicherung hatte das Gericht zu prüfen, ob aus der Sozialstaatsklausel eine Verpflichtung zur Besitzstandswahrung sozialer Rechte abgeleitet werden könne. Dies wurde verneint[183]. Wollte man nämlich bereits in jeder Verschlechterung des Besitzstandes einen Verstoß gegen das Sozialstaatsprinzip erblicken, so könne der Gesetzgeber solche Positionen in Zukunft nur noch verbessern. Die Sozialstaatsklausel würde dann die einfache Gesetzgebung weitgehend blockieren und eine Anpassung des Rechts an die Veränderung der sozialen und wirtschaftlichen Verhältnisse verhindern[184].

Wie immer die Grenze zu ziehen sei, die diese Grundsatznorm dem Gesetzgeber vorzeichne, so könne sie jedenfalls nicht im Sinne einer allgemeinen Härteklausel verstanden werden[185].

4.2.5. Die Rechtsprechung des Bundesfinanzhofes

Auch der BFH hat in verschiedenen Urteilen zum Sozialstaatsprinzip Stellung genommen. Wie eine erste Entscheidung zeigt, schien das Gericht zunächst dazu zu tendieren, der Sozialstaatsklausel allenfalls

---
[179] E 9, 199, 204, in Anlehnung an BVerfGE 7, 129, 152.
[180] E 21, 114, 117.
[181] E 10, 97, 100; E 19, 88, 92.
[182] E 15, 1, 8.
[183] E 15, 71, 76.
[184] Ebd., S. 76; vgl. auch E 25, 170, 175 und E 26, 255, 261, wo das BSozG die Erschwerung der Voraussetzungen für eine Weiterversicherung in der Angestelltenversicherung als nicht gegen das Sozialstaatsprinzip verstoßend ansah, da dadurch die Legislative nicht ihre Pflicht verletzt habe, auch sozial schwachen Personenkreisen eine menschenwürdige Existenz zu sichern.
[185] Vgl. E 24, 278, 280.

Programmcharakter zuzubilligen[186]. Das Gericht hielt sich nämlich nicht für befugt, steuergesetzliche Bestimmungen, die grundrechtskonform sind, aber der Sozialstaatsklausel widersprechen, allein wegen dieser Kollision für nichtig zu erklären. Dann nämlich würde den Sozialstaatsbestimmungen eine stärkere Wertung zuerkannt, als den Grundrechten[187], was bei der Unbestimmtheit des Begriffes im Ergebnis zur Folge hätte, daß die Gerichte im Wege über die Auslegung solcher Verfassungsbestimmungen — unzulässigerweise — die Politik bestimmten[188].

Eine vorsichtige Abkehr von dieser konservativen Rechtsprechung zeigt sich erst in einer Entscheidung vom September 1961 (!)[189]. Dort begreift der BFH die Sozialstaatsklausel als ein tragendes Prinzip unseres Staates, dessen Beachtung bei der Auslegung bestehenden Rechts „vertretbar" erscheine[190]. Dabei dürfe aber nicht der Sozialstaatsgedanke zu beliebiger, das Gebot der Gleichheit auflösender sozialer Gestaltung verleiten[191].

Als Folge des vom BVerfG aus der Sozialstaatsklausel destillierten Gebots sozialer Steuerpolitik[192] hatte sich der BFH vermehrt mit Argumentationen zu befassen, welche dieses Gebot auf die verschiedenste Weise verletzt sahen.

Eine derartige Rüge wies das Gericht mit dem Bemerken zurück, es könne bei der Bewertung der GmbH-Anteile einer Revisionsklägerin im Hinblick auf deren Vermögens- und Ertragsverhältnisse keine Verletzung des Begriffs des sozialen Rechtsstaats vorliegen, zumal die Bewertung dem Bewertungsgesetz, der Rechtsprechung und den geltenden Richtlinien entspreche[193]. Ein Verstoß gegen das Sozialstaatsprinzip mit der Folge der Verfassungswidrigkeit der entsprechenden

---

[186] E 69, 507, 511.

[187] Diese Begründung ist fehlerhaft; allenfalls würde der Sozialstaatsklausel bei solcher Anwendung eine andersartige, keineswegs aber eine derogierende Wirkung im Vergleich zu den Grundrechten zuerkannt.

[188] E 69, 512.

[189] E 74, 42.

[190] Ebd., S. 46.

[191] Vgl. E 86, 598, 602 unter Berufung auf BVerfGE 12, 354, 367; es wird allerdings in der BFH-Entscheidung der Hinweis darauf vermißt, daß das BVerfG sehr wohl differenzierende Gestaltungen für möglich, ja sogar für geboten erachtet hat, wenn es Forderungen einzelner Gruppen für legitim ansieht.

[192] Vgl. BVerfGE 13, 331, 347; 27, 111, 131.

[193] E 89, 479, 484; angesichts dieser Begründung scheint es zweifelhaft zu sein, ob dem BFH die Reichweite des Sozialstaatsprinzips, insbesondere seine Auswirkung auf die Gesamtheit der Bürger und der dementsprechende Einfluß auf die Auslegung gesetzlicher Bestimmungen durch die Rechtsprechung klargeworden ist.

Vorschrift könne vielmehr allenfalls dann angenommen werden, wenn der Gesetzgeber seiner Verpflichtung zur Schaffung erträglichen Ausgleichs widerstreitender Interessen willkürlich nicht nachgekommen wäre[194]. Daher komme es auch nicht darauf an, ob dem Sozialstaatsprinzip überhaupt unmittelbar rechtsgestaltende Wirkung zukomme[195].

4.2.6. Zusammenfassung

Es fällt schwer, den Urteilen der verschiedenen Gerichte Gemeinsamkeiten bei der Anwendung des Sozialstaatsprinzips zu entnehmen. Allenfalls im Negativen könnte das glücken; keines der Gerichte sah sich bisher veranlaßt, die Sozialstaatsklausel im Bezugssystem des Grundgesetzes auf ihre gesamte dogmatische Tiefe zu durchleuchten.

Einer der Gründe hierfür mag in einer Qualifizierung des Sozialstaatsprinzips als politische Grundwertung zu suchen sein, die der Rechtsprechung nur eingeschränkt zur Begründung ihrer Urteile zur Verfügung steht[196]. Darüber hinaus fehlt dem Richter die ansonsten hilfreiche und sichernde Stütze einer gesicherten Meinung der Rechtswissenschaft, was zusätzliche Scheu vor der Anwendung der im Grundgesetz nicht detaillierten und nicht spezifizierten Sozialstaatsklausel hervorrufen mag.

Betrachtet man den Flickenteppich richterlicher Aussagen zum Sozialstaatsprinzip, so fehlt auch dort die Antwort auf die Frage nach der rechtstheoretischen Qualifizierung und inhaltlichen Bestimmung des Begriffes „Sozialstaat"; ebensowenig sind — konsequenterweise — die Grenzen der Justitiabilität der Sozialstaatsklausel festgelegt, so daß offenbleibt, ob die Klausel eine von der Verfassungsgerichtsbarkeit zu beachtende Schranke für die Gesetzgebung darstellt[197].

5. Eigene Beurteilung

5.1. Die Sozialstaatsklausel als unverbindliches Postulat oder geltendes Recht?

Die rechtliche Bewertung der Sozialstaatskomponente des prima facie antithetisch wirkenden Begriffspaares „sozialer Rechtsstaat" setzt zunächst das Vorhandensein von Recht in der Sozialstaatsaussage, ihre

---

[194] E 89, 422, 442 f. unter Hinweis auf BVerfGE 1, 97, 105; vgl. auch E 92, 495, 511.
[195] Ebd., S. 442.
[196] Vgl. Hecklinger, S. 55; Werner, AÖR 81, S. 84 f.
[197] Vgl. W. Reuss, S. 11, der zu derselben Fragestellung gelangt, ohne aber eine Antwort anzubieten.

Existenz als Rechtsquelle voraus. Schon dies wird verschiedentlich bezweifelt. Forsthoff, der Auffassung, es bestehe zwischen Rechtsstaatsprinzip und Sozialstaatsklausel ein unüberwindbarer Gegensatz[198], entscheidet sich kompromißlos für den Rechtsstaat und löst die angebliche Systemwidrigkeit des Grundgesetzes, indem er die Sozialstaatsaussage als intellektuelle Verirrung des Verfassungsgebers[199] gewissermaßen übersieht[200].

Seine Entscheidung für den Rechtsstaat sieht Forsthoff durch die positive Festlegung des Rechtsstaates in Art. 20 GG und durch deren höchstwirksame Bekräftigung in Art. 79 Abs. III GG gerechtfertigt[201].

Diese Auffassung ist vielerorts auf Bedenken gestoßen[202]. Sie übersieht zunächst das Offensichtliche: Nicht den Rechtsstaat hat — wie Forsthoff meint — die „Ewigkeitsentscheidung"[203] des Art. 79 Abs. III GG gegen jegliche Veränderung geschützt — der *soziale* Rechtsstaat ist es, der im Grundgefüge auch verfassungsändernden Mehrheiten unzugänglich bleibt[204].

Die „Grunddeutung der eigenen Wesensart"[205] in der Verfassung der Bundesrepublik, wie sie in Art. 20 zum Ausdruck kommt, versteht das Staatswesen des Grundgesetzes nicht als einen Rechtsstaat reinster Liberalität, sondern als Gemeinwesen, dessen Lebensordnung die Freiheit der konkreten Individualität gegenüber der Bindung durch kollektive Pflichten balanciert.

Ein weiteres kommt hinzu: Kein Satz des geschriebenen Rechts, zumal des Verfassungsrechts, darf ohne zwingenden Grund als bloße Leerformel bar jeden rechtlichen Gehalts angesehen werden[206]. Rechtssatz ist die Verfassungsbestimmung und die Sozialstaatsklausel dann,

---

[198] *Forsthoff*, VVDStRL 12, 14 f.

[199] Vgl. *Benda*, S. 55.

[200] Forsthoff übernimmt hier für seine Auslegung der neuen Verfassung eine bekannte These Triepels. Dieser hat schon frühzeitig dargelegt, der Rechtsstaatsbegriff dürfe nicht durch Eigenschaften wie „bürgerlich" oder „sozial" etikettiert werden, weil der Rechsstaat über derartigen zeitbedingten und somit politischen Wertungen stehe, vgl. *Triepel*, in: VVDStRL 7, S. 197.

[201] Vgl. *Forsthoff*, VVDStRL 12, S. 14 u. 25.

[202] Vgl. u. a. *Bachof*, VVDStRL 11, S. 37 ff.; *Benda*, S. 55; *E. Hesse*, Bindung des Gesetzgebers, S. 77.

[203] *Dürig*, JZ 53, S. 197.

[204] Vgl. *Abendroth*, VVDStRL 12, S. 85 ff.

[205] *Gerber*, S. 27.

[206] *Bachof*, VVDStRL 12, S. 39; vgl. auch *Kägi*, S. 746 a f.: Die Sätze der Verfassung sind Rechtssätze im prägnanten Sinn des Wortes. Es sind nicht bloße „Programmsätze" im Sinne von Normen, deren Anwendung dem freien Ermessen der obersten Behörden anheimgestellt wäre. Die Sätze der Verfassung sind vielmehr unbedingte Rechtsimperative.

5.1. Sozialstaatsklausel unverbindliches Postulat oder geltendes Recht?

wenn sich irgendwelche Rechtsfolgen aus ihr herleiten lassen[207]. Nun ist der Verfassungssatz um seines besonderen Ranges willen in aller Regel weit und offen[208], Veränderungen des sozialen und politischen Hintergrundes aufzufangen und eine Diskrepanz zwischen Verfassungsrecht und Verfassungswirklichkeit zu verhindern[209].

Die Schwierigkeit der Interpretation und die Notwendigkeit konkretisierender Ausgestaltung bedeutet aber nicht, daß der Verfassungssatz als solcher unverbindlich, bloße Empfehlung und nicht geltendes Recht wäre[210]. Zu Recht warnt E. R. Huber[211], es würde das Ende der Staatsrechtslehre als Wissenschaft bedeuten, wolle sie angesichts einer unbestimmten Formel im Verfassungstext erklären, hier höre das Staatsrecht auf.

Gesetztes Recht enthalten auch die sogenannten Programmsätze, sofern sie nicht ausdrücklich als „deklamatorische und unverbindlich verheißende Äußerungen der Verfassungen"[212] definiert, sondern verstanden werden als Richtlinie zukünftiger legislativer Aktivitäten. Ein solcher Satz untersagt es dem Gesetzgeber mit Verfassungskraft, dem positivierten Programm zuwiderzuhandeln. Schon diese Rechtswirkung reicht aus, um der Verfassungsbestimmung Rechtssatzcharakter zu verleihen[213] und — wie Tomandl[214] am Beispiel sozialer Verfassungsprogramme nachgewiesen hat — um klassische Grundrechte zu relativieren und sie mit verändertem Gehalt zu versehen.

Bei aller Dürftigkeit der Materialien kann nicht bezweifelt werden, daß es dem Verfassungsgeber bei der Aufnahme der Sozialstaatsklausel an solch prominenter Stelle auf eine Dämpfung der ungebrochen auf den Staatsbürger einstürmenden Risiken des liberalen Rechtsstaats, auf

---

[207] Vgl. *Esser*, JZ 53, S. 521 ff. und Grundsatz u. Norm, S. 75 ff., der allerdings zu der Frage der Ableitbarkeit von Rechtsfolgen einen außerordentlich engen Standpunkt vertritt und beispielsweise dem positiv mit aktueller Verbindlichkeit ausgestatteten Gleichheitssatz mangels Konkretisierbarkeit die unmittelbare Rechtsverbindlichkeit abspricht.

[208] So schon *Lorenz v. Stein*, Verwaltungslehre, Bd. I, S. 25.

[209] Besonders eklatant tritt diese „Offenheit" naturgemäß bei der US-Verfassung zutage, die sich mit wenigen Veränderungen seit nahezu 200 Jahren in Kraft befindet; vgl. hierzu *Wechsler*, S. 13: „... a constitution is so largely framed in generalities, precisely to permit its adaptation in a future that must largely be unknown."

[210] *Kontiades*, S. 119; s. auch *C. Schmitt*, Verfassungsvollzug, S. 462; a. A. die (noch?) allgemeine Meinung der französischen Staatsrechtstheoretiker, welche auch den in der Präambel zur Verfassung niedergelegten Grundrechten so gut wie keine juristische Bedeutung zumessen, vgl. *Apelt*, VVDStRL 12, S. 108.

[211] DÖV 56, S. 201.

[212] *Bachof*, FamRZ 56, S. 399.

[213] *Benda*, S. 64; *C. Schmitt*, Verfassungsvollzug, S. 462.

[214] Soziale Grundrechte, S. 26.

einen sukzessiven Abbau sozialer Härten und eine reziproke Verwirklichung sozialer Gerechtigkeit durch den Gesetzgeber ankam. Bereits dieser Minimalgehalt schafft der Sozialstaatsklausel Verbindlichkeit als geltendes Recht.

Erscheint die Ansicht Forsthoffs, der Sozialstaatsklausel ließen sich weder Rechte noch Pflichten entnehmen, schon aus den angeführten Gründen unhaltbar, so sind seine Ausführungen darüber hinaus auch in sich widerspruchsvoll. Das Bekenntnis zum „sozialen Rechtsstaat" nämlich ist — wie Forsthoff ausführt — „nicht nur für den Gesetzgeber verbindlich und damit programmatischer Natur, sondern bindet auch die Gesetzesanwendung in Rechtsprechung und Verwaltung unmittelbar"[215]. Was aber wäre Rechtswirksamkeit anderes als die Bindung des Adressaten an das normative Gebot[216]?

Es ist also festzuhalten: Bei der Sozialstaatsbestimmung der Art. 20 und 28 GG handelt es sich nicht um ein lediglich geistesgeschichtlich-politisches Phänomen[217], ein unverbindliches Postulat. Die Sozialstaatsklausel ist vielmehr geltendes Recht, Bestandteil der verfassungsmäßigen Ordnung im Sinne des Art. 2 Abs. 1 GG mit einer ihrer Qualität als Rechtsbegriff entsprechenden Bindung des Normadressaten.

5.2. Die formale Struktur der grundgesetzlichen Sozialstaatsklausel

Die Frage nach dem formalen Rang dieser Rechtsquelle ist damit nicht beantwortet — sie stellt sich erst. Zwar ist im Rahmen der Problematik des Sozialstaatsgrundsatzes die Erforschung des materialen Gehalts der Bestimmung entscheidend. Doch kann dieses Vorhaben ohne vorherige Klärung der rechtslogischen Struktur des Sozialstaatsbegriffs nicht eindeutig gelingen; immerhin besteht für gewisse Arten von Rechtsquellen eine direkte Beziehung zwischen der strukturellen Gestaltung des Verfassungsbegriffs und seinem möglichen substantiellen Gehalt[218].

5.2.1. Sedes materiae

Formuliert ist der Sozialstaatsgrundsatz in den Art. 20 und 28 GG. Rechtlich relevant ist hauptsächlich Art. 20 Abs. I. Art. 28, der den Grundsatz der Sozialstaatlichkeit als auch für die Länder verbindlich

---

[215] VVDStRL 12, S. 27; vgl. auch *Bethge*, S. 93.
[216] *Stahler*, S. 34, weist mit Recht darauf hin, daß Verbindlichkeit eines Rechtssatzes unabhängig von einer festen oder lockeren Bindung des Adressaten ist. Die Intensität der Bindung sei von der politischen Aussage der Norm abhängig; verbindlich sei der Rechtssatz aber in jedem Fall.
[217] So aber *Schnorr*, S. 261 f.
[218] Vgl. *Weisel*, S. 11 f.

5.2. Die formale Struktur der grundgesetzlichen Sozialstaatsklausel

erklärt, enthält — auch wenn allein an dieser Stelle die Formel „sozialer Rechtsstaat" niedergelegt ist — bestenfalls eine bekräftigende und verdeutlichende Wiederholung dessen, was in Art. 20 GG bereits niedergelegt ist[219]. Denn dort sind für den Gesamtstaat Bundesrepublik Deutschland — also für Zentralstaat und Gliedstaaten — alle in Art. 28 Abs. I Satz 1 angesprochenen Grundsätze bereits verpflichtend formuliert[220].

5.2.2. Rechtssatz — Rechtsgrundsatz — verfassungsgestaltende Grundentscheidung

Also fragt sich: Handelt es sich bei der grundgesetzlichen Aussage, der Rechtsstaat Bundesrepublik Deutschland sei ein sozialer Staat, um einen verfassungskräftigen Rechtssatz? Oder entspricht der Charakter dieser Rechtsquelle einem Rechtsgrundsatz oder einer staatsgestaltenden Grundentscheidung?

Es erscheint wenig sinnvoll, die Sozialstaatsklausel daraufhin zu untersuchen, ob sie etwa eine „Staatsfundamentalnorm", eine „Staatszielbestimmung", eine „verfassungsrechtliche Direktive" oder eine verfassungsimmanente „Selbstqualifizierung" sei. Keine dieser Benennungen wird — im Gegensatz zu den genannten, von Wolff[221] entwickelten Bezeichnungen verschiedener Rechtsquellenarten[222] — von einer breiteren Verständigung der Staatsrechtslehre über ihre formalen Kriterien, erst recht nicht über ihre materiale Substanz getragen. Sie stellen meist lediglich originäre Wortschöpfungen einzelner Schriftsteller dar.

5.2.2.1. Die Sozialstaatsklausel als Rechtssatz?

Als (Verfassungs-)Rechtssatz wirkt die Sozialstaatsklausel dann, wenn sie sich — Hellerscher Definition folgend[223] — dem Normgebrauch darstellt als „Norm, die einen vorausgesetzten Tatbestand mit einer Rechtsfolge verknüpft, subjektive Rechte und Pflichten an einen Tatbestand anknüpft" oder, wie Esser[224] formuliert, als Norm, die „stets für angebbare Fallgruppen eine Weisung mit größerem oder kleinerem diskretionären Raum für den Richter" gibt.

---

[219] Vgl. *Weisel*, S. 16.
[220] Ähnlich *Abendroth*, Begriff, S. 116, der beiläufig erwähnt, in Art. 28 werde gegenüber Art. 20 nichts eigentlich Neues ausgesagt.
[221] Rechtsgrundsätze, S. 33 ff.
[222] Vgl. *Kontiades*, S. 79, Fußnote 176.
[223] *Heller*, Begriff, S. 118.
[224] Grundsatz und Norm, S. 51.

In diesem formalen Sinne ist die Sozialstaatsbestimmung offensichtlich kein Rechtssatz. Ohnehin können Bestimmungen der Verfassung infolge ihrer die Grundordnung des Staatswesens prägenden Ausgestaltung nur in seltenen Fällen Rechtssätze im formalen Sinne sein[225].

Eine Verfassung enthält in aller Regel Richtpunkte für die allgemeine Orientierung, Wertsetzungen positiven und negativen Charakters, Verteilungen der Gewichtigkeit[226]; nicht in detaillierte Tatbestände ausgemünzt, sind solche Verfassungsbestandteile „schlichter Subsumtion"[227] im allgemeinen nicht zugänglich.

In besonderem Maße fehlt der Sozialstaatsklausel die Einzelanweisung über die Entstehung individueller Rechte und Pflichten als Folge der Verwirklichung eines spezifizierten Tatbestandes. Das nicht, weil die Bestimmung als Feststellung, als „Sein" und nicht als „Sollen" gesetzt ist. Diese Form soll vielmehr ein „Ordnungs- und Herrschaftsoptimum suggerieren"[228]; sie nimmt auf ihre Art die „Ewigkeitsentscheidung" des Art. 79 Abs. III voraus[229]. Entscheidend ist, daß dem bloßen Worte „sozial" keine Weisung entnommen werden kann, welche durch Fixierung der Folgevoraussetzungen normgemäßes Verhalten unmittelbar ermöglichte[230]. Die Anwendbarkeit eines Rechtssatzes im Sinne des juristischen Syllogismus setzt dessen weitgehende Ausformung voraus[231]. Einer solchen Ausformung ist die Sozialstaatsklausel des Grundgesetzes nicht unterworfen. Sie ist damit nicht als Rechtssatz im obengenannten, formalen Sinne formuliert.

5.2.2.2. Die Sozialstaatsklausel als Rechtsgrundsatz?

Mangelnde Inhaltsgewißheit, fehlende Konkretisierung bezüglich eines typischen Sachverhaltes sind auf der anderen Seite formale Negativkriterien eines Rechtsgrundsatzes[232], der sich andererseits wieder durch eine besonders enge und direkte Beziehung zur Idee der Gerechtigkeit auszeichnet[233], sei es, weil der Geltungsgrund der Rechts-

---

[225] Vgl. *Rüpke*, S. 170; *C. Schmitt*, Hüter der Verfassung, S. 22 ff.; *Wagner*, S. 41; *Laufer*, Demokratische Ordnung, S. 142.
[226] *Krüger*, S. 157.
[227] *Krüger*, S. 166.
[228] *Heller*, Staatslehre, S. 261.
[229] Mit Recht bemerkt *Weisel*, S. 15, Hamann in ‚Wirtschaftsverfassungsrecht', S. 42 verkenne dies arg, wenn er die Istform des Sozialstaatsgrundsatzes als „Behauptung" auffasse, die „entweder wirklichkeitsfremde Illusion oder pharisäischer Selbstbetrug" sei.
[230] Vgl. *Abendroth*, Begriff, S. 116; *Jerusalem*, S. 89.
[231] *Kontiades*, S. 157.
[232] *Wolff*, Rechtsgrundsätze, S. 44.
[233] *Weisel*, S. 14; *Dubischar*, S. 64.

5.2. Die formale Struktur der grundgesetzlichen Sozialstaatsklausel

grundsätze naturrechtlich aus dem „ethischen Rechtsgesetz" abgeleitet[234], oder aber in soziologisch-funktionaler Notwendigkeit gesehen wird[235].

So versteht denn auch Wolff[236] die Rechtsgrundsätze als „fundamentale Rechtsnormen, die sich ergeben aus der Anwendung des Prinzips der Gerechtigkeit auf deutliche Interessenlagen allgemeiner Art". Während die „allgemeinen Rechtsgrundsätze unmittelbar aus dem Rechtsprinzip ableitbar" sind, sie „keine weiteren sozialen Gegebenheiten voraussetzen, als die Existenz einer Vielheit von Menschen als Rechtsgenossen und den Bestand irgendeiner Rechtsordnung"[237], ist eine derart unmittelbare Ableitung bei den sogenannten besonderen Rechtsgrundsätzen nicht möglich. Diese verlangen das Bestehen „raum-zeitlich besonderer sozialer Lebensverhältnisse" als Konstitutionserfordernis und sind infolge dieser Abhängigkeit anders als die allgemeinen Rechtsgrundsätze nicht unwandelbar[238].

Sowenig die Rechtsgrundsätze als ethischer Mindestgehalt und normatives Fundament der Rechtsordnung der Disposition des Gesetzgebers unterliegen, so wenig ist ihre Wirksamkeit von der Positivierung abhängig; ihre Bedeutung erweist sich vielmehr gerade dann, wenn sie in der Verfassung oder in formellen Gesetzen keinen Ausdruck gefunden haben[239].

Wolff selbst begreift nun die Sozialstaatsklausel nicht als Rechtsquelle „Rechtsgrundsatz", sondern rechnet sie ausdrücklich zu den „verfassungsgestaltenden Grundentscheidungen"[240]. Angesichts des harten Meinungsstreits um die Bedeutung der Verfassungsbestimmung soll diese Zuordnung aber nicht ungeprüft übernommen werden.

Es kann ernstlich nicht bezweifelt werden, daß das System des Sozialstaates mindestens zum Teil auf ethischen Wertvorstellungen beruht[241]: Es beinhaltet das Gebot der Rücksichtnahme auf den Rechtsgenossen[242] und die Gestaltung staatlicher Tätigkeit nach dem Maße sozialer Gerechtigkeit[243].

---

[234] *Wolff*, Rechtsgrundsätze, S. 37.
[235] *Dubischar*, S. 64.
[236] Verwaltungsrecht I, S. 101.
[237] *Wolff*, Verwaltungsrecht I, S. 101.
[238] *Wolff*, ebd., S. 102.
[239] Ebd., S. 101.
[240] Ebd., S. 103.
[241] Vgl. hierzu insbesondere *Menger*, S. 65 ff. sowie *Peters*, Freie Entfaltung, S. 670; *Benda*, S. 86 u. 91; *Gallwas*, S. 63; *Hamann*, Grundgesetz, S. 29.
[242] *Menger*, S. 72; im „Leviathan" bereits formuliert *Hobbes* als gemeinsamen Kern aller Naturgesetze die Forderung, auf die bedingungslose Durchsetzung eigener Rechte gegenüber den Rechtsgenossen zu verzichten. "And though this may seem too subtile a deduction of the Lawes of Nature,

Dennoch kann es sich bei der Sozialstaatsbestimmung nicht um einen Rechtsgrundsatz handeln. Das erweist sich bereits an der von Hamel[244] verwendeten, aber auch anderwärts[245] in ähnlicher Art häufig gebrauchten Formulierung: „Das Grundgesetz hat sich ... für das Prinzip der sozialen, verteilenden Gerechtigkeit entschieden." Mit anderen Worten: Die Konstituante traf zwischen möglichen Arten, die Grundordnung des zu verfassenden Staatswesens zu formen, seine (politische) Entscheidung für den Sozialstaat; auch eine Rückkehr zum bürgerlichen Rechtsstaat wäre denkbar gewesen, in welchem das Sozialleben nicht staatlicherseits gestaltet, sondern die Entwicklung der allgemeinen Daseinsbedingungen sich selber überlassen geblieben wäre[246].

Ist die sozialstaatliche Ordnung aber Produkt einer Dezision des Souveräns, so kann ihr logischerweise nicht aus sich selbst als Folge unmittelbarer Teilhaftigkeit am Rechtsprinzip umwandelbare, unbezweifelbare und mit objektiver Erkenntnisgewißheit feststellbare Rechtswirksamkeit zukommen[247]. Sie gehört nicht zu dem unabdingbaren Wesenskern einer „Rechts"ordnung[248], die auch als liberaler Rechtsstaat — zu sozialer Aktivität nicht verpflichtet — oder als Wohlfahrtsstaat, der, wenn auch nicht in Gestalt eines monströsen „Leviathan", kollektive Sicherung an die Stelle des sozialen Ausgleichs setzt[249], dem urrechtlichen Gerechtigkeitsprinzip entspräche. So gesehen kann die Frage Thiemes, ob der Gesetzgeber überhaupt soll unsozial handeln dürfen[250], zunächst nicht verneint werden.

---

to be taken notice of by all men; whereof the most part are too busie in getting food, and the rest too negligent to understand; yet to leave all men unexcusable, they have been contracted into one easie sum, intelligible, even to the meanest capacity; and that is, Do not that to another, which thou wouldest not have done to thy selfe; ...", Leviathan, Part I, S. 81 f.

[243] v. Mangoldt/Klein, S. 608; Jahrreiss, S. 84.
[244] Grundrechte, S. 37.
[245] Vgl. Stahlmann, S. 6; Hecklinger, S. 16 f.
[246] Auch Benda, S. 85, scheint dieser Auffassung zuzuneigen, wenn er feststellt, aus der Proklamation des sozialen Rechtsstaates ergebe sich, daß es sich nicht um eine „Rückkehr zu dem bürgerlichen Rechtsstaatsbegriff" handeln könne.
[247] Aus der unmittelbaren Anwendung eines Rechtsgrundsatzes als Erkenntnisgrund für das positive Recht wäre im übrigen auch kein Ergebnis zu erwarten, wenn es um die Balancierung einer Vielzahl von Einzelinteressen, um die Fortentwicklung des Gemeinwohls und die Gestaltung der Sozialordnung in ungewisser Zukunft geht. Solche Entscheidungen fallen im politischen Bereich durch Edikt einer autoritativen Staatsgewalt, vgl. Wolff, Verwaltungslehre, S. 48.
[248] Das tritt deutlich in den Vereinigten Staaten zutage, wo noch 1936 der Supreme Court ein Mindestlohngesetz für eine verfassungswidrige Einmischung in die persönliche Freiheit des einzelnen hielt, Morehead v. New York ex rel. Tipaldo, 298 US 587.
[249] Vgl. hierzu Wiethölter, S. 332, nach dessen Auffassung die staatliche Wirklichkeit insgesamt auf eine weitere Steigerung der Sozialgestaltung durch den Staat zum Zwecke der aktiven und allgemeinen Hebung des Wohlstandes und Lebensstandardes zusteure; vgl. auch bezogen auf dieUS-

5.2. Die formale Struktur der grundgesetzlichen Sozialstaatsklausel

Ein letztes, eher pragmatisches Argument sei noch hinzugefügt: Auch wenn man — wie Forsthoff[251] — „immer bescheidenere Vorstellungen" vom „Juristen in dieser Zeit" hat, so kann doch angenommen werden, daß ein substantieller Teil der Vertreter von Lehre und Rechtsprechung über Rang und Inhalt von Grundsätzen übereinstimmt, welche unbezweifelbar den ethischen Kern der bestehenden Rechtsordnung bilden und deren Nichtbeachtung eine erkennbare Verletzung des Prinzips der Gerechtigkeit bedeutet.

Dem diffusen Bild, das — wie dargestellt — Rechtsprechung und Lehre bei der Stellungnahme zur Sozialstaatsklausel bieten, läßt sich dann aber nur eine Folgerung entnehmen: Die Sozialstaatsbestimmung zählt nicht zum allgemeingültigen, indisponiblen, höchstrangigen Fundament jeglicher (auch unserer) Rechtsordnung und damit nicht zu den Rechtsgrundsätzen[252].

5.2.2.3. Die Sozialstaatsklausel als verfassungsgestaltende Grundentscheidung?

5.2.2.3.1. Die Lehre Wolffs von den verfassungsgestaltenden Grundentscheidungen

Entscheidungen über Monarchie und Republik, Einheitsstaat und Bundesstaat, freiheitliche oder gelenkte Wirtschaft und auch über die Etablierung einer sozialstaatlichen Ordnung sind nach Auffassung Wolffs[253] „verfassungsgestaltende Grundentscheidungen"[254]. Sie beruhen auf einer Entscheidung des Staatsträgers und bestimmen Art und Form der konkreten staatlichen Existenz. Nicht unmittelbar das Gerechtigkeitsprinzip ist ihre Grundlage, sondern der gestaltende Wille der den Staat tragenden sozialen Mächte. Obwohl sie den durch Rechtsgrundsätze verkörperten Grundwerten zu entsprechen haben, drücken die verfassungsgestaltenden Grundentscheidungen als Welt- und Lebensanschauung der herrschenden Mächte zunächst nicht rechtliche, sondern politische Prinzipien aus[255]. Sie sind dementsprechend weder zeitlich noch volklich konstant.

---

amerikanische Rechtsordnung Knapp, Protection, S. 47: "For lack of a constitutional provision providing for a welfare state — like in a number of modern constitutions — the equalization of conditions in 'fundamental fields' ... leans upon the equal protection clause."

[250] Thieme, S. 297.
[251] VVDStRL 12, S. 128.
[252] Im oben dargestellten, Wolffschen Sinne.
[253] Verwaltungsrecht, S. 103.
[254] Die Bezeichnung hat sich eingebürgert; sie soll deswegen beibehalten werden, obwohl — wie zu zeigen sein wird — für derartige Grundentscheidungen die Bezeichnung „staatsgestaltend" zutreffender wäre.
[255] Wolff, Rechtsgrundsätze, S. 48 f.

Anwendbar sind die verfassungsgestaltenden Grundentscheidungen wie die Rechtsgrundsätze im allgemeinen nur über den Zwischenschritt rechtssatzmäßiger Konkretisierung[256], was eine in der Regel schwierige Bestimmung des inneren Gehaltes des Grundsatzes voraussetzt. Hierbei muß nach Wolff maßgeblich auf den subjektiven, vom Verfassungsgeber gewollten Sinn der Vorschrift abgestellt werden[257].

Die konkretisierende Anwendung ist aber nicht auf den Bereich der Legislative beschränkt. Auch der Richter (und der Verwaltungsbeamte) ist autorisiert, konkrete Interessenlagen durch einen bei rechtsschöpferischer Anwendung der Grundentscheidung gefundenen Rechtssatz zu gestalten[258]. Das gilt allerdings grundsätzlich nur für den Bereich einfacher Konstellationen, die es auch dem Gesetzgeber nicht erlauben würden, abweichende Normen zu setzen, ohne das Rechtsprinzip zu verletzen.

Lassen sich aber im Rahmen einer verfassungsgestaltenden Grundentscheidung mehrere gleichermaßen „konstante"[259] Gestaltungsmöglichkeiten denken, so soll die Interessenabwägung und letztlich die Bestimmung der Rechtsfolge dem schöpferisch gestaltenden Gesetzgeber überlassen bleiben[260].

5.2.2.3.2. Kritische Bemerkungen zur Wolffschen Lehre

Es scheint, als habe Wolff den Begriff der verfassungsgestaltenden Grundentscheidung mit dem Ziele geschaffen und definiert, eine Einordnung der Sozialstaatsklausel in das System der Rechtsquellen zu ermöglichen. Gewiß handelte es sich bei der Aufnahme der Sozialstaatsklausel in Art. 20 des Grundgesetzes nicht um eine Materialisierung ewiger Werte durch das Medium der Verfassung. Die Entscheidung für die Rezeption des Prinzips war eine politische Entscheidung: Bewußt hat der Parlamentarische Rat mit der deutschen Tradition des formalen Rechtsstaates gebrochen[261], um — wie das auch seitens der bürgerlichen Parteien angestrebt wurde — sozialpolitische Eingriffe des Staates in Wirtschaft und Gesellschaft zu ermöglichen und — nach der Intention der SPD — um mit Hilfe der Bundeszuständigkeit für die Gesetzgebung über später zu gewinnende Mehrheiten im Bundestag die von ihr damals beabsichtigte Veränderung des gesellschaftlichen status quo durchzusetzen[262].

---

[256] Ebd., S. 50.
[257] Ebd., S. 52.
[258] Ebd., S. 45.
[259] Ebd., S. 46.
[260] Ebd., S. 46.
[261] Vgl. die ausführliche Untersuchung bei *Otto*, S. 64 sowie Nachweise bei *Hartwich*, status quo, S. 26.
[262] *Hartwich*, status quo, S. 19 f.

5.2. Die formale Struktur der grundgesetzlichen Sozialstaatsklausel

Bereits in der Einleitung wurde dargetan, daß zwar von der Festlegung der Sozialstaatsbestimmung im Grundgesetz auf eine entsprechende Absicht des Verfassungsgebers, die Staatsordnung zu gestalten, geschlossen werden kann. Die für die Ermittlung des (positiven oder negativen) Inhalts der Verfassungsbestimmung nach Wolffs Auffassung notwendige Klarstellung des subjektiven, vom Verfassungsgeber zum Zeitunkte der Positivierung der gestaltenden Grundentscheidung gewollten Sinnes ist damit aber offensichtlich noch nicht erreicht.

Die Ermittlung des „klaren Willens des Verfassungsgesetzgebers"[263] ist auch nicht möglich, allgemein, weil bei der Zahl der an der Verfassungsgebung Beteiligten eine solche Festlegung in der Regel Fiktion bleiben muß[264] und speziell, weil die Materialien im konkreten Fall der Sozialstaatsklausel keinen klärenden Aufschluß bieten. Wolff selbst warnt vor der Gefahr, der Verführung der „substituierenden Methode" zu erliegen[265]. Gründet man die inhaltliche Präzisierung der Sozialstaatsklausel als einer verfassungsgestaltenden Grundentscheidung auf den vermeintlichen Willen des Entscheidenden, so erliegt man gerade der Gefahr, dem Begriff einen bestimmten, historisch-politisch geprägten Inhalt zugrundezulegen, diesen für den objektiv richtigen anstatt für einen möglichen zu erklären und daraus dann rechtliche Folgerungen herzuleiten[266].

Gewiß ist die konkrete historische Situation zu beachten, um der gegenwärtigen Bedeutung einer elementaren Grundentscheidung der Konstituante gerecht zu werden[267]. Diese geschichtliche Konstellation, wie sie sich dem Verfassungsgeber darstellte und seinen Willen prägte, darf jedoch niemals Endpunkt der Überlegungen zur gegenwärtigen Bedeutung einer Verfassungsbestimmung sein, auch wenn diese Grundentscheidung politischen Inhalts ist. Ihr kommt nur insoweit Bedeutung zu, als sie die Richtigkeit einer nach objektiver Methode ermittelten Auslegung bestätigen oder Zweifel beheben kann, die anders nicht ausgeräumt werden können[268]. Die subjektive Methode führt andernfalls zu einem rigorosen Positivismus[269], zu einer Verkümmerung der Rechtsprechung, der als einzige Funktion die eines Phonographen, eines „bouche qui prononce les paroles de la loi" zugestanden bliebe[270].

---

[263] *Wolff*, Rechtsgrundsätze, S. 51.
[264] *Stark*, S. 73.
[265] Rechtsgrundsätze, S. 51.
[266] Vgl. *Wolff*, Rechtsgrundsätze, S. 51.
[267] Vgl. *Leibholz*, JÖR 6 (NF), S. 110, hinsichtlich des Rechtsbegriffs.
[268] BVerfG 1, 299 (312); vgl. auch *Ossenbühl*, DÖV 65, S. 653 m. w. N.
[269] *Arndt*, NJW 63, S. 1273.
[270] *Marcic*, Verfassungsgerichtsbarkeit, S. 504 bemerkt mit Recht, der Vorrang des objektiven Sinnes einer Norm gegenüber dem subjektiven Sinn ermögliche überhaupt erst die Errichtung einer Verfassungsgerichtsbarkeit;

Eine „Situationsbedingtheit" der verfassungsgestaltenden Grundentscheidung besteht demnach in ihrer Aufgeschlossenheit gegenüber den in gegenwärtiger Zeit sich ergebenden Problemen; solche Aufgeschlossenheit ist aber nicht zu verwechseln mit „schwächlichem Nachgeben gegenüber jeder tagespolitisch motivierten Behauptung", eine bestimmte Frage könne nur so oder so in verfassungskonformer Weise zu lösen sein[271].

Verfassungsgestaltende Grundentscheidungen können in ihrer Abhängigkeit von den Anschauungen der herrschenden Mächte ihre Bedeutung ändern. Das verkennt auch Wolff nicht[272]. Es bleibt aber unerfindlich, wie ein solcher Bedeutungswandel vonstatten gehen soll, wenn dessen Ergebnis stets wieder der ursprünglichen finalen Gestaltung der Wirklichkeit durch die Normsetzung zu entsprechen hat.

Nun ist allerdings die Abänderung des Sozialstaatsgrundsatzes des Art. 20 dem Verfassungsgesetzgeber untersagt. Den Positivisten, welcher im demokratischen Prinzip lediglich den Ausdruck eines Funktionsmodus erkennt, muß eine derartige Sperre zugunsten einer wertgebundenen Demokratie verstören. Und auch Wolff, die Bedeutung der Macht für das Recht hervorhebend, spricht von einer Überschreitung der Möglichkeiten positiver Rechtssetzung und von wirklichkeitsfremdem Normativismus[273]. Zu Recht — wenn es sich bei dem Schöpfer der Sperrnorm um den Verfassungsgesetzgeber gehandelt hätte. Sowenig dieser befugt ist, mittels verfassungsändernder Mehrheiten die Verfassung als ganzes aufzuheben, sowenig kann ihm gestattet sein, einzelne Grundwerte der bestehenden Verfassung absolut zu setzen.

Diese Beschränkung gilt aber nicht für das Volk als den Träger der „pouvoir constituant", als Verfassungsgeber[274]. Sein Entschluß, be-

---

vgl. weiter *Dubischar*, S. 88. Der US-Supreme Court begründete seine berüchtigte Dred Scott-Entscheidung mit Hilfe der subjektiven Methode: "... If any of its (the Constitution's) provisions are deemed unjust, there ist a mode prescribed in the instrument itself by which it may be amended; but while it remains unaltered, it must be construed now as it was understood at the time of its adoption. It is not only the same in words, but the same in meaning, ...; and as long as it continues to exist in its present form, it speaks not only in the same words, but with the same meaning and intent with which it spoke when it came from the hands of its framers and was voted on and adopted by the people of the U.S." (Dred Scott v. Sandford, 60 US 393 [426]). Dazu *Pritchett*, Supreme Court, S. 57: "Perhaps the most serious objection to (this method of interpretation) is the extent, to which it proposes to make a nation the prisoner of its past, and rejects any method of constitutional development save constitutional amendment. (It denies the possibility that evolution in moral standards or political ideology can be given effect in the Constitution without changing the language."

[271] *Benda*, S. 91.
[272] Vgl. Rechtsgrundsätze, S. 49.
[273] Vgl. Rechtsgrundsätze, S. 50.

stimmte Werte der Verfassung von Änderungen durch spätere Mehrheiten auszunehmen, gilt damit auch für die politische Entscheidung zugunsten der Schaffung eines sozialen Staates.

Diese Festschreibung — und das ist hier wesentlich — kann aber ebensowenig dafür ins Feld geführt werden, daß das ursprünglich (subjektiv) Gewollte unwandelbar sei, wie die dem Wortlaut nach unveränderte Fortgeltung einer (einfachen) Verfassungsbestimmung deren unveränderte inhaltliche Geltung bedeuten muß[275].

Es sind auch Bedenken anzumelden gegen die Auffassung Wolffs, es handle sich bei verfassungsgestaltenden Grundentscheidungen (wie auch bei Rechtsgrundsätzen) im modernen Gesetzgebungsstaat lediglich um subsidiäre Rechtsquellen, die eine ultima ratio zur Vermeidung politisch unangemessener Rechtsfindung darstellten[276]. Gerade im modernen Gesetzgebungsstaat hat sich nachdrücklich die Auffassung durchgesetzt, daß legislatorischem Perfektionismus technische, vor allem aber erkenntnistheoretische Grenzen gesetzt sind. Der Aufschwung des Richterrechts ist ein Indiz dafür, daß das Rechtssetzungsmonopol der Legislative — und damit naturgemäß auch die herkömmliche Rechtsquellenlehre — überholt sind[277].

Die *unmittelbare* Bedeutung der durch die Verfassung und ihre Grundentscheidungen verkörperten Wertordnung gerade für diesen Zweig der Rechtsetzung kann schwerlich überschätzt werden. Mannigfache Beispiele zeigen die Schaffung von Recht, das durch den Willensakt der Wertverwirklichung eines Verfassungsauftrages entstanden ist[278]. Das Primat der Legislative zur Schaffung von Normen wird hierdurch nicht eingeschränkt. Eine nur subsidiäre Zulässigkeit des Rückgriffs auf die hochrangigen Grundentscheidungen der Verfassung kann aber unter diesen Umständen nicht länger vertreten werden. Denn (vor allem) die Rechtsprechung wendet diese Rechtsquellen nicht nur hilfsweise, sondern Rang und Geltungskraft entsprechend vorzugsweise bei der Entscheidung von Rechtsfragen an.

5.2.3. Zusammenfassung

Das Sozialstaatsprinzip des Art. 20 GG ist seiner formalen Struktur nach im dargestellten, weitestgehend von Wolff entwickelten Sinne verfassungsgestaltende Grundentscheidung des Verfassungsgebers, der

---

[274] Zur theoretischen Darstellung dieses Begriffs vgl. erstmals *Schmitt*, Verfassungslehre, S. 77 ff. sowie *Maunz/Dürig*, Grundgesetz, Art. 79, Anm. 21 ff.
[275] Vgl. *Pritchett*, S. 57.
[276] Vgl. *Wolff*, Rechtsgrundsätze, S. 47, 52; kritisch *Stark*, S. 74.
[277] Vgl. *Werner*, Funktion, S. 77.
[278] Vgl. die Darstellung bei *Redeker*, NJW 72, S. 422.

in dieser Weise ein politisches Fundament des neuen Staates nach seinen Wertanschauungen verbindlich formuliert hat[279]. Die abzuleitenden Konkretisierungen sind allgemeinverbindliche Rechtssätze. Primär durch den Gesetzgeber verwirklicht, können solche Konkretisierungen aus der Grundentscheidung doch auch durch eigenständige Aktivität der rechtsfindenden und rechtsanwendenden Teile der Staatsgewalt abgeleitet werden. Der Umfang dieser möglichen Konkretisierungen und damit der Inhalt des Sozialstaatsprinzips wird nunmehr nach der formalen Einordnung des Prinzips als verfassungsgestaltende Grundentscheidung festzulegen sein.

5.3. Der materielle Gehalt der Sozialstaatsklausel — Grundlagen —

Wie stets bei der Erörterung begrifflicher Inhalte ist auch bei der Bestimmung des Gehalts der verfassungsgestaltenden Grundentscheidung für den sozialen Rechtsstaat die negative Abgrenzung um vieles leichter als die positive Definition. So besteht weitgehend Einigkeit darüber, daß der Grundgesetzgeber mit seiner Entscheidung sich von zwei anderen Staatstypen distanzierte: Vom totalen Staat, in welchem sich die umfassende Einflußnahme des Machtträgers zu allgegenwärtigem Zwang verdichtet und vom liberalen Staat, wo mißverstandene Freiheit Unfreiheit zeugt[280].

Positive Aussagen zum Inhalt der Sozialstaatsbestimmung fallen schwerer. Gewährt Art. 20 direkt ein subjektiv-öffentliches Recht auf Erlangung des Existenzminimums vom Staat? Verbietet die Norm eine „reformatio in peius" wohlerworbener sozialer Errungenschaften? Oder muß sich der Staat für verpflichtet halten, des Bürgers Wohlfahrt zu garantieren? Genügt Chancengleichheit oder ist radikale Gleichheit das Gebot? Ist die Sozialstaatsklausel Rechtfertigungsgrund revolutionärer Veränderung des status quo oder bedeutet sie die Konservierung der bestehenden gesellschaftlichen Privilegien bei gleichzeitig gewährten Almosen für die Armen?

Möglicherweise ist die inhaltliche Bestimmung des Begriffs des Sozialen auch überhaupt nur von dem Welt- und Menschenbild des einzelnen her durchführbar[281]; eine solche Entscheidung fiele dann allerdings nicht auf dem Gebiete des Rechts, sondern „im Reiche der

---

[279] Vgl. neben *Wolff*, Rechtsgrundsätze, auch *Wienholtz*, S. 44; *Weisel*, S. 17 ff.; *Stark*, S. 74; wohl auch *Werner*, AöR 81, S. 86.
[280] *Fechner*, Freiheit und Zwang, S. 9; vgl. auch *Leibholz*, Verfassungsrecht und Arbeitsrecht, S. 36; *Hecklinger*, S. 15.
[281] Wogegen sich gerade nicht ins Feld führen ließe, die Sozialstaatsklausel sei ja als verfassungsgestaltende Grundentscheidung ausgeformt.

Überzeugung und des Glaubens"[282]. Abendroth tendiert in diese Richtung[283]: Soweit es sich um die Auslegung der Sozialstaatsklausel handele, dürfe der Jurist aus dieser Vorschrift nur ein bestimmtes Vorstellungsminimum entnehmen; darüber hinaus spreche er „nicht als Jurist, sondern als Anhänger einer bestimmten politischen Philosophie". Abendroth hat nicht ganz unrecht; wie bei einer Reihe anderer Begriffe die unserem Staatswesen heute — nach dem Veredelungsprozeß durch die Verfassungslehre — als *Rechts*begriffe geläufig sind[284], handelte es sich auch bei der Sozialstaatsklausel zunächst um den Ausdruck eines politischen Programms, nämlich um die Forderung nach sozialgemäß steuernder Einwirkung auf das theoretisch freibewegliche, in Wirklichkeit aber als Interessenkatalysator zugunsten Weniger erstarrte System des liberalen Staates.

Begriffe wie Freiheit, Gleichheit, Demokratie konnten von dogmatischen Lehrsätzen zu massengetragenen Parolen und weiter zu konstruktiven Grundsäulen des Rechtssystems entwickelt werden[285]. So dürfen Schwierigkeiten bei der inhaltlichen Bestimmung der grundgesetzlichen Entscheidung für den sozialen Rechtsstaat heute nicht mehr zu der resignierenden Feststellung führen, dem Richter werde mit derartigen „Polit-Schlagwörtern" Steine statt Brot gereicht.

5.4. Einzelfunktionen der Sozialstaatsklausel — allgemeines —

Es scheint, als ob es nicht gelingen könne, den Inhalt des Sozialstaatsprinzips mit Hilfe einer prägnanten Kurzformel voll zu erfassen[286]. Die Aussage, die Sozialstaatsklausel habe „der Entfaltung und dem Schutz der Menschenwürde" zu dienen[287], ist zwar nicht vom Inhalt her banal; sie besagt aber Selbstverständliches angesichts des Art. 1 GG als der verbindlichen Grundlage des verfassungsmäßigen Wertsystems[288]. Die Frage ist gerade, *auf welche Weise* ein sozialer Staat der Schaffung und Erhaltung menschenwürdigen Daseins dienen soll[289].

[282] *Paulsen,* S. 9; vgl. auch *Benda,* S. 125.
[283] Vgl. Bürokratischer Verwaltungsstaat, S. 101.
[284] Vgl. *Stark,* S. 76, der eine Reihe von Beispielen anführt.
[285] Vgl. *Leibholz,* Gleichheit, S. 16 ff.; *Neumann,* S. 25 ff.; *Bäumlin,* Rechtsstaatliche Demokratie.
[286] Bekanntes Beispiel einer derartigen Definition ist die klassische Formulierung Leibholz': Gleichheit ist die nicht willkürliche Handhabung des Rechts durch Gesetzgeber und Vollziehung; *Leibholz,* Gleichheit, S. 87.
[287] *Stark,* S. 80.
[288] Vgl. *Maunz/Dürig,* Art. 1, Anm. 1.
[289] Eine Frage, die, wie Stark S. 105 selbst ausführt, mittels der von ihm gewählten Methode des „funktionellen Verständnisses" der Sozialstaatsentscheidung nicht beantwortet werden kann.

Es liegt auf der Hand, daß den verschiedenen Zweigen der Staatsgewalt von ihrer Funktion her grundsätzlich unterschiedliche Wege geöffnet sind, der Grundentscheidung für einen sozialen Staat zu entsprechen. Das Ziel allen staatlichen Handelns in diesem Bereich muß aber eines sein: Der Sozialstaatsklausel die ihrem Rang und Inhalt entsprechende Geltung über alle Widerstände der klassisch liberalen Doktrin hinweg zu verschaffen.

Es ist unbestritten, daß die Bundesrepublik ein gewisses Maß an entwickelter sozialstaatlicher Wirklichkeit vorgefunden und übernommen hat[290]; mit dieser Rezeption allein ist aber nicht ein für allemal alles getan[291]. Angesichts des Ranges der Sozialstaatsklausel wäre es nämlich unerfindlich, mit welcher Begründung man den Staat von seiner Verantwortung freisprechen könnte, zukünftig auftretende soziale Mißstände aktiv zu bekämpfen und zu beseitigen.

Mit dieser Forderung wird nicht nach dem wohlfahrtsstaatlichen Schlaraffenland gerufen[292]. Und wenn auch der Staat als beauftragt gelten muß, der Gemeinschaft der Staatsbürger durch Errichtung neuer sozialer Ordnungen die Anpassung an veränderte Umstände und die Bewältigung auftretender Probleme erst zu ermöglichen, so ist damit nicht einer Herrschaftsfunktion des Staates, errichtet auf sozialer Abhängigkeit der Bürger, das Wort geredet. Die Entscheidung des Grundgesetzes ist zugunsten des freien, selbstverantwortlichen[293] Menschen getroffen[294]. Eine substantielle Beeinträchtigung dieser Freiheit, sein Glück selbst in die Hand zu nehmen, entspricht nicht dem Prinzip des sozialen *Rechts*staates, auch wenn der Bestand der Freiheit nur durch die Perfektionierung staatlicher Leistungserbringung bedroht ist[295]. So liegt in der Sozialstaatsbestimmung gerade nicht die „Gewährleistung des modernen egalitären Wohlfahrts- und Leistungsstaates" beschlossen[296].

Differenziert nach funktionalen Kriterien werden verschiedene Strukturen der Sozialstaatsklausel erkennbar: ein statisch-konservieren-

---

[290] Vgl. *K. Hesse*, Grundzüge, S. 84.

[291] Auch wenn die präsentische Formulierung des Art. 20 GG (zu Unrecht) so aufgefaßt werden könnte. Zur Bedeutung dieser Zeitform vgl. oben 5.2.2.1.

[292] Vgl. zum Begriff des sozialen Wohlfahrtsstaates *Stark*, S. 36.

[293] Vgl. *Gerstenmaier*, Primat, S. 170.

[294] *Menger*, S. 64, s. auch *K. Hesse*, Grundzüge, S. 85; *ders.*, Rechtsstaat, S. 568.

[295] Vgl. *Leibholz*, Verfassungsrecht u. Arbeitsrecht, S. 33; s. auch *v. Humboldt*, S. 33.

[296] *Thieme*, S. 299; vgl. auch *Hecklinger*, S. 79: Ein Sozialstaat, der in falschverstandener Aktivität die kollektive Sicherung anstelle des sozialen Ausgleichs setzt, vermenschlicht nicht den Staat, sondern verstaatlicht den Menschen.

5.4. Einzelfunktionen der Sozialstaatsklausel — allgemeines —

der, ein dynamisch-repressiver sowie ein dynamisch-progressiver Teilinhalt[297]. Erst in der Zusammenschau aller dieser Elemente ist die Bedeutung der Sozialstaatsklausel auszuschöpfen, soweit sie die wechselseitige Beziehung des Bürgers zum Staat betrifft.

Verschiedentlich wird der Anwendungsbereich der Klausel aber auch auf die zwischenmenschlichen Beziehungen ausgedehnt[298]. „Der soziale Rechtsstaat" sagt Maric[299] „ist jene politische Gemeinschaftsform, in der der Mensch von Rechts wegen zur Nächstenliebe angehalten wird"[300].

Selbst wenn dieser kühnen Formulierung mit „verständlicher Skepsis"[301] begegnet wird, so ist doch unübersehbar, daß eine wesentliche Quelle sozialen Handelns die verantwortungsbewußte Rücksichtnahme des sozialstaatsbereiten Bürgers auf seinen Mitmenschen ist. Insoweit ist Adressat der Sozialstaatsentscheidung nicht lediglich der Bürger als Teil der Staatsgesamtheit, sondern auch der Mensch als Mitglied der sozialen Gemeinschaft[302].

Es muß aber bemerkt werden, daß im Rahmen dieser Untersuchung die Wechselwirkungen zwischen der Sozialstaatsentscheidung und der Staatsgewalt, vor allem der Rechtsprechung erörtert werden sollen. Bestehende Drittwirkungen, auch soweit sie etwa das Verhältnis der Tarifpartner zueinander betreffen[303], werden aus diesem Grund nur am Rande anzusprechen sein. Die bereits festgestellte Vielfalt der möglichen Funktionen der Klausel einerseits und auf der anderen Seite die Aufspaltung staatlicher Gewalt in die drei klassischen Teilgewalten zwingt im weiteren dazu, den Gesamtinhalt der Sozialstaatsklausel

---

[297] Eine ähnliche Differenzierung findet sich bei *Lerche*, Übermaß, S. 231 ff., der allerdings den Kreis der verantwortlichen Funktionsträger ohne Notwendigkeit einschränkt; eine Aufschlüsselung der Sozialstaatsklausel nach verschiedenen Funktionsbereichen nimmt weiter vor *Hecklinger*, S. 32 ff. sowie *Dahm*, S. 300 ff.; unklar *Wimmer*, S. 9.
[298] So *Weisel*, S. 121 ff.
[299] Gesetzesstaat, S. 416.
[300] Vgl. dazu *Radbruch/Zweigert*, Einführung, S. 18: „Die Moral ist unerzwingbar, so wahr zwar Pflichterfüllung, aber nicht Pflichtgefühl erzwungen werden kann, das Recht dagegen ist dem Zwange zugänglich."
[301] *Benda*, S. 93.
[302] Vgl. dazu auch *E. R. Huber*, DÖV 56, S. 201 und *Dürig*, Nawiasky-Festschrift, S. 184, der als Folge solcher „Drittwirkung" eine Reduzierung des in der Privatrechtsordnung bislang bewährten liberalen Anteils an der Gesamtrechtsordnung und einen Schritt zur „Verstaatlichung (Sozialisierung) des Privatrechts" zu erkennen glaubt (vgl. auch *Isensee*, S. 197), dabei aber — wie auch *Forsthoff*, Umbildung, S. 167 — übersieht, daß solche Ausdehnung des sozialen Gedankens im Grunde dem Schutz vor staatlicher Pression und der „Vermenschlichung" des Gemeinschaftslebens dient.
[303] Vgl. hierzu *Hecklinger*, passim.

durch Prüfung ihrer Teilgehalte zu erforschen. Hierbei soll zunächst auf die Wechselwirkung zwischen Sozialstaatsentscheidung und legislativer Macht eingegangen werden.

5.5. Sozialstaatsklausel und Legislative

5.5.1. Legislative und statisch-konservierende Funktion der Sozialstaatsklausel

Wie jede Grundentscheidung, so unterliegt auch die des Grundgesetzes für den sozialen Staat einem andauernden Wandel ihrer spezifischen Erscheinungsformen. Es ist gerade diese Realisierung und Verarbeitung sozialer Gegebenheiten, die es der Sozialstaatsklausel erlaubt, eine stabilisierende Funktion auszuüben: Weit genug, evolutionären Entwicklungen Raum zu geben, ist sie in ihrem Kernbereich genügend fixiert, um diesen Entwicklungen Richtung zu weisen und Grenzen zu setzen[304]. Die Bürde der Transformierung sozialen Wandels in geltendes Recht oder besser: der Darstellung sozialen Wandels im geltenden Recht trägt ohne Zweifel in der Hauptsache die Legislative. Logischerweise ist sie es dann aber auch, deren Aktivitäten eine konservierende (Bestandschutz-)[305] Funktion am deutlichsten eingrenzt.

Abgesehen von Forsthoff, der, wie erwähnt, dem sozialstaatlichen Bekenntnis jede institutionelle Bedeutung abspricht[306], wird gegen die Anerkennung eines selbst legislativer Abänderung unzugänglichen Kernbereichs vor allem eingewandt, der Staat gerate, indem er Diskussionen in diesen Bereichen ausschließe, in einen Prozeß fortschreitender Selbstfesselung[307].

Auch das BVerfG scheint materieller Festschreibung gegenüber zurückhaltend wenn es zwar feststellt, das Grundrecht der Koalitionsfreiheit könne als Folge der Entscheidung des Verfassungsgebers für den sozialen Staat in seinen Auswirkungen nicht auf den Stand vor Weimar zurückgeführt werden, gleichzeitig solchem Rückschritt aber für den Fall den Weg öffnet, daß zwingende Gründe für derartige Entwicklungen bestehen[308]. Und in einem weiteren Urteil, dem eine andersartige Rechtsfrage, aber eine vergleichbare Problematik zugrundeliegt, meint das Gericht, eine Garantie des status quo hätte zur Folge, daß der Gesetzgeber die Position des Begünstigten „für die Zukunft nur noch verbessern, nicht aber — ohne Entschädigung oder vor-

---

[304] Vgl. *Weisel*, S. 56.
[305] *Hecklinger*, S. 32.
[306] Vgl. VVDStRL 12, S. 26 ff.
[307] Vgl. *Benda*, S. 82 f.; *Kontiades*, S. 107; *Weisel*, S. 57 f.
[308] Vgl. BVerfGE 4, 96, 102.

5.5. Sozialstaatsklausel und Legislative

herige Änderung des Grundgesetzes — verschlechtern" dürfe. Art. 14 GG könne damit die einfache Gesetzgebung weitgehend blockieren und eine Anpassung des Rechts an die Veränderung der sozialen und wirtschaftlichen Verhältnisse verhindern. Eine solche Beschränkung des Gesetzgebers bedürfe der Normierung, die in Art. 14 nicht enthalten sei[309].

5.5.1.1. Verbot der ersatzlosen Abschaffung des Systems der sozialen Sicherung und anderer Institutionen

Selbst wenn Art. 14 GG in einer den Vorstellungen des BVerfG entsprechenden Weise formuliert worden wäre, so könnte dies doch angesichts der grundlegenden und gerade auch vom BVerfG in seiner überragenden Bedeutung anerkannten Entscheidung des Verfassungsgebers für den sozialen Staat eine sozialadäquate Anpassung der Rechtsordnung durch den Gesetzgeber nicht verbindlich untersagen.

Solches Einfrieren der Erscheinungsformen ist auch keineswegs Ziel und Folge der Anerkennung konservierender Funktionen der Sozialstaatsklausel. Denn es ist in der Tat nicht einzusehen, weshalb aus sozialstaatlichen Gründen etwa das gegenwärtige System der Sozialversicherung von Verfassungs wegen in seinem Bestand geschützt sein sollte[310]. Weisel[311] führt Beispiele dafür auf, daß auch andere Systeme heutigen sozialen Erfordernissen gerecht würden. Unwesentlich ist dabei die Frage der konkreten Gestalt, was den Schluß von der Vorstellbarkeit verschiedenartiger Lösungsmöglichkeiten auf die fehlende verfassungsmäßige Bestandsgarantie der sozialen Sicherung gegenüber legislativen Beseitigungsversuchen verbietet[312]. Nicht die Garantie der Sozialversicherung als solcher steht in Frage, sondern die Garantie des allgemeinen Anspruchs des Bürgers der Bundesrepublik auf angemessene Altersversorgung. Mit anderen Worten: Nicht die Abschaffung der Sozialversicherung ist dem Gesetzgeber als Folge der Grundentscheidung für den sozialen Staat untersagt, sondern die vollständige Abkehr ohne gleichzeitige Einführung adäquaten Ersatzes. In diesem Rahmen wird seiner Aktivität nicht nur durch Garantie des Kernbestandes einer angemessenen Altersversorgung die Grenze gesetzt. Dasselbe gilt für weitere Institutionen, die die Gestalt des Sozialstaates formen wie etwa die Sozialhilfe, Arbeitslosenunterstützung, Berufsförderung etc.

---

[309] BVerfGE 2, 380, 402.
[310] So aber *Weisel*, S. 58.
[311] Ebd.
[312] So aber *Weisel*, ebd.

5.5.1.2. Grenzen und Inhalt der konservierenden Funktion

Neben der Selbstverständlichkeit, daß der konservierenden Funktion der Sozialstaatsklausel nur das an rechtlichem Gehalt zugeordnet sein kann, was bereits vorhanden ist, muß weiter beachtet werden, daß es dem Gesetzgeber aufgegeben ist, im Wandel der Zeiten dem Prozeß der Zersetzung des Rechts zum Unrecht durch Anpassung der Gesetzesvorschriften zu begegnen. Neuregelung gerade auch sozialer Institutionen kann ihm daher nicht untersagt sein; insoweit gibt es keine legislative Bindung an den status quo.

Eine Grenze ist dem Gesetzgeber aber dort gesetzt, wo die Beeinträchtigung oder Abschaffung einer sozialen Errungenschaft einer „sozialen Konterevolution"[313] gleichkäme und gegen ein einheitliches Bewußtsein der staatlichen Gemeinschaft und die gemeinsame Überzeugung von der unabänderlichen Existenznotwendigkeit gerade dieser Einrichtung verstieße[314].

Der Kreis derart unangefochtener, einverständlich und selbstverständlich anerkannter sozialer Institute ist nicht allzu groß. Nur die fundamentalen Elemente der sozialen Ordnung nehmen an dieser verfassungsmäßigen Konservierung teil. Dies kommt auch an prominenter Stelle in der von der Bundesrepublik ratifizierten[315] Europäischen Sozialcharta von 1961 zum Ausdruck (womit feststeht, daß auch der Gesetzgeber selbst die statisch-konservierende Funktion der Sozialstaatsklausel erkannt und anerkannt hat). Die dort genannten unabdingbaren Mindesteinrichtungen gehören zum elementaren Kernbestand des sozialen Staates. Zu ihnen gehört unter anderem[316]:

1. Einführung oder *Beibehaltung* eines Systems der sozialen Sicherheit
2. Beibehaltung eines dem Internationalen Übereinkommen über die Mindestnormen der Sozialen Sicherheit entsprechenden Mindestniveaus dieses Systems.

Die konkrete Ausgestaltung dieses „Mindestniveaus" interessiert an dieser Stelle nicht[317]. Aus den oben genannten Gründen darf aber die Schwelle für legislative Aktivität nicht allzu hoch gelegt werden. So können — obwohl verständlicherweise interessierte Seiten dies verschiedentlich anders sehen — (noch) kontroverse Einrichtungen konsequenterweise nicht zum allseits anerkannten, verfestigten Bestand der

---

[313] *Lenz*, S. 229.
[314] Vgl. *Hecklinger*, S. 32; *Benda*, S. 80.
[315] BGBl 1964 II, 1261.
[316] Art. 12.
[317] Vgl. hierzu aus der Literatur zur Sozialcharta die bei *Tomandl*, S. 17, Fußnote 35 aufgeführten Quellen.

5.5. Sozialstaatsklausel und Legislative

Sozialstaatsklausel gehören. Streikrecht für Beamte, die soziale Gleichstellung von Angestellten und Arbeitern, die Beteiligung der Arbeitnehmer an den Produktionsmitteln sind derartige Grenzfälle.

Entgelt für Arbeitsleistung, Anspruch auf Urlaub, Kriegsopferversorgung, Schutz von Schwerbeschädigten, Kindern und Jugendlichen, berufstätigen Müttern, wohl auch das prozessuale Armenrecht hingegen zählen zu den grundlegenden, seit Jahrzehnten für den Sozialstaat typischen Einrichtungen[318], die an der verfassungsmäßigen Garantie teilhaben[319]. Sie können reformiert werden; der Gesetzgeber kann sie jedoch (abgesehen von solchen Institutionen, deren Erforderlichkeit sich durch Zeitablauf selbst erledigt) nicht ersatzlos aufheben, ohne daß der Staat aufhört, Sozialstaat zu sein.

5.5.2. Legislative und dynamisch-repressive Funktion der Sozialstaatsklausel

5.5.2.1. Pflicht des Gemeinwesens, äußere Not zu beseitigen

Die Auswirkung des Sozialstaatsprinzips auf den legislativen Zweig der Staatsgewalt ist nicht nur hemmender Art: Es gebietet auch ein Tätigwerden des Gesetzgebers zur Abwehr solcher Notsituationen, welche es dem Betroffenen unmöglich machen, die ihm als Staatsbürger gewährleisteten Freiheiten überhaupt wahrzunehmen[320]. Solche Hilfe des Staates dient der Aufrechterhaltung der äußeren Existenz[321] durch Beseitigung sozialer Mißstände. Bei dieser „repressiven" Staatstätigkeit handelt es sich um den überkommenen „Sozialschutz"[322], mit welchem bis zur Schaffung des grundgesetzlichen Sozialstaates die positive Pflicht des Gemeinwesens gegenüber seinen Gliedern gänzlich bezeichnet war.

Sie bildet noch immer den Kern sozialer Aktivität des Gesetzgebers, durch die dem einzelnen die Möglichkeit gegeben wird, sich auf allen Gebieten des Lebens erträgliche Lebensbedingungen zu schaffen[323].

---

[318] Vgl. in diesem Zusammenhang auch die von nationalem Stolz getragene, aus dem Jahre 1919 stammende Aufzählung staatlicher Sozialleistungen bei *Rich. Schmidt*, S. 132.

[319] *Bogs*, Sozialer Rechtsstaat, S. 57.

[320] Vgl. *Leibholz*, Strukturprobleme, S. 340; *C. Arndt*, GMH 61, S. 462.

[321] BVerfGE 15, 150; *Benda*, S. 72.

[322] Vgl. *Sonnenfeld*, S. 13; *Katz*, DÖV 54, S. 97 ff.; s. auch Art. 151 Abs. I WRV.

[323] BVerfGE 1, 97, 105; *Winkelvoß*, DRiZ 66, S. 333.

5.5.2.2. Grenzen der staatlichen Eingriffsverpflichtung zugunsten des einzelnen — Prinzip der Subsidiarität

Solche staatliche Unterstützung erschöpft sich nicht in der Ausfolgung des Existenzminimums; die bloße Gewährleistung der physischen Existenz schafft in den westeuropäischen Lebensordnungen noch keine „erträglichen Lebensbedingungen" für den notleidenden Bürger. Die „Verantwortung des Staates für das Dasein der Bürger"[324] und die Verpflichtung der Legislative, das Notwendige zum Schutze der Schwachen zu tun, beruft den Staat aber auch nicht zu revolutionärer Neugestaltung der sozialen Ordnungen etwa durch radikale Umverteilung der Vermögen und Einkommen bis zum völligen Ausgleich aller nicht durch persönliche Leistung gerechtfertigten Vermögensunterschiede[325]. Zwar ist es dem Gesetzgeber grundsätzlich freigestellt, die Mittel zur Beseitigung auftretender Notlagen selbst zu wählen[326]. Er ist aber im sozialen *Rechts*staat gehalten, auch den Schutz bestehender Rechte zu beachten und freiheitsbegrenzende Gesetze zur Gewährleistung eines menschenwürdigen Daseins für Hilfebedürftige nur insoweit zu verabschieden, als solche Einschränkungen unabweisbar notwendig sind[327].

Ebensowenig darf die Hilfe des Staates über das erforderliche Maß hinausgehen und sich wohlfahrtsstaatlich-umfassender Zuteilung nähern. Denn so sehr das dynamische Element der Sozialstaatsklausel den Gesetzgeber zu Maßnahmen dort nötigt, wo der Staatsbürger aus eigener Kraft nicht mehr in der Lage ist, der (verschuldeten oder unverschuldeten)[328] Not zu steuern, sowenig darf übersehen werden, daß das Ziel solcher Hilfe — die Erhaltung der Personalität durch Wiederherstellung menschenwürdiger Lebensumstände[329] — durch allzu üppige Gesetzgebung des sozialen Staates nicht erreicht wird; freier und mündiger Menschen nämlich ist es „unwürdig, eigene Kraft, Verantwortung und mannigfache Formen der Gruppenhilfe als Formen der Lebensvorsorge zu eliminieren und statt dessen fortgesetzt auf den Staat zu blicken und von ihm allein Hilfe zu erwarten"[330].

---

[324] *Erichsen*, DVBl 70, S. 167 in einem Bericht über ein Referat W. Henkes.
[325] *Wiethölter*, S. 356.
[326] Vgl. BVerfGE 27, 180, 204, wo das Gericht die Inanspruchnahme privater Organisationen beim Ausgleich sozialer Gegensätze für zulässig hält, da zur Verwirklichung dieses Ziels nicht ausschließlich behördliche Maßnahmen eingesetzt zu werden brauchten.
[327] Vgl. *E. R. Huber*, WRV, S. 37.
[328] Vgl. BVerwGE 11, 252, 255; 19, 149, 152.
[329] Vgl. § 1 Abs. III BSHG.
[330] *Hecklinger*, S. 79; vgl. auch die Erklärung des damaligen US-Präsidenten Nixon: „Because I believe in human dignity, I am against a guaranteed annual wage. If we were to underwrite everybodys income, we would be underminig everybody's character", zitiert in Time-Magazine vom 2. 10. 72, S. 23.

Das BVerfG hat es denn auch geradezu als einen Ausfluß des Prinzips der Sozialstaatlichkeit bezeichnet, daß derjenige „mit seinen Wünschen nach staatlicher Hilfe zurücktreten muß, der sich aus eigener Kraft zu helfen in der Lage ist"[331]. Diesem Prinzip des Vorrangs der Selbsthilfe und der Subsidiarität staatlichen Eintretens ist im BSHG vom Gesetzgeber Rechnung getragen[332]; es ist zumindest für den Bereich des dynamisch-repressiven Teilgehalts der Sozialstaatsbestimmung allgemein anerkannt, daß der Staat nicht der Helfer überhaupt, sondern der Helfer in der Not ist[333].

Auf der anderen Seite verpflichtet bereits die akute Bedrohung einer Gruppe oder eines einzelnen durch eine soziale Krise den Gesetzgeber zum Handeln; unsozial wiederum wäre es nämlich, wollte man die potentiellen Hilfempfänger erst zur Erduldung von voraussehbaren Entbehrungen verurteilen. Insofern ist die Auffassung Bogs', der Staat müsse „bestehender Not ... entgegenwirken"[334], zu streng und in ihren Effekten inhuman.

5.5.2.3. Staatlicher Eingriff zugunsten sozialer Gruppierungen

Selbstverständlich restauriert staatliche Stützung nicht nur individuelles Wohlbefinden. Ein sozialer Mißstand, der auf einem Nichtfunktionieren sozial-bezogener Einrichtungen beruht[335], bedroht in aller Regel ganze Gruppen in ihrer Existenz. Infolgedessen hat im sozialen Rechtsstaat der Gesetzgeber nicht länger eine staatsfreie Gesellschaft ihren eigenen sozialen Gesetzen gemäß leben zu lassen. Er hat vielmehr durch geeignete Maßnahmen Mißbrauch wirtschaftlicher Machtpositionen zu verhindern und die Schwächeren, gegenwärtig auf arbeitsrechtlichem Gebiete wohl (noch) die Arbeitnehmer, zu schützen[336]. Entsprechendes gilt etwa für die Gruppe der Kriegsopfer, die Landwirtschaft[337] oder auch in Gebieten akuter Wohnungsnot für „die Mieter"[338].

---

[331] BVerfGE 17, 38, 56.
[332] Vgl. § 2 BSHG.
[333] Vgl. BVerwGE 23, 149, 153; 23, 304, 306; 27, 58, 62; *Haug*, S. 145; *Nipperdey*, Soziale Marktwirtschaft, S. 57; *Stark*, S. 107 ff. m. w. N.
[334] *Bogs*, DJT 1960, S. G 12.
[335] *Lerche*, Übermaß, S. 231.
[336] *Hamann*, Wirtschaftsverfassungsrecht, S. 47.
[337] Vgl. *Benda*, S. 76.
[338] Vgl. hierzu die Äußerung *Leibholz'* in einem Beitrag über Hausbesetzungen, den der Südwestfunk am 3. 1. 71 ausstrahlte: „... Die Aufforderung ist ... heute an den Gesetzgeber angesichts offen zutage liegender Mißstände dafür Sorge zu tragen, inwieweit diesem Mißstand durch eine Änderung der bestehenden Eigentumsinhaltsbestimmung begegnet werden kann. Mißbräuchliche Ausübung des Eigentumsrechts ist nicht verfassungsrechtlich

5.5.2.4. Korrespondierender Einzelanspruch auf legislative Aktivität

Wenn die Sozialstaatsklausel dem Gesetzgeber also gebietet, „einem jeden ein der menschlichen Persönlichkeit entsprechendes Dasein zu ermöglichen"[339], so muß dieser Verpflichtung der Legislative ein echter Rechtsanspruch des Betroffenen entsprechen. Ein solcher Anspruch wird dem Bürger teilweise heftig bestritten. So hält es Laufer[340] unter Berufung auf das BVerfG[341] für die „ewige Aufgabe des Gesetzgebers, an welcher der Staatsbürger nur durch Ausübung des Wahlrechts mittelbar Anteil" habe, Recht zu schaffen, das den Idealen der sozialen Gerechtigkeit entspricht[342]. Er übersieht aber, daß in derselben Entscheidung[343] das BVerfG zumindest bei willkürlichem Pflichtversäumnis des Gesetzgebers einen Anspruch des Betroffenen ausdrücklich nicht ausgeschlossen hat.

Ein individueller Anspruch gegen den Gesetzgeber, „zu neuen Ufern aufzubrechen" und soziale Vorstellungen einzelner legislativ zu etablieren, kann damit allerdings gewiß nicht gemeint sein. Hecklinger[344] hat es daher zu Recht abgelehnt, dem Staat die Verpflichtung zu übertragen, jeden Wunsch nach sozialen Leistungen zu erfüllen und damit den Gesetzgeber zu nötigen, ein spannungs- und klassenfreies Sozialstaatsparadies zu schaffen, also einen Zustand normativ zu regeln, zu dem man soziologisch noch gar nicht gelangt ist.

Es bedeutete in der Tat eine entscheidende Schwächung gestalterischer Freiheit und Selbstverantwortung der Legislative, könnte das Parlament gezwungen werden, staatliche Neuordnung auf Befehl einzelner Bürger zu betreiben. Um die *allgemeine* Pflicht, zeitgemäße Gesetze zu erlassen, geht es hier aber auch nicht[345]. Angesprochen ist vielmehr die verfassungsmäßige Pflicht des Gesetzgebers, soziale Mißstände durch Herstellung erträglicher Lebensbedingungen für den Bedürftigen zu beseitigen. Der Inhalt solcher Verpflichtung liegt fest, ihre angemessene Erfüllung läßt sich objektiv feststellen[346].

---

geschützt, im Gegenteil, ich würde sagen, es ist verfassungswidrig, es widerstreitet dem grundgesetzlichen Bekenntnis zum Sozialstaat, dem auch der Eigentümer ... Rechnung zu tragen hat."

[339] BAGE 1, 128, 134; a. A. *Dicke*, S. 130, der als einer der wenigen modernen Autoren (1969) die Auffassung vertritt, aus der Sozialstaatsklausel, einer Programmnorm, ließen sich keinerlei Gesetzgebungspflichten ableiten; so auch *Köttgen*, Sozialer Bundesstaat, S. 28 und *Dichgans*, S. 49.
[340] Verfassungsgerichtsbarkeit, S. 372.
[341] BVerfGE 1, 97, 100 ff.
[342] Vgl. auch *Heck*, DJT 1960, S. G 91; K. *Hesse*, Grundzüge, S. 84.
[343] a.a.O., S. 105.
[344] a.a.O., S. 96.
[345] Zu derart dynamisch-progressiver Tätigkeit des Gesetzgebers s. unten 5.5.3.
[346] Vgl. u. a. §§ 811, 850 ff. ZPO.

5.5. Sozialstaatsklausel und Legislative

Es dürfte selten sein, daß dem Gesetzgeber eine eindeutige Verletzung seiner Handlungspflichten vorgeworfen werden kann; entsprechende Behauptungen werden im Ergebnis meist auf eine Kritik an der bestehenden positiven Regelung hinauslaufen[347]. Mißachtet der Gesetzgeber aber tatsächlich seine Aufgabe, repressiv gegen Notlagen vorzugehen, so korrespondiert solcher Verpflichtung ein in der Sozialstaatsklausel wurzelnder Anspruch des subjektiv Betroffenen, der nötigenfalls mit der Verfassungsbeschwerde durchzusetzen ist[348].

So folgerichtig dieses Ergebnis im Prinzip erscheint, so vorsichtig ist es im Einzelfall anzuwenden. Grundsätzlich kann der Gesetzgeber unter einer Vielzahl denkbarer Gestaltungsmöglichkeiten eine bestimmte Regelung auswählen und diese positivieren. Nur wo er dies in grob willkürlicher Weise trotz akut drohender oder bestehender Existenznot unterläßt, wird man dem Staatsbürger den direkten Anspruch auf legislatives Tätigwerden ausnahmsweise einräumen können.

5.5.3. Legislative und dynamisch-progressive Funktion der Sozialstaatsklausel

Die Bestandsfunktion der Sozialstaatsklausel und die Verpflichtung zu repressivem Eingreifen sind von erheblicher Bedeutung für die Aktivitäten des Gesetzgebers im sozialen Staat; in ihnen erschöpft sich jedoch nicht die Bedeutung der sozialen Grundentscheidung. Wesentlicher noch für die gegenwärtige und die zukünftige Gestalt des Staatswesens und die Lebensform seiner Bürger ist der als Schwerpunkt des Sozialstaatsinhalts[349] erkennbare verbindliche Auftrag an den Gesetzgeber, das Gemeinwesen durch soziale Reform zu sichern und zu entfalten[350] oder — wie es das BVerfG ausdrückt[351] — trotz der nicht zu übersehenden Spannung zwischen den Grundwerten der Freiheit und der Gleichheit diese „allmählich zu immer größerer Wirksamkeit zu entfalten und bis zum überhaupt erreichbaren Optimum zu steigern"[352].

Damit ist nicht gesagt, daß ausschließlich die legislative Teilgewalt Adressat des dynamisch-progressiven sozialen Verfassungsauftrages ist. Als derjenige Zweig der Staatsgewalt aber, in welchem sich die

---
[347] Vgl. *Lerche*, AöR 90, S. 352.
[348] *Lerche*, AöR 90, S. 353; *Benda*, S. 73.
[349] *Hecklinger*, S. 61.
[350] Vgl. *E. R. Huber*, DÖV 56, S. 201.
[351] BVerfGE 5, 85, 206.
[352] Vgl. ähnlich *Leibholz*, Verfassungsrecht u. Arbeitsrecht, S. 36, der es als schicksalsgegebene Aufgabe ansieht, „mit Hilfe des sozialen Rechtsstaates und der in diesem Begriff enthaltenen Spannung zwischen Freiheit und Gleichheit" es zu unternehmen, „der heute gefährdeten Freiheit ... eine neue Chance zu ihrer Entfaltung zu geben" und der die Erfüllung dieses Auftrags in erster Linie dem Gesetzgeber zuweist.

widerstreitenden Interessen der Bürgerschaft in ständiger Auseinandersetzung manifestieren und dem es zur Aufgabe gemacht ist, diese Gegensätze auszugleichen, trägt er — systemgerechterweise — die Hauptlast bei der Schaffung zeitgerechter Formen sozialer Gerechtigkeit[353].

Staatlicher Gestaltungstätigkeit ist hier weiter Raum gelassen[354]; die politische Entscheidung, welche Regelung den Anforderungen des gemeinen Wohls am ehesten entspricht, ist nur durch äußerste Grenzen der im Grundgesetz gerichteten Wertordnung gebunden[355].

5.5.3.1. Pflicht zur Errichtung zeitgerechter sozialer Ordnungen

Es geht bei diesem Teilinhalt nun nicht mehr in erster Linie um die Behebung von akuten Mißständen, sondern um die Aufrichtung neuer sozialer Ordnungen mit dem Ziel möglichst weitreichender Harmonisierung widerstreitender Interessen[356]. Beispielhaft formuliert die Europäische Sozialcharta[357] in bezug auf die zukünftige Ausgestaltung des Rechtes auf Soziale Sicherheit[358], die Vertragsstaaten seien verpflichtet, sich zu bemühen, das System der Sozialen Sicherheit fortschreitend auf einen höheren Stand zu bringen.

5.5.3.2. Kontinuierliche Anpassung anstelle radikaler Umgestaltung

Die Aufforderung, die „Zukunft zu gestalten"[359] macht die Sozialstaatsklausel aber nicht zu einer ständigen Kampfansage an die vorhandene politische und soziale Wirklichkeit mit der Konsequenz, daß das „Sozialstaatsprinzip unter dem Aspekt der Sozialreform als Möglichkeit sozial-revolutionärer Umgestaltung zu begreifen"[360] und der status quo durch systemüberwindende Reformen zu verändern wäre[361]. Die Unvollkommenheiten der gesellschaftlichen „Verfassung" sind bekannt und werden ständig aufs Neue offenbar. Auch ohne grundlegende Umgestaltung der wirtschaftlichen und der Sozialordnung kann man

---

[353] Vgl. *Isensee*, S. 197.
[354] Vgl. BVerfGE 10, 354, 371; 18, 121, 132; 18, 257, 273.
[355] *Badura*, AöR 92, S. 386; *Nipperdey*, Grundrechte, Bd. IV, 2, S. 808; s. auch *Wiethölter*, S. 357, der zwar ebenfalls die Verfassung als den normativen Rahmen gesetzgeberischer Aktivitäten ansieht, die Grenzen zulässiger Aktivität aber nicht an mit juristischen Mitteln zu gewinnende Maßstäbe, sondern allein an die politische Entscheidung des Gesetzgebers knüpft und damit die Wertordnung der Verfassung in gefährlicher Weise relativiert.
[356] *Benda*, S. 128; *Lerche*, Übermaß, S. 232.
[357] BGBl 64 II, S. 1261.
[358] Art. 12.
[359] *Benda*, S. 58.
[360] *Lenz*, S. 219 unter Bezugnahme auf *Ramm*, Arbeitskampf, S. 169 f.
[361] *Hartwich*, Sozialer Rechtsstaat, Gewerkschaftl. Monatshefte, Okt. 71.

sich der begründeten Hoffnung hingeben, der Gesetzgeber werde gestützt auf die Sozialstaatsklausel und angesichts der weitgehendst zu rechtlicher Wirksamkeit gebrachten Wertvorstellungen des Grundgesetzes solche Schwächen durch stetige Sozialplanung und behutsame, aber ungebrochen zu verwirklichende soziale Aktivität überwinden[362].

Klassenkampf zur Erlangung sozialer Mindestgarantien ist überholt. Dem Gesetzgeber ist es im Bekenntnis der Verfassung zum sozialen Rechtsstaat zur ständigen Aufgabe gemacht, bestehende und potentielle Spannungen durch vorausschauende Intervention abzubauen, um einem umfassenden System des sozialen Friedens näherzukommen und gleichwohl die Freiheit der individuellen Persönlichkeit zu erhalten und zu vervollkommnen.

5.6. Sozialstaatsklausel und Verwaltung

Auch wenn der Inhalt der Sozialstaatsbestimmung hauptsächlich in einer Inpflichtnahme der Gesetzgebung deutlich wird, so finden sich die übrigen Teilgewalten dennoch im unmittelbaren Kraftfeld der sozialen Grundentscheidung[363]. Mit derselben Berechtigung kann gesagt werden, der soziale Rechtsstaat finde seine Verwirklichung erst durch die Verwaltung[364], wie die Aufgabe der Rechtsprechung darin gesehen werden kann, den sozialen Rechtsstaat durch Austarierung der sich aus der Verflechtung von Freiheit und Sozialstaat ergebenden Gegensätzlichkeiten vollends zu entfalten[365]. Solche Feststellungen schließen sich nicht aus. Sie zeigen, daß auch die Funktionen der Verwaltung zu berücksichtigen sind, will man die Bedeutung der Sozialstaatsklausel insgesamt erfassen.

5.6.1. Verwaltung als Leistungsträger

Nach formellem Recht und Organisation ist die bestehende Verwaltung noch weitgehend auf das liberal-rechtsstaatliche Ordnungssystem abgestellt[366]; nur mühsam vermag sich die Erkenntnis Raum zu schaffen, daß das Grundgesetz im Sozialstaatsbekenntnis eine grundsätzliche Ermächtigung der Verwaltung zum Tätigwerden auf dem Gebiete der Leistungsgewährung und der Wirtschaftslenkung beinhaltet[367].

---

[362] Vgl. *E. R. Huber*, Rechtsstaat und Sozialstaat, S. 610; *Fröhler*, S. 20; *Benda*, S. 57 meint sogar, in wichtigen Bereichen, insbesondere im Arbeitsrecht, sei der soziale Rechtsstaat bereits heute verwirklicht.
[363] Vgl. *Jesch*, S. 201; *Dahm*, S. 360.
[364] *Badura*, Verwaltungsrecht, S. 6.
[365] Vgl. *Weisel*, S. 118 und *Redeker*, S. 415, der meint, es sei „Aufgabe auch des Richterrechts", den demokratischen sozialen Rechtsstaat zu verwirklichen.
[366] Vgl. *Schreiber*, S. 63.
[367] Vgl. *Wolff*, Verwaltungsrecht, S. 48; *Scheuner*, Neuere Entwicklung, S. 261; zweifelnd *Bachof*, VVDStRL 16, S. 43.

So verwundert nicht, wenn Wolff bedauernd feststellt, er könne dieser in der Gegenwart so wichtigen Verwaltungsweise in seiner Darstellung des Verwaltungsrechts nicht voll gerecht werden, da die Entwicklung angemessener rechtlicher Sonderformen für die Leistungsverwaltung gerade erst begonnen habe[368]; man mag angesichts dessen auch füglich bezweifeln, ob die Verwaltung „noch durchaus in der Lage" ist, den ihr im Sozialstaat obliegenden Verfassungsauftrag auch mit herkömmlichen Mitteln voll wahrzunehmen[369].

Es ist im sozialen Rechtsstaat (auch) Aufgabe der Verwaltung, die soziale Ordnung zu gestalten, um die Befriedigung der elementaren Bedürfnisse eines würdigen menschlichen Daseins zu ermöglichen[370] — eine Aufgabe, die, wie das BVerfG hervorhebt[371] „von außerordentlicher Bedeutung ... für die Existenz des einzelnen" ist. So wird die öffentliche Verwaltung im Sozialstaat vom Ordnungsgaranten zum Leistungsträger, dem der Schutz der Schwachen und die Beaufsichtigung der Wirtschaft auch zum Zwecke der Förderung ihrer volkswirtschaftlichen Leistungsfähigkeit überantwortet ist und der auf diese Weise den durch die Verfassung gebotenen Brückenschlag zwischen Klassen und Gruppierungen einleitet und weiterführt.

5.6.2. Soziale Zielsetzung des Verwaltungshandelns

Im Rahmen ihrer freien Gestaltungsmöglichkeiten und in Ausführung der Gesetze wird sich die Verwaltung also immerfort der ihr von der Grundentscheidung des Art. 20 GG vorgegebenen sozialen Zielsetzung ihres Handelns bewußt sein müssen[372].

5.6.2.1. Soziale Zielsetzung bei der Festlegung unbestimmter Rechtsbegriffe

Die Verwaltung hat danach die Pflicht, bei der Auslegung von Gesetzen dem Sozialstaatsgedanken Rechnung zu tragen und die Gesetze derart auszulegen, daß diese „nicht mit der Sozialstaatsbestimmung kollidieren, sondern von ihr inhaltlich mitgeprägt werden"[373]. Bei der Fülle der unbestimmten Rechtsbegriffe gerade im Verwaltungsrecht ist diese Maxime von erheblicher praktischer und rechtlicher Bedeu-

---

[368] a.a.O., S. 51.
[369] So aber *Schreiber*, S. 63 f.
[370] *Wolff*, Verwaltungsrecht, S. 48.
[371] BVerfGE 17, 1, 23.
[372] s. auch *Dupré*, S. 11; *Stark*, S. 98 spricht etwas optimistisch vom Drängen des Verwaltungshandelns in eine sozialstaatliche Richtung.
[373] *Leibholz*, Verfassungsrecht u. Arbeitsrecht, S. 38; vgl. auch BVerfGE 3, 377, 381, wo das Gericht die Sozialstaatsverpflichtung als Teil der Gesetzmäßigkeit der Verwaltung anspricht.

tung. Sie beruht letztlich auf dem alle Gewalten umfassenden, den Gesamtcharakter des Staates formenden[374] Wirkungsbereich dieser Bestimmung: Da dem Gesetzgeber unterstellt werden kann, daß er dem ihm erteilten sozialstaatlichen Auftrag gerecht werden will, wird die Sozialstaatsklausel zu einem entscheidenden Auslegungsprinzip gerade auch der gesetzanwendenden Teilgewalt[375].

5.6.2.2. Soziale Zielsetzung bei der Ausübung von Ermessen

Nicht nur bei der Ausfüllung unbestimmter Rechtsbegriffe, sondern in umfassenderem Maße auch bei exekutiven Ermessensentscheidungen ist sozialgerechtes Handeln der Verwaltung gefordert. Das gilt einerseits natürlich für den Bereich sogenannter „Sozialgesetzgebung", von Gesetzen also, deren Intention deutlicher oder auch nur indirekt auf die Verwirklichung der Sozialstaatsdoktrin hinzielt. Auf der anderen Seite aber kann die in ihrer fundamentalen Bedeutung dem Rechtsstaatsgedanken entsprechende Bestimmung auch dann nicht außer Acht gelassen werden, wenn sich der Ermessensspielraum der Exekutive aus Vorschriften ergibt, denen soziale Erwägungen nicht oder nur am Rande zugrunde gelegen haben.

Die Sozialstaatsklausel muß also als eine für das Handeln der öffentlichen Verwaltung umfassend verbindliche Ermessensrichtlinie[376] angesehen werden; sie liefert einen stets zu beachtenden Maßstab für die Ausübung des Ermessens[377] wie für die Konkretion unbestimmter Rechtsbegriffe.

5.7. Sozialstaatsklausel und rechtsprechende Gewalt

Gesetz und Recht binden die Rechtsprechung. Art und Maß der Bindung gestatten es, induktiv den Gehalt der Norm zu erfassen.

Zwei Ansätze sind allerdings generell — und im besonderen in der vorliegenden Untersuchung — zu unterscheiden: Die Feststellung des materiellrechtlichen Inhalts der Sozialstaatsklausel setzt voraus die Klärung des Einflusses der Bestimmung auf die Teilgewalt Rechtsprechung. Dieser Wirkbereich kann mit dem Begriff „Justitiabilität" annäherungsweise umschrieben werden. Denkbar aber ist ebenso eine Einwirkung, die sich in umgekehrter Richtung vollzieht. Sie könnte schlagwortartig mit dem Begriff „Justitiabilisierung" gekennzeichnet

---
[374] *Benda*, S. 65.
[375] Vgl. *Zacher*, S. 367.
[376] Vgl. BSozGE 19, 88, 92; *Schreiber*, S. 64.
[377] *Scheuner*, Neuere Entwicklung, S. 261.

werden, sofern man nicht von vornherein den hierzulande mit dem Ruche des Verfassungsbruchs behafteten Ausdruck „Richterrecht" verwendet.

Im gegenwärtigen Abschnitt der Untersuchung interessiert nur die erste Hälfte der wechselseitigen Bewirkung.

5.7.1. Bindung der Rechtsprechung durch die Sozialstaatsklausel

Die Auffassungen über die Bindung der Rechtsprechung durch die Sozialstaatsklausel sind recht unterschiedlich. Während manche meinen, erst durch die Tätigkeit des Richters werde die Maxime überhaupt zu verbindlicher Aktualität gebracht[378], wenden andere ein, soziales Handeln als Element der Gesellschaft könne niemals von der Rechtsprechung beurteilt werden. Derartige Versuche beraubten den Sozialstaat seines wahren Wesens und führten letztlich zu seiner Aushöhlung[379].

Die Rechtsprechung hat sich — wie dargestellt — zwar zurückhaltend, aber doch nicht gar so abgeneigt gezeigt, die Sozialstaatsklausel zu verwerten. Zu Recht. Denn die Teilinhalte der Klausel, wie sie bezüglich Legislative und Exekutive festgestellt wurden, bringen eine Bindung der Jurisdiktion zwingend mit sich. Ihre weitreichenden Gebote würden zu unverbindlichen Wunschvorstellungen abgewertet, solange ihre Einhaltung nicht durch die Rechtsprechung kontrolliert werden könnte[380]. Wie immer aber die Anwendbarkeit der Sozialstaatsklausel im Prozeß der Rechtsfindung gesehen wird: Angesichts des Art. 1 Abs. III GG, der das Gebot zur Wahrung der Menschenwürde, des essentiellen Elements sozialgerechten Handelns, zu unmittelbar verbindlichem Recht erhebt, ist die Behauptung ausgeschlossen, eine Anwendung der Klausel komme infolge ihres elusiven Inhalts keinesfalls in Betracht.

5.7.1.1. Sozialstaatsklausel als Auslegungsregel

Es ist mittlerweile zur ‚communis opinio' geworden, daß die Sozialstaatsklausel dem Richter eine verbindliche Auslegungsregel an Hand gibt[381]. Teilweise wird die Bestimmung zwar auch als „Richtlinie" für

---

[378] *Hecklinger*, S. 53.

[379] *Achinger*, S. 79.

[380] Damit wird selbstverständlich nicht der Kontrolle des Ermessensspielraums das Wort geredet; zu überwachen ist lediglich die Einhaltung der durch das Sozialstaatsgebot mitbestimmten Grenzen.

[381] Vgl. u. a. *Adomeit*, S. 92; *Bachof*, Begriff, S. 43; *Benda*, S. 62, 65; *Bogs*, DJT 1960, S. G 17; *Dahm*, S. 301; *Dersch*, S. 65; *Fechner*, RdA 55, S. 165; *Gerber*, S. 3; *Giese/Schunck*, S. 64; *Hamann*, Grundgesetz, S. 98; *Hueck*, BAG-Rspr., S. 429; *Friedr. Klein*, ZGStW 106, S. 400; einschränkend *Leibholz*

5.7. Sozialstaatsklausel und rechtsprechende Gewalt

die Rechtsprechung bezeichnet[382], was mindestens als ungenau, im Falle Baduras, der von einer Richtlinie zur Überprüfung wirtschaftlicher und gesellschaftspolitischer Maßnahmen spricht[383], als zu eng bezeichnet werden muß.

Als Auslegungsmaxime beeinflußt die Sozialstaatsmaxime unmittelbar die Anwendung der für die richterliche Entscheidung maßgebenden Normen[384]. Diese Funktion beginnt auf der Ebene der Verfassung, wo sie insbesondere „für die Gesetzesauslegung von größter Bedeutung sein" kann[385]. Bereits in einer seiner ersten Entscheidungen hat das BVerfG[386] die maßgebenden Gesichtspunkte für die Klammerwirkung der Sozialstaatsbestimmung und ihren eminenten Effekt auf das Verfassungsgesetz dargelegt:

„Eine Verfassungsbestimmung kann nicht isoliert betrachtet und allein aus sich heraus ausgelegt werden. Sie steht in einem Sinnzusammenhang mit den übrigen Vorschriften der Verfassung, die eine innere Einheit darstellt. Aus dem Gesamtinhalt der Verfassung ergeben sich gewisse verfassungsrechtliche Grundsätze und Grundentscheidungen, denen die einzelnen Verfassungsbestimmungen untergeordnet sind. Jede Verfassungsbestimmung muß so ausgelegt werden, daß sie mit jenen elementaren Verfassungsgrundsätzen und Grundentscheidungen des Verfassungsgebers vereinbar ist."

Daß neben dem Grundsatz der Rechtsstaatlichkeit vor allem auch das Sozialstaatsprinzip zu den elementaren Grundentscheidungen des Grundgesetzes zählt, hat das BVerfG verschiedentlich mit Nachdruck festgestellt[387].

Ist das Grundrechtsverständnis, ja das ganze Verfassungsverständnis vom Gedanken des sozialen Rechtsstaates determiniert[388], so führt das zur Beachtung der Sozialstaatsklausel auf allen Ebenen der Rechtsprechung hinsichtlich aller Äußerungen staatlichen Tuns. Ein grundsätzlicher Unterschied bei Auslegung von Normen mit sozialstaatlich angelegtem Gesetzeszweck und von Vorschriften nicht spezifisch

---

Verfassungsrecht u. Arbeitsrecht, S. 37; *G. Müller*, S. 525; *Wimmer*, S. 33; *Zacher*, S. 368; *Hecklinger*, S. 54; *Stark*, S. 100.

[382] *Dahm*, S. 301; *Schulz-Schaeffer*, S. 165.
[383] *Badura*, AöR 92, S. 385.
[384] Diese Einflußnahme ist umfassender als etwa der in Art. 62 der Berliner Verfassung dem Richter erteilte Auftrag, die Rechtspflege „im Geiste ... des sozialen Verständnisses" auszuüben. Dort nämlich handelt es sich nur darum, bei der Urteilsfindung die sozialen Verhältnisse der Parteien soweit als möglich zu berücksichtigen, vgl. *Landsberg/Götz*, Erläuterung zu Art. 62.
[385] *Scheuner*, Grundfragen, S. 154.
[386] BVerfGE 1, 13, 32.
[387] Vgl. BVerfGE 6, 32, 41; 10, 354, 363; 14, 263, 275.
[388] Vgl. *Fröhler*, S. 52; *Hessdörfer*, S. 123.

sozial-staatlichen Inhalts besteht nicht. Die Gerichte haben bei „sozialen" Normen lediglich zu beachten, daß ihnen die sozialstaatliche Auslegung in der Regel bereits bis zu einem bestimmten Grade vorgezeichnet ist, daß aber der elementare Wille des Gesetzgebers selbst dann zu beachten ist, wenn er nur unvollkommen zum Ausdruck gebracht ist[389].

5.7.1.2. Gefahren der Anwendung der Sozialstaatsklausel als Auslegungsregel

Es ist nicht zu verkennen, daß in dieser umfassenden Einflußnahme sozialstaatlichen Gedankenguts die Gefahr subjektiver Verirrung des Richters in der Weite der verfassungsgesetzlichen Grundentscheidung verborgen ist. Allzu leicht bietet sich gerade in der wenig differenziert ausgeformten Sozialstaatsbestimmung dem Richter die Handhabe, sich über Gesetzesrecht zu erheben. Es kann als Verdienst der Rechtsprechung bezeichnet werden, sich dieser Gefahren bislang weitgehend — soweit die Bestimmung überhaupt in der Spruchpraxis berücksichtigt wurde — bewußt gewesen zu sein[390]. Sie darf auch in einer den Sozialstaatsgedanken mehr und mehr aktivierenden Zukunft nicht außer acht lassen, daß die sozialstaatliche Auslegungsmaxime nur mit Behutsamkeit anzuwenden ist und daß sie nicht dazu dienen kann, unter Vernachlässigung der „nachdenklichen Ermittlung des Sinnzusammenhangs des anzuwendenden Gesetzesrechts"[391] in eine unnötige, weil voreilige richterliche Rechtsschöpfung auszuweichen.

5.7.1.3. Korrekturfunktion der Rechtsprechung auf der Basis der Sozialstaatsklausel

Es soll zunächst dahingestellt bleiben, ob und wann der Gehorsam des Richters vor dem Gesetz in veränderten sozialen Gegebenheiten der Befugnis und dem Auftrag zur Rechtsschöpfung weicht[392]. Noch im Rahmen und mit den Mitteln der Auslegung nämlich ist dem Richter durch die verbindliche Etikettierung des Staatswesens als sozial aufgetragen, die anzuwendenden Gesetzesvorschriften nicht nur des vorkonstitutionellen Rechts sozialstaatlich zu aktualisieren. Als bedeutsamstes Beispiel vermerkt Schreiber in diesem Zusammenhang die Umdeutung von Rechtsreflexen in Rechte, wie sie vor allem beim

---

[389] Vgl. auch BSozGE 20, 233, 238.
[390] Vgl. ähnlich *Schreiber*, S. 88.
[391] *Weber*, Grenzen, S. 418.
[392] Über die Befreiung des Richtertums aus positivistischer Gefangenschaft und seine Hinwendung zum Neo-Naturrecht mit der sich hieraus ergebenden Befugnis zur freien Rechtsschöpfung praeter und contra legem, vgl. *Boehmer*, S. 141 ff.

Fürsorgeanspruch Platz gegriffen habe[393]. Die Aktualisierung richtet sich dabei weniger an einem theoretischen Wert der Sozialstaatlichkeit aus; dieser ist auch in den überalterten Sozialgesetzen ohnehin berücksichtigt. Sie hat sich vielmehr an den die gegenwärtige Ausgestaltung bedingenden konkreten Anschauungen der Gesellschaft zu orientieren[394] und dem nötigenfalls in korrigierender Auslegung ermittelten Gesetzesbefehl zu entsprechen[395].

5.7.2. Normenkontrolle im Bereich der statischen Funktion der Sozialstaatsklausel

Mit Ausübung dieser Korrekturpflicht ist es für die Rechtsprechung aber nicht getan. Wenn die Legislative durch die verfassungsrechtliche Schranke der Sozialstaatsklausel gehindert ist, bestimmte eingeführte, nach allgemeiner Überzeugung wesensbedingte Institutionen ersatzlos zu beseitigen (statische Funktion) oder wesentlich zu beschneiden, so ist die Rechtsprechung gerade auf Grund dieser Verfassungsbestimmung zum Einschreiten verpflichtet, falls durch gesetzgeberische Initiative in diesen garantierten Kernbereich eingegriffen wird. Für den kraft konzentrierter Zuständigkeit mit der Kollision befaßten Verfassungsrichter findet sich in dieser auf der Sozialstaatsklausel basierenden Einwirkungsbefugnis die Legitimation zur Nichtigerklärung von Normen, die bestandskräftig festgelegte soziale Darreichungen zuungunsten des Geschützten modifizieren[396]. Damit zeigt sich zugleich ein erster Bereich, in welchem sich die Sozialstaatsklausel bei Anwendung durch die Verfassungsrechtsprechung als justitiabel erweist.

So entwickelt die Sozialstaatsklausel erst die ihrem Inhalt entsprechende volle Tragweite für die gesamte Staatsgewalt, wenn sich der Richter voll zu ihr bekennt. Denn „nur wer meint, zum richterlichen Beruf gehöre eine von der Geschichte gelöste Wertneutralität, kann der Auffassung sein, daß der Sozialstaatsgedanke die Rechtsprechung nicht berühre"[397].

5.8. Zusammenfassung

Die in dem vorangegangenen Abschnitt versuchte inhaltliche Erfassung der Sozialstaatsbestimmung des Grundgesetzes hat demnach zu folgendem Ergebnis geführt:

---

[393] *Schreiber*, S. 84; vgl. auch die weiteren dort angeführten Beispiele aus der Rechtsprechung.
[394] Vgl. *Schreiber*, S. 85; *Hecklinger*, S. 55 f.
[395] Vgl. etwa BVerfGE 4, 97, 102; LSozG Bremen BB 57, 543; *Wilh. Reuss*, S. 10.
[396] Vgl. *Hecklinger*, S. 56.
[397] *Werner*, AöR 81, S. 103.

Die Sozialstaatsklausel des Grundgesetzes ist eine verfassungsgestaltende Grundentscheidung des Verfassungsgebers, durch welche eine politische Wertordnung verbindlich festgelegt ist. Obschon als fundamentale Verfassungsbestimmung konkretisierungsbedürftig und konkretisierungsfähig, lassen sich dem statuierten Wertsystem doch Rechtssätze ableiten, die der umfassenden Bedeutung der Grundentscheidung entsprechend für alle Teile der Staatsgewalt — unter bestimmten Voraussetzungen auch für den Staatsbürger unmittelbar — verbindlich sind.

Die sozialstaatliche Wertordnung beruht auf der Erkenntnis, daß die heutige Konfliktgesellschaft, populär „pluralistisch" genannt[398], im absolut freien Spiel der Kräfte ein der Personenwürde entsprechendes, gerechtes Dasein nicht gewährleistet, sondern daß es der aktiven Betätigung des Staates bedarf, um das allgemeine Beste zu erlangen. Exekutive und Legislative sind daher ebenso wie die Rechtsprechung verpflichtet, den errungenen Kernbestand sozialer Gewährleistungen gegen ersatzlose Beseitigung zu schützen und den Kampf gegen soziale Mißstände aufzunehmen. Darüber hinaus aber ist es insbesondere der Gesetzgebung zur Pflicht gemacht, durch Gestaltung der Zukunft für eine gerechte Sozialordnung zu sorgen. Dies hat weder im Sinne der historischen Sozialbewegung noch durch Festschreibung der gegenwärtigen Verhältnisse zu erfolgen[399]. Veränderte Verhältnisse können auch eine Veränderung der derzeit unbestrittenen sozialpolitischen Institutionen bewirken. Alle Tätigkeit des Staates hat aber dem Ziel zu dienen, dem Menschen auf der Grundlage und durch die Grundlage erträglicher Lebensbedingungen die Freiheit zu ermöglichen und zu sichern.

---

[398] Zu diesem Begriff vgl. *Besson/Jasper*, S. 90 f.
[399] *Benda*, S. 88.

TEIL C

Die Sozialstaatsklausel als Prüfungsmaßstab im Normenkontrollverfahren

1. Justitiabilität der verfassungsgestaltenden Grundentscheidung für den sozialen Rechtsstaat

Bereits oben wurde bei der Darstellung eines Teilbereichs aktueller Normfunktion der Sozialstaatsklausel auf die korrespondierende Justitiabilität der Verfassungsbestimmung im Normenkontrollverfahren hingewiesen. Derartige Korrespondenz ist die Regel[1]. Abweichungen ergeben sich aber vor allem im Geltungsbereich programmatisch formulierter Verfassungsteile, insbesondere wenn diese die Zukunft gestalten und nicht die Gegenwart regeln[2]. Denn es ist nicht Sache rechtsprechender Staatsgewalt, in dem ihr eigenen förmlichen Verfahren den Gestaltungsbereich des Gesetzgebers prophylaktisch einzuschränken. Einer der wesentlichen, wenn auch nicht strikt verwirklichten Unterschiede der Teilgewalten — die mangelnde Befähigung der Rechtsprechung, eigene Initiative zur Lösung kontroverser Fragen zu entwickeln — würde dadurch verwischt[3].

Es ist daher angebracht, die Voraussetzungen der Justitiabilität im allgemeinen und Justitiabilität von Verfassungsnormen im besonderen zu erörtern, um alsdann über die Justitiabilität der Sozialstaatsbestimmung entscheiden zu können.

---

[1] Vgl. dazu *A. Arndt*, Bild des Richters, S. 12: „... weshalb eine Auffassung, welche zwar das Gelten von Normen behauptet, aber das Feststellen ihrer Verletzung als angeblich nicht justitiabel ablehnt, im staatlichen Recht das Vortäuschen einer in Wahrheit nicht gewollten Rechtsstaatlichkeit bedeutet ..."

[2] Vgl. hierzu auch *Schweda*, S. 26 f.; *Laufer*, Typus u. Status, S. 444.

[3] *Howard*, S. 343, meint allerdings in dieser Hinsicht allenfalls graduelle Unterschiede erblicken zu können: "It is sometimes said, that herein lies a major difference between courts and legislatures: courts lack a self-starter. Legislatives do initiate policy change in this country and clearly more do so than do courts, but a conventional cliche of political science literature — that legislature functions most effectively under conditions of outside policy guidance — suggests, that differences in initiatives are but differences of degree. Most government officials work according to stimulus-response models, even if this jargon is fancier than Ed Flynn's: The joint that squeaks loudest gets the grease."

1.1. Allgemeine Voraussetzungen der Justitiabilität

„Alle Justiz ist an Normen gebunden[4]." Das erscheint selbstverständlich. Entscheidendes Problem ist aber, wann eine gesetzliche oder verfassungsgesetzliche Bestimmung mit der inhaltlichen Präzision ausgestattet ist, die es erlaubt, das staatliche Gebot zur Entscheidung des konkreten Rechtsstreits zu formulieren und den Gegenstand des Streits an der Norm zu messen[5].

Die prüfende Verfassungsnorm hat demgemäß als Obersatz im Sinne des juristischen Syllogismus „anwendbar" zu sein, muß also infolge spezifischer Ausformung rechtlicher Ableitung zugänglich sein[6]. Es liegt aber gerade im Wesen der Verfassung als Grundordnung begründet, daß ihre normativen Bestandteile — vor allem, wenn sie grundsätzliche Wertentscheidungen postulieren — einen verhältnismäßig geringen Konkretionsgrad erreichen und erreichen sollen.

So ist denn auch neuerdings wieder die Ansicht zu hören, konkrete positive Folgerungen ließen sich mit rechtlicher Verbindlichkeit aus den Grundrechtsnormen so gut wie überhaupt nicht ziehen und selbst negative Folgerungen seien fragwürdig[7].

1.1.1. Justitiabilität einer Verfassungsbestimmung

Es ist zuzugeben, daß sich eine Verfassungsbestimmung dann nicht als Maßstab zur Prüfung niederen Rechts eignet, wenn sie anstelle einer positiven richtungsweisenden Wertentscheidung[8] lediglich erstrebenswerte politische Zielvorstellungen projiziert[9].

---

[4] *Schmitt*, Hüter der Verfassung, S. 19; vgl. auch *Spanner*, S. 63.
[5] Vgl. *v. Hippel*, S. 546; *Jesch*, S. 226.
[6] Vgl. *Laufer*, Verfassungsgerichtsbarkeit u. politischer Prozeß, S. 284 ff.; *Leibholz*, JöR (NF) 6, S. 125; *Ueberschaer*, S. 63.
[7] *Flume*, DJT 46, Bd. II, S. K 32; hiergegen *Bachof*, Grundgesetz u. Richtermacht, S. 40, der sich gegen die Ansicht wendet, Begriffe wie „Menschenwürde", „Gleichheit", „Rechtsstaat", „Sozialstaat" seien einer sicheren rechtlichen Ableitung nicht zugänglich und der meint, diese Ansicht „werde den Juristen, der die Problematik unbestimmter Rechtsbegriffe kennt, kaum sehr beeindrucken".
[8] Vgl. BVerfGE 25, 167, 182.
[9] Vgl. hierzu *Howard*, S. 350, der die Problematik der Justitiabilität aus der Sicht des US-Supreme Court erörtert und feststellt: "... when judges raise the 'justiciability'-issue, one of three elements is often present: 1. a belief that constitution or custom allocates choice to another forum, 2. a belief that an ascertainable standard cannot be derived through adjudication and 3. a conclusion that an authoritative value choice has not been made by the constitutionally appropriate agency." — Alle drei Kriterien für „nonjusticiability" stehen in Abhängigkeit. Beinhaltet eine Verfassungsbestimmung noch eine offene politische Zielsetzung (Ziff. 3), so ist das Fehlen gesicherter „standards" im justizförmigen Verfahren unheilbar, wenn die Wertentscheidung durch die Verfassung der Rechtsprechung entzogen und einer anderen Teilgewalt zugewiesen ist.

1.1. Allgemeine Voraussetzungen der Justitiabilität

Ergibt sich für eine derartige Bestimmung auch aus ihrer systematischen Stellung und den im System niedergelegten Wertungen keine eindeutige Zuordnung, so fehlen ihr mit den „rational standards" die judiziell greifbaren und anwendbaren Aussagen[10].

Das Gericht, das einen Rechtsstreit nach dem Maße einer solchen Bestimmung entscheiden würde, beendete — außerhalb vorgegebener Justitiabilität — einen Streit um das Recht und beantwortete nicht eine Frage nach dem Recht[11].

Nun kann nicht bestritten werden, daß der Verfassung als dem „Grund"-Gesetz des Staates eminent politische Bedeutung zukommt und daß es sich bei den Verfassungsbestimmungen — abgesehen von reinen Organisationsnormen — um politisches Recht handelt. Daraus folgt aber nicht — wie Carl Schmitt so nachdrücklich wie irrtümlich vertreten hat[12] — die grundsätzliche Nichtanwendbarkeit der Verfassungsnormen in der Jurisdiktion und das Verbot der Normenkontrolle durch den Richter. Die Anwendung politischen Rechts macht die richterliche Entscheidung keineswegs zur verkappten politischen Dezision, sofern nur die (politische) Verfassungsbestimmung rationaler Argumentation zugänglich ist[13].

Damit ist nichts gesagt über die Zulässigkeit der Entscheidung sogenannter „political questions" durch die Rechtsprechung. Derartige Streitigkeiten dringen nicht in die Sphäre des Rechts; ihre Entscheidung obliegt anderen, politisch verantwortlichen Instanzen. Umgekehrt aber sind Rechtsstreitigkeiten in der Folge politischer Polarisierung der Entscheidung der Jurisdiktion anheimgegeben, sofern ihr nur das Maß der Entscheidung durch berechenbare, voraussehbare und nachvollziehbare, rationale Auslegung einer Norm allgemein an Hand gegeben ist[14]. Denn politische Auswirkungen der Normenkontrolle beeinflussen nicht die Justitiabilität der Kontrollnorm.

Die strukturelle Eigenart der Verfassungssätze, ihre überdachende, richtungsgebende Funktion[15] befreit die Verfassungsrechtsprechung nach alledem nicht von der Notwendigkeit, sich am Maßstab einer aus-

---

[10] *Leibholz*, Verfassungsrecht u. Arbeitsrecht, S. 24; s. auch eine Entscheidung des US-Supreme Court, wo Justitiabilität verneint wurde, sofern „... a lack of judicially discoverable and manageable standards" ... der Lösung der Rechtsfrage entgegensteht, Baker v. Carr, 369 US 186, 209 (1962).

[11] Vgl. *Leibholz*, Strukturprobleme, S. 178, der mit dieser Differenzierung politische Streitigkeiten von politischen Rechtsstreitigkeiten scheidet.

[12] *Schmitt*, Hüter der Verfassung, S. 22 ff.

[13] Vgl. *Leibholz*, Strukturprobleme, S. 177; *Scheuner*, Bereich der Regierung, S. 295; *McWhinney*, S. 14; *Rupp*, S. 44.

[14] Vgl. etwa die Entscheidung des BVerfG zur Verfassungsmäßigkeit des Grundlagenvertrages, NJW 73, 1593.

[15] *H. Huber*, Rechtsquellenprobleme, S. 108.

legungsfähigen Rechtsnorm auszurichten[16]. Die justitiable Norm des Verfassungsrechts kann dem Verfassungsrichter nicht in derselben Präzision zur Verfügung gestellt werden, wie dies normalerweise Richter anderer Gerichtsbarkeiten erwarten dürfen, denn die Verfassungsnormen werden viel stärker als andere Rechtsregeln von der Veränderung der gesellschaftlichen Situation im Ablauf des historischen Prozesses betroffen. Soll nicht zwischen starrem Verfassungsgesetz und dynamischer Verfassungswirklichkeit allmählich ein unerträglicher Widerspruch entstehen und soll die Verfassung nicht wie ein „politisches Grundbuch der Nation dauernd vom verfassungsändernden Gesetzgeber nachgetragen" werden[17], dann müssen insbesondere die verfassungsgesetzlichen Grundentscheidungen und Grundrechte einer anpassenden Interpretation den nötigen Raum geben[18]. So gesehen besteht gerade durch die „weite" Norm die Möglichkeit angemessener und vernünftiger Auslegung.

Damit sind also nicht nur die präzise formulierten Rechtssätze des Grundgesetzes Prüfungsmaßstab, sondern auch und gerade die für das Verfassungsrecht charakteristischen Leitideen, ja sogar die ungeschriebenen Grundsätze, die aus dem Gesamtgehalt der Verfassung und ihrer vorpositiven Verwurzelung erschlossen werden können[19].

1.1.2. „Negative" Justitiabilität

Um wenigstens die „negative" Justitiabilität der Verfassungsbestimmung zu begründen, genügt schon ein schmales Spektrum rechtlicher Anwendbarkeit.

Bekanntermaßen ist die negative Abgrenzung um vieles leichter zu erlangen, als die positive Definition. Das zeigt sich auch bei der Abgrenzung des Wirkungsbereiches einer Verfassungsbestimmung; diese mag zwar hinsichtlich ihres positiven Gehaltes durchaus noch näherer Konkretion bedürfen. Nach ihrer negativen Seite hin entfaltet sie dennoch sofort insoweit eine unmittelbare Bedeutung, als gewisse Anordnungen, weil mit ihrer grundsätzlichen Intention völlig unvereinbar, als Verletzung eben dieses Grundgedankens erkannt und ausgeschieden werden[20].

---

[16] Vgl. *Wintrich*, S. 208; *Jerusalem*, S. 85; *Eichenberger*, S. 129.
[17] *Wilhelm Hennis*, zitiert bei *Laufer*, Demokratische Ordnung, S. 142.
[18] Vgl. aber zu den Gefahren eines „soziologischen Positivismus" *Leibholz*, Strukturprobleme, S. 280.
[19] Vgl. Leitsatz 27 des Südwest-Staat-Urteils des BVerfG (E 1, 14, 18): „Das BVerfG erkennt die Existenz überpositiven, auch den Verfassungsgeber bindenden Rechtes an und ist zuständig, das gesetzte Recht daran zu messen"; vgl. weiter *Friesenhahn*, Verfassungsgerichtsbarkeit, S. 151; *Stern*, S. 247; *Müller-Freienfels*, S. 685.
[20] Vgl. *Lehmann*, Grundrechte, Bd. III, S. 130.

1.1. Allgemeine Voraussetzungen der Justitiabilität

1.1.3. Justitiabilität der Verfassungsbestimmung auch unter Verzicht auf die intermediäre Funktion einfachen Gesetzesrechts

Der unmittelbaren Anwendung — positiver wie negativer Art — verfassungsgrundsätzlicher Regelungen durch die Rechtsprechung wird entgegengehalten, sie verstoße gegen die Prinzipien des Rechtsstaates. Auf diese Weise werde die „intermediäre Funktion des einfachen Gesetzes" zwischen Verfassung und Normvollzug beseitigt[21] und so das rechtsstaatliche Monopol der Legislative zur rechtssatzmäßigen Konkretisierung von Verfassungsgrundsätzen außer Acht gelassen.

Abgesehen davon, daß es recht zweifelhaft erscheint, ob im heutigen Rechtsstaat das Bestehen eines solchen Monopols noch mit Fug behauptet werden kann[22] ist es gerade das Grundgesetz selbst, das den unmittelbaren Vollzug von Verfassungsgrundsätzen ausdrücklich zuläßt[23] und auf diese Weise mit der hergebrachten Gleichung Rechtsstaat = Gesetzesstaat bricht[24].

Wenn es das Kriterium der justitiablen Verfassungsnorm sein soll, daß ihr unmittelbare, durch vernünftige Auslegung erkannte Rechtswirksamkeit zukommt, dann muß es auch zum Wesen des justitiablen Verfassungssatzes gehören, im Rahmen dieser Wirksamkeit ohne Zwischenschaltung spezifizierender Gesetze unmittelbar vollziehbar zu sein[25]. Andernfalls verlöre die Verfassung überhaupt ihre Qualität als „Supreme Law of the Land"[26] und — zur Disposition des einfachen Gesetzgebers — ihre Funktion als Maß des Gesetzes (und der Macht). Denn das streitige (einfache) Gesetz kann nicht Grundlage der Entscheidung über seinen Inhalt sein[27].

1.1.4. Unmittelbare Anwendbarkeit trotz notwendiger Weite

Der Verzicht auf das konkretisierende einfache Gesetz als unabdingbare Voraussetzung der Justitiabilität der Verfassungsnorm bedeutet aber nicht die Abwendung von dem Grundsatz, daß sich auch die Verfassungsrechtsprechung auf Normen stützen muß, die im Wege vernünftiger, sachgerechter Auslegung anwendbar sind und die der juristischen Argumentation aufgrund ihrer Integration in ein System positiver Werte gesicherte Ableitungen ermöglichen.

---

[21] *Forsthoff*, Degriff, S. 21.
[22] Vgl. dazu unten Teil C, 2.2.4.
[23] Art. 1 Abs. 3 GG.
[24] Vgl. *Weisel*, S. 116.
[25] Vgl. *E. R. Huber*, DÖV 56, S. 202.
[26] Art. VI Sect. 2 US-Constitution.
[27] *C. Schmitt*, Festgabe, S. 163.

Die systembedingt verhältnismäßige Weite der typischen Verfassungsnorm verhindert solche Ableitung durch den Verfassungsrichter nicht; gerade weil ihm aufgegeben ist, als autorisierter Interpret der Verfassung diese in ihrer Geltung auf variable Wirklichkeiten zu beziehen[28], muß ihm die Abstraktheit der Norm die gerechte Interpretation ermöglichen[29].

Die Sozialstaatsklausel ist fundamentales Teilstück der verfassungsmäßigen Ordnung. Sie ist extrem abstrakt formuliert; dennoch deutet die Feststellbarkeit ihres materiellen Inhalts auf ein gewisses Maß an Justitiabilität im verfassungsgerichtlichen Verfahren. Diese soll nun näher untersucht werden.

1.2. Justitiabilität der Sozialstaatsklausel (Lehre und Rechtsprechung)

Bereits die Erkenntnis, daß der Verfassungsgeber in „bewußter Absage an die Weimarer Verfassung"[30], die soziale Verbürgungen nur in Form von Proklamationen zur Verfügung stellte, verbindliche Rechtsnormen schaffen wollte, zwang dazu, die Sozialstaatsklausel nach dem Maße des Möglichen mit rechtlichem Gehalt zu erfüllen. Es ist aber schon darauf hingewiesen worden, daß solche Verbindlichkeit nicht in jedem Falle rechtsförmiger Anwendbarkeit gleichzusetzen ist.

In neuerer Zeit ist weithin unbestritten, daß der Sozialstaatsklausel eine wie auch immer definierte rechtliche Aussage zu entnehmen sei. Streit herrscht aber unverändert darüber, ob aufgrund dieser Aussage die Sozialstaatsklausel zur justitiablen Verfassungsbestimmung wird.

1.2.1. Die Auffassungen der Lehre

Drei Auffassungen lassen sich im wesentlichen der Literatur entnehmen. Die Randbereiche der Problematik sind dort sehr häufig erörtert; zum Kern des Problems, zur Frage nämlich, ob am Maß der Sozialstaatsklausel Normenkontrolle möglich ist, wurde allerdings nur vereinzelt vorgedrungen[31].

---

[28] Vgl. BVerfG NJW 73, 1221, 1225.
[29] Vgl. oben 1.1.
[30] *Benda*, S. 62.
[31] Vgl. W. *Reuss*, S. 11: „Der Überblick über die Deutungen der Sozialstaatsklausel durch die Wissenschaft zeigt, daß zwar eine große Fülle guter Gedanken entwickelt worden ist, aber auch, daß noch sehr viele und zwar grundlegende Fragen offengeblieben sind." Zu diesen wichtigen Fragen gehöre das Problem, ob das „Sozialstaatsprinzip eine von der Verfassungsgerichtsbarkeit nachprüfbare Schranke für die Gesetzgebung" darstelle.

1.2. Lehre und Rechtsprechung

1.2.1.1. Sozialstaatsklausel nicht justitiabel

Zunächst wird überhaupt bezweifelt, daß die Sozialstaatsklausel normgemäßes Verhalten ermögliche[32]. Der Verfassungsbestimmung fehle es in der vorliegenden Form an der nötigen Individualisierung; eine Präzision, die eine Anwendung im Einzelfalle zulasse, sei nicht möglich[33], denn die Bestimmung sei — da kein Rechtsbegriff — nicht ohne weiteres juridischen Auslegungsmethoden zugänglich[34].

Aus der Nichtbeachtung oder nicht genügenden Beachtung des Sozialstaatsprinzips könne daher die Verfassungswidrigkeit positiver Gesetzesvorschriften nicht hergeleitet werden[35].

Leibholz ist der Auffassung, ohne weitere inhaltliche Präzisierung durch den Gesetzgeber sei der Richter nicht in der Lage, ein Gesetz auf seine Übereinstimmung mit dem sozialen Gerechtigkeitsgehalt zu prüfen. Die Maxime vom sozialen Rechtsstaat enthalte für sich allein genommen keinen rational verläßlichen Maßstab, an dem eine rechtliche Entscheidung orientiert werden könne[36]. Für sich sei die Sozialstaatsklausel daher nicht justitiabel.

1.2.1.2. Begrenzte Justitiabilität der Sozialstaatsklausel

In einer neueren Stellungnahme hat Leibholz allerdings die Auffassung, der Sozialstaatsklausel könne allenfalls als Auslegungsprinzip im Rahmen anderer Grundrechte Geltungskraft zukommen, insoweit modifiziert, als er nunmehr ihre selbständige Bedeutung als Prüfungsmaßstab in bestimmten engen Grenzen anerkennt[37]. Im Hinblick auf die Sozialbindung des Eigentums hält er den Verfassungsrichter für berufen, das Verhalten des Eigentümers auf seine Übereinstimmung mit dem Sozialstaatsprinzip zu überprüfen. Da aber in einer Gesellschaft unterschiedlicher Gerechtigkeitsauffassungen die Gefahr eines Rechtschaos entstehe, wenn der Richter diese Aufgabe übernehme, dürfe das

---

[32] Vgl. *Benda*, S. 64, Fußn. 87.
[33] Vgl. *Bogs*, DJT 43, S. G 11.
[34] *Schnorr*, S. 262.
[35] *Hueck*, S. 429; vgl. auch *E. R. Huber*, Wirtschaftsverwaltungsrecht, S. 37; Hueck allerdings setzt sich zu seiner eigenen strikten Ablehnung der Justitiabilität in Widerspruch, wenn er an gleicher Stelle meint, die Sozialstaatsklausel verpflichte den Gesetzgeber bei der Neufassung von Rechtsnormen. Besteht nämlich — erkennbar für die Legislative wie für die Rechtsprechung — eine derartige Verpflichtung, so ist auch ein pflichtwidriges Verhalten der Legislative denkbar, das konsequenterweise zur Kollision der verabschiedeten Norm mit dem Verfassungsgrundsatz der Sozialstaatlichkeit führen muß.
[36] *Leibholz*, Verfassungsrecht u. Arbeitsrecht, S. 37; s. auch *Röhl*, DVBl 55, S. 183; vgl. weiter *W. Weber*, Grenzen, S. 431.
[37] Vgl. *Leibholz*, Die Zeit Nr. 21, S. 8.

Eigentümerverhalten nur dann als nicht der Verfassung entsprechend charakterisiert werden, wenn es einen besonderen Intensitätsgrad erreicht habe und evident sozialstaatswidrig sei[38].

Diese Auffassung von der begrenzten Justitiabilität der Sozialstaatsklausel hat verbreiteten Zuspruch vor allem aus dem Lager derer gefunden, die nach Verkündung des Grundgesetzes zunächst eine rechtliche Verbindlichkeit der Sozialstaatsklausel überhaupt geleugnet haben. Angesichts der offensichtlichen Abkehr der staatsinhaltsbestimmenden Mächte vom liberalen Rechtsstaat, dem in der Weimarer Zeit durch soziale Gewährungen bestenfalls kosmetische Verbesserungen der gesellschaftlichen Situation der Minderbemittelten gelungen waren, mußte die Nichtbeachtung dieses Grundelements der Verfassung durch Teile der Lehre desto unbefriedigender und unrealistischer werden, je mehr der Gesetzgeber der Bedeutung der Sozialstaatsklausel als Grundentscheidung Rechnung trug und auch die soziale Wirklichkeit ein entsprechend verändertes Gefüge zeigte.

Verfassungswidrig ist aber nicht jedes unsoziale Gesetz; nur „auf den ersten Blick völlig unsoziale Regelungen"[39] sollen nach dieser Auffassung an der sozialen Grundentscheidung scheitern. Freilich ist man sich in concreto keineswegs einig, wann das Maß des Unsozialen voll ist. Während Gallwas[40] die Verletzung gleich- oder höherrangiger Interessen anderer als „offenbar (evident) unsoziale Handlung" qualifiziert, finden andere im Bemühen, eine klare Abgrenzung zu ermöglichen zu Beispielen, denen dank ihrer Abwegigkeit eine Bedeutung als Orientierungsmaßstab schon nicht mehr beigemessen werden kann. So hält es Schüle[41] für sozialstaatswidrig, wenn Einkommensteuer nur bei Monatseinkommen von bis zu DM 300,— erhoben werde und Mehrverdiener von der Steuerpflicht befreit bleiben. Dicke[42] nennt es verfassungswidrig, wenn sich der Staat entschließen sollte, ausschließlich Unternehmen zu subventionieren, die eine gewisse Gewinnspanne überschreiten, um auf diese Weise die kleineren Betriebe zu vernichten.

Richterliche Anwendung der Sozialstaatsklausel zur Verhinderung evident unsozialer Handlungsweisen, Justitiabilität im krassen Extrembereich also, entspräche im Grunde der höchstrichterlichen Rechtsprechung zum Gleichheitssatz, die eine gesetzliche Regelung nur dann für verfassungswidrig hält, wenn ein sachlich plausibler Grund für sie

---

[38] Ebd., S. 8.
[39] *Nipperdey*, VVDStRL 12, S. 98; *Bethge*, S. 94.
[40] *Gallwas*, S. 64 f.
[41] VVDStRL 12, S. 107.
[42] *Dicke*, S. 131.

schlechterdings nicht gefunden werden kann⁴³. Nach dieser Auffassung von der begrenzten Justitiabilität der Sozialstaatsklausel ergibt sich also: Eine gesetzliche Regelung verstößt dann gegen die Sozialstaatsmaxime, wenn sie „evident sozial willkürlich" ist und sich vom Standpunkt keiner der existenten Sozialauffassungen her verteidigen läßt⁴⁴.

1.2.1.3. Uneingeschränkte Justitiabilität der Sozialstaatsklausel

Nun sind auch nach Meinung derer, die eine weitreichende Justitiabilität der Sozialsstaatsklausel für gegeben halten, die Art. 20 und 28 GG kein „verfassungsrechtliches Koordinatenkreuz"⁴⁵, in das der Richter jeden der ihm zur Entscheidung vorgelegten Tatbestände jeweils als „sozialstaatlich" oder „nicht sozialstaatlich" einordnen kann. Zur Entscheidungsfindung braucht aber gerade dem Verfassungsrichter ein derartig exaktes Bezugssystem nicht vorzuliegen. Seine Aufgabe ist es vielmehr, trotz und gerade wegen der mangelnden Konkretion der Sozialstaatsklausel im Grundgesetz den Umfang der alle Staatsgewalt bindenden sozialstaatlichen Verpflichtungen rechtlich zu bestimmen und ihre Erfüllung nachzuprüfen. Diese Fixierung des sozialen Pflichtenkreises bleibt demnach keineswegs dem kontrollfreien politischen Ermessen des Gesetzgebers überlassen⁴⁶.

Nicht mehr nur ganz ausnahmsweise und nur als Folge legislativer Willkür kann es dieser Auffassung nach zu einem feststellbaren Verstoß gegen die verfassungsmäßige Grundentscheidung kommen⁴⁷. Will der Richter nicht gegen oberstes Recht verstoßen, so hat er jedes Gesetz an Art. 20, 28 GG zu messen⁴⁸. Seine eigentliche Aufgabe liegt nicht darin, evidenten Fehlleistungen des Gesetzgebers auch noch ein judizielles Unwertzeugnis beizuheften; derart unbezweifelbare und jedermann einsichtige Mißgriffe, wie sie oben genannten Beispielen entsprechen, dürften dank einer schon auf unterer Stufe frühzeitig einsetzenden Kritik ohnehin nur in theoretischen Betrachtungen vorkommen.

Es wird vielmehr ständig ein Kreis von umstrittenen Fällen vorhanden sein, weder schwarz noch weiß, weder extrem unsozial, noch zweifelsfrei verfassungsgemäß, Fälle, die sich dem Gericht in verschiedenen Abstimmungen von Grau präsentieren. Auch dieses Be-

---
⁴³ Vgl. *Leibholz*, Die Zeit Nr. 21, S. 8; *Nipperdey*, VVDStRL 12, S. 98; *Benda*, S. 68; *Ipsen*, Grundrechte, Bd. II, S. 184 wirft dieser Rechtsprechung allerdings vor, durch sie werde die richterliche Gerechtigkeitsordnung zu Unrecht derjenigen der Legislative vorgeordnet.
⁴⁴ Vgl. *Benda*, S. 68.
⁴⁵ *Hecklinger*, S. 60.
⁴⁶ Vgl. *Hamann*, Grundgesetz, S. 31.
⁴⁷ Vgl. *v. Mangoldt/Klein*, S. 75.
⁴⁸ *Müller*, S. 526.

reichs hat sich der Verfassungsrichter anzunehmen. Er hat ihn — so die Vertreter dieser weitgehenden Auffassung — mit Hilfe des Sozialstaatsgrundsatzes zu durchdringen. Denn mit dem Verfassungsbekenntnis zum Sozialstaat sei eine bestimmte Grundvorstellung zur rechtlichen Struktur unseres Staats ausgesprochen, so daß es dem Sinn der Verfassung als einer Gesamtordnung des Rechts widerstreiten würde, wenn man jenes Bekenntnis nicht immer dann als Prüfungsmaßstab gebrauchte, wenn dies möglich und damit sachlich notwendig wäre[49]. Dem Sozialstaat drohe nämlich gerade dann Gefahr, wenn sich der Richter dem Bekenntnis zur Sozialstaatlichkeit nicht unmittelbar und unter allen Umständen verpflichtet fühle[50].

1.2.2. Die Auffassung der Rechtsprechung

Bereits oben wurden die Anwendung der Sozialstaatsmaxime durch das BVerfG und die obersten Bundesgerichte dargestellt. Sie soll nur schwerpunktmäßig unter neuer Akzentuierung wiederholt werden.

1.2.2.1. Die Ansicht des Bundesverwaltungsgerichtes

Vor allem in der Rechtsprechung des BVerwG[51] kommt zum Ausdruck, daß auch Grundrechte dann nicht in Anspruch genommen werden können, wenn dies den Bestand der für die Gemeinschaft notwendig in Anspruch genommenen Rechtsgüter verletzen würde. Dem Grundbekenntnis zum Sozialstaat — denn nichts anderem entspricht dieses Postulat der Subsidiarität individueller gegenüber gemeinschaftlicher Interessen — sind die allgemeine Handlungs- und Gestaltungsfreiheit, überhaupt die gewährleisteten Freiheitsrechte untergeordnet[52], da diese den Bestand der (staatlichen) Gemeinschaft, welche sie garantiert, voraussetzen. Mit anderen Worten: Die Sozialstaatsklausel hat als Teil der verfassungsmäßigen Ordnung freiheitsbeschränkende Funktion; nur nach Maßgabe des fundamentalen Bekenntnisses zur Sozialstaatlichkeit können die Individual(Freiheits-)rechte ausgeübt werden.

Für die Rechtsprechung des BVerwG folgt daraus: Nicht nur die eklatante Überbetonung der individuellen Freiheit durch legislative oder exekutive Maßnahmen zu Lasten der kollektiven Bindung ist verfassungswidrig; auch eine bloße Verschiebung von Präponderanzen wird durch das Gericht gewogen und widerspricht Art. 20 Abs. I GG. wenn das sozialstaatliche Prinzip nicht mehr ausreichend zur Geltung

---

[49] Vgl. *Müller*, S. 525 f.
[50] Vgl. *Schreiber*, S. 82 unter Hinweis auf *Groß*, S. 119.
[51] Vgl. etwa BVerwG DÖV 54, 725; DÖV 57, 85.
[52] Vgl. *Hecklinger*, S. 58.

1.2. Lehre und Rechtsprechung

kommt. Daß das ausgewogene Verhältnis zwischen persönlicher Freiheit und Gemeinschaftsverantwortlichkeit nicht erst bei evidenten, von niemandem anders als unsozial qualifizierten Handlungsweisen gestört ist, ergibt sich von selbst. Dementsprechend ist die Justitiabilität der Sozialstaatsklausel — zumindest nach Auffassung des BVerwG — auch nicht nur in solchen Extrembereichen gegeben.

1.2.2.2. Die Ansicht des Bundesverfassungsgerichtes

Das BVerfG[53] hat zunächst gezögert, die Sozialstaatsentscheidung des Grundgesetzes als für sich allein ausreichenden Kontrollmaßstab zu verwenden. Nur über die zwingend gebotene, sozial determinierte Auslegung der anderen Verfassungsnormen vermochte das Gericht der sozialen Grundentscheidung indirekte Wirksamkeit zu verschaffen[54].

In späteren Entscheidungen allerdings wird die Sozialstaatsklausel — wesentliche Grundentscheidung der Verfassung[55] — über ihre Bedeutung als (unselbständige) Auslegungsmaxime hinaus zu einem wesentlichen, häufig in Verbindung mit dem Gleichheitssatz[56], seltener auch isoliert angesprochenen Orientierungspunkt bei der Kontrolle staatlichen Handelns.

Begrenzte Justitiabilität war der Sozialstaatsklausel damit zugestanden. Die Rechtsprechung des Gerichts — die sich auch weiterhin nur punktuell auf dieses Prinzip bezieht — macht aber infolge ihrer Schwankungen nur unter Schwierigkeiten eine gesicherte Aussage über das in Anspruch genommene Maß an Justitiabilität möglich.

Das zeigt sich deutlich in einer Entscheidung des 1. Senats aus dem Jahre 1960[57]. Dort gesteht das Gericht dem Gesetzgeber bei der Lösung sozialstaatlicher Probleme einen weiten Raum für freie Gestaltung zu; Erwägungen, die die Entschließung der Legislative in diesem Ermessungsspielraum beeinflussen könnten, seien rechts- und wirtschaftspolitischer Natur. Für die Beurteilung der Verfassungskonformität legislativen Handelns genüge allein die Feststellung, daß der Gesetzgeber die Grenzen des ihm eingeräumten Ermessens nicht überschritten habe. Hier wird ein Verfassungsverstoß also nur bei besonders unsozialem Handeln des Staates feststellbar sein. Solche Mißgriffe sind denkbar, aber kaum wahrscheinlich. Die Wirkung der Sozialstaatsklausel wird auf eine negative Funktion beschränkt; sie stellt gewissermaßen eine letzte Bastion gegen soziale Willkür der staatlichen Macht dar.

---

[53] Auf die Darstellung der Rechtsprechung oben Teil A 4 wird verwiesen.
[54] Vgl. E 96, 102.
[55] E 6, 32, 41.
[56] Vgl. etwa E 9, 124, 131.
[57] E 10, 354.

In derselben Entscheidung[58] aber begnügt sich das Gericht an anderer Stelle nicht damit, lediglich das Nichtvorhandensein einer Ermessensüberschreitung zu konstatieren. Es stellt zwar fest, daß freiheitsbeschränkende Sozialgesetze dem Prinzip der Verhältnismäßigkeit und damit einer Grundforderung rechtsstaatlichen Handelns zu entsprechen hätten. Gleichzeitig aber nennt es Voraussetzungen, deren Beachtung notwendig sei, um übermäßige Einschränkung der Freiheit auf der einen Seite wie auch eine nicht wesensgerechte Geringschätzung des Sozialstaatsgrundsatzes auf der anderen Seite zu vermeiden.

Den Ausschlag gibt hier der Sozialstaatsgedanke. Soweit es erforderlich ist, den Schutz sozial schwächerer Bevölkerungsschichten sicherzustellen, kann die Freiheit des einzelnen eingeschränkt werden[59].

Eine uneingeschränkte, kompromißlose Priorität des Gemeininteresses vor der Individualfreiheit kann aber gewiß nicht einem sozialen Rechtsstaat dienen, dessen Ziel es ist, seinem Bürger soviel Freiheit wie möglich und soviel Gleichheit wie nötig zu schaffen. In Erkenntnis dessen hält das Gericht eine Freiheitsbeschränkung durch ein Sozialgesetz nur dann für nötig und dem Sozialstaatsgrundsatz entsprechend, wenn das Gesetz in Weiterentwicklung sozialer Schutzeinrichtungen auf bisher nicht schutzbedürftige Bevölkerungsgruppen einem objektiv bestehenden und subjektiv empfundenen gesteigerten Sicherheitsbedürfnis Rechnung trägt[60].

Diese — positiven — Voraussetzungen der Konformität gesetzlicher Regelungen mit der Sozialstaatsklausel des Grundgesetzes waren nach Ansicht des Gerichts bei der zu prüfenden Bayrischen Ärzteversorgung gegeben.

In einer späteren Entscheidung begnügt sich das Gericht wieder damit, die Verfassungsmäßigkeit eines Gesetzes im Hinblick auf einen möglichen Verstoß gegen die Sozialstaatsklausel mit der Begründung zu bejahen, es sei allein Sache des Gesetzgebers, inwieweit er die soziale Schutzwürdigkeit bestimmter Gruppen anerkennen wolle. Die getroffene gesetzliche Maßnahme — die im konkreten Fall einen besonderen Schutz betroffener Kleinaktionäre nicht vorsah — widerspreche dem Sozialstaatsprinzip daher nicht[61].

---

[58] Ebd., S. 369.

[59] Vgl. auch BVerfG NJW 72, 1561, 1565 (numerus-clausus-Entscheidung) wo das Gericht allerdings das Gebot sozialer Gerechtigkeit zu Unrecht im Gleichheitssatz konkretisiert sieht; vgl. dazu auch unten „Exkurs".

[60] Vgl. auch E 20, 251, wo eine ähnliche Abgrenzung hinsichtlich der Sozialbindung des Eigentums getroffen wird.

[61] E 14, 163, 286.

1.2. Lehre und Rechtsprechung

Die bemerkenswerte und an sich notwendige Zurückhaltung des Verfassungsgerichts gegenüber Maßnahmen der Legislative[62] erweckt in diesem Falle Bedenken. Sie erlaubt den Schluß, daß das Gericht nicht anzunehmen scheint, die Sozialstaatsklausel enthalte eine nachprüfbare Verpflichtung des Gesetzgebers zu sozialem Handeln, wenn für solche Aktivität ein Anlaß gegeben ist.

Wiederum anders wird die Sozialstaatsklausel in einer Entscheidung aus dem Jahre 1963 gewertet[63]. In dem Verfahren war die Verfassungsmäßigkeit des § 368 a RVO geprüft und bejaht worden. Zwar wurde auch in diesem Fall dem Gesetzgeber ein gewisser Spielraum bei der Regelung der allgemeinen Krankenversicherung zugestanden. Bei Anwendung des Sozialstaatsprinzips als Prüfungsmaßstab gestattete es sich hier jedoch das Gericht, über die Grenzen bloßer Willkürkontrolle hinauszugehen. Die entsprechende Norm war nicht deswegen verfassungsmäßig, weil es für das Gericht nicht möglich war, ein unbezweifelbar unsoziales Verhalten des Gesetzgebers festzustellen. Sie entsprach dem Sozialstaatsprinzip vielmehr deswegen, weil die Legislative bei ihrer Formulierung eine Anzahl positiver Kriterien beachtet hatte.

Dem Gesetzgeber war es nach Ansicht des Gerichts aufgegeben, bei der Regelung der sozialen Krankenversicherung zwischen zwei Erfordernissen abzuwägen: Auf der einen Seite war dem Versicherten eine möglichst gute ärztliche Versorgung zu verschaffen; auf der anderen Seite durften die Beiträge nicht übermäßig hoch werden. Diese Interessen der Beteiligten hat das Parlament mit seiner Regelung nach Auffassung des Gerichts sorgfältig gegeneinander abgewogen. Die geprüfte Norm könne deshalb nicht dem Sozialstaatsprinzip widersprechen[64].

Aus der Argumentation des Gerichts ergibt sich, daß eine einseitige Begünstigung der Ärzteschaft oder des Versicherten, hervorgerufen durch weniger sorgfältige Interessenabwägung die Sozialstaatswidrigkeit des Gesetzes begründen könnte, selbst wenn offensichtlich unsoziales Handeln des Gesetzgebers nicht gegeben ist. Die Justitiabilität der Sozialstaatsklausel reicht hier also deutlich über die Feststellung der Verfassungswidrigkeit evident unsozialer Regelungen hinaus, wie sie etwa die ersatzlose vollständige Abschaffung der sozialen Krankenversicherung darstellen würde.

---

[62] Vgl. BVerfG NJW 73, 1539, 1540 — Urteil zum Grundvertrag mit der DDR.
[63] E 16, 286.
[64] Ebd., S. 304.

Auch in einer Entscheidung im 17. Band[65] begnügt sich das Gericht nicht damit, festzustellen, daß die zu prüfende Norm nicht dem Prinzip der Sozialstaatlichkeit widerspreche. Es konstatiert vielmehr, daß es hinsichtlich fürsorgerischer Leistungen dem Gedanken der Sozialstaatlichkeit am ehesten entspreche, wenn soziale Ausgleichsleistungen durch den Gesetzgeber nur dorthin gelenkt würden, wo im Einzelfall ein Bedarf festgestellt werde. Bei seiner Regelung der Hinterbliebenenrente und des Kinderzuschusses habe der Gesetzgeber dieser Tendenz und damit dem Grundsatz der Sozialstaatlichkeit entsprochen. Art. 20 GG stehe der Verfassungsmäßigkeit der geprüften Norm daher nicht entgegen.

Der Vorrang des Sozialstaatsprinzips vor dem Gleichheitssatz begründet nach Auffassung des Gerichts[66] die Verfassungsmäßigkeit von staatlichen Maßnahmen, auf Grund deren Bevölkerungsgruppen oder Einzelpersonen unterschiedliche soziale Leistungen gewährt werden. Immer dann, wenn eine Differenzierung nach dem Grade sozialer Schutzbedürftigkeit erfolge oder aber wegen des Umfangs der zu leistenden Hilfe diese schwerpunktmäßig auf die Beseitigung extremster Härten beschränkt werde, diene eine derart ungleiche Begünstigung der Erlangung sozialer Gerechtigkeit. Sie entspricht damit nach Auffassung des Gerichts dem Sozialstaatsprinzip, welches — insoweit justitiabel — den Gleichheitsgrundsatz verdrängt.

Auch in einer der letzten einschlägigen Entscheidungen[67] entnimmt das Gericht der Sozialstaatsklausel das Gebot an den Gesetzgeber, auf die Belange der schwächeren Schichten der Bevölkerung Rücksicht zu nehmen. Dies rechtfertige eine ungleiche Behandlung, die im Rahmen einer auf das Ziel der sozialen Gerechtigkeit ausgerichteten Steuerpolitik sogar zur völligen Freistellung von bestimmten Abgaben führen könne.

Wie die Reihe der auszugsweise dargestellten Entscheidungen des BVerfG zeigt, hat das Gericht seine Auffassung über die Justitiabilität der Sozialstaatsklausel in bemerkenswertem Umfange geändert. Nachdem zunächst eine Verwendung dieser Verfassungsbestimmung als Prüfungsmaßstab im Normenkontrollverfahren überhaupt abgelehnt und lediglich ein — wenn auch sehr wesentlicher — Einfluß des sozialen Gedankens auf die rechtliche Gestalt der übrigen Verfassungsnormen akzeptiert wurde, zeigen spätere Entscheidungen ein gewandeltes Verständnis dieser elementaren Grundentscheidung der Verfassung. Diese wird — obschon konkretisierungsfähig und -bedürftig — doch

---

[65] E 17, 1.
[66] E 23, 135, 145; E 27, 253, 292.
[67] E 29, 402.

1.2. Lehre und Rechtsprechung

immerhin juristischer Auslegung für soweit zugänglich gehalten, daß ihr ein Verbot extrem unsozialer staatlicher Akte entnommen werden kann; solche Maßnahmen, die unter keinem Blickwinkel als noch sachlich gerechtfertigt zu qualifizieren sind, verstoßen gegen das in diesem Extrembereich justitiable Sozialstaatsprinzip des Grundgesetzes.

Auch von dieser strengen Auffassung begrenzter Justitiabilität hat sich das Gericht im Laufe der Zeit einen entscheidenden Schritt entfernt. Der Klausel wird nunmehr eine Reihe positiver Konkretisationen entnommen, die vom Gericht ad hoc formuliert werden und denen die jeweilige gesetzliche Maßnahme — oder im Rahmen richterlicher Selbstkontrolle die gerichtliche Entscheidung — mindestens zu entsprechen hat, um noch mit der verfassungsmäßigen Ordnung, wie sie auch durch die Sozialstaatsklausel mitbestimmt wird, übereinzustimmen.

Es darf allerdings nicht verkannt werden, daß das Gericht bei der Formulierung derartiger Kautelen sich größte Zurückhaltung auferlegt und immer wieder betont, es sei zunächst Sache des Gesetzgebers, das Sozialstaatsbekenntnis durch Differenzierung der abstrakten Formulierung des Grundgesetzes mit Leben zu erfüllen.

Der Weg zur Erreichung sozialstaatlicher Ziele bleibt der Legislative grundsätzlich zur freien Wahl gestellt. Das Gericht fixiert lediglich die Existenz solcher Ziele und die Verpflichtung des Gesetzgebers, diesen Zielen so nahe als möglich zu kommen. Das Gericht hält es dabei nicht für seine Aufgabe, weniger geeignete Methoden zu blockieren und nur die Beschreitung des seiner Meinung nach optimalen Annäherungsweges zu gestatten[68]. Es hat aber deutlich gemacht, daß der durch den Staat garantierte Freiheitsraum — einst oberstes Ziel der um die Menschenrechte kämpfenden Untertanen des 18. und 19. Jahrhunderts — im Wertesystem des Grundgesetzes zur Funktion höherbewerteter Kollektivbedürfnisse wird[69].

Für die Untersuchung der Justitiabilität der Sozialstaatsklausel bleibt festzuhalten, daß diese Bestimmung vom BVerfG rationaler Auslegung für zugänglich gehalten wird. Diese Erkenntnisfähigkeit bestimmt den Grad der Justitiabilität. Es zeichnet sich hier in dem weiten Wirkbereich der verfassungsgestaltenden Grundentscheidung für den sozialen Rechtsstaat die Verdichtung des Festpunktnetzes konkretisierter Aussagen durch jurisdiktionelle Methodik ab.

---

[68] Vgl. E 22, 180, 204.
[69] Vgl. BVerfG NJW 72, 1561, 1565.

1.3. Justitiabilität der Sozialstaatsklausel (Eigene Ansicht)

Für die eigene Beantwortung der Frage nach der Anwendbarkeit des Sozialstaatsprinzips als Maßstab im Normenkontrollverfahren muß davon ausgegangen werden, daß es sich bei der Sozialstaatsklausel der Art. 20, 28 GG wie dargestellt um eine verfassungsgestaltende Grundentscheidung und damit um eine verbindliche Formulierung politischer Grundwerte durch den Verfassungsgeber handelt[70].

Art. 20 Abs. I GG konstatiert, die Bundesrepublik sei ein sozialer Bundesstaat, während Art. 28 Abs. I GG festlegt, daß die verfassungsmäßige Ordnung in den Ländern den Grundsätzen des sozialen Rechtsstaates im Sinne des Grundgesetzes zu entsprechen habe. Der Wortlaut der Bestimmungen bietet dem Richter wenig Anhalt für die Erfassung ihrer Bedeutung. Aber auch im Grundrechtsteil der Verfassung ist derartige Abstraktheit nicht ungewöhnlich. Wenn aus einer solchen Norm gesicherte Erkenntnisse im justizförmigen Verfahren abzuleiten sind, so ermangelt sie zumindest insoweit nicht der Justitiabilität.

1.3.1. Justitiabilität der Sozialstaatsklausel bei Verletzung des Kernbereiches

Es konnte festgestellt werden, daß es im sozialen Staat eine Anzahl von Einrichtungen gibt, deren Vorhandensein oder Vorhandenbleiben die staatliche Gemeinschaft deswegen fordert, weil sie von der unabänderlichen Notwendigkeit der Existenz gerade dieser Institutionen überzeugt ist.

Diese sozialen Systeme kann der Gesetzgeber reformieren; er kann sie jedoch nicht ersatzlos beseitigen ohne durch derartiges Verhalten in einer Weise gegen das verfassungsrechtliche Sozialstaatsgebot zu verstoßen, die — entsprechend der einheitlichen Überzeugung von der essentiellen Notwendigkeit gerade der betroffenen Einrichtungen — als evident und unbezweifelbar verfassungswidrig eingestuft würde.

Justitiabel ist das Sozialstaatsprinzip des Grundgesetzes also insoweit, als sich ihm entnehmen läßt, daß jede mehr als nur unwesentliche Beeinträchtigung des anerkannten und unbestrittenen Kernbereichs des soizalen Staates verfassungswidrig ist.

Es ist dabei ohne Bedeutung, ob diese Beeinträchtigung die Folge legislativer Aktivität ist, oder ob sie durch letztinstanzliche Urteile hervorgerufen wird; diese sind durch das Verfassungsgericht aufzuheben, wenn den aus dem Kernbereich der Sozialstaatsklausel fließenden Forderungen nicht ausreichend Rechnung getragen wurde[71].

---

[70] Vgl. oben Teil A, 5.
[71] Ein solcher Fall wäre vor allem dann gegeben, wenn aus der Sozialstaatsmaxime sich unmittelbare Forderungsrechte des einzelnen gegen den

1.3. Eigene Ansicht

Die Sozialstaatsbestimmung ermöglicht es also immerhin, einen Kern gefestigter Auslegung zu formen. In diesen Grenzen ist es der Verfassungsrechtsprechung ohne weiteres gestattet, die verfassungsgestaltende soziale Grundentscheidung bei der Normenkontrolle als geltendes Verfassungsrecht anzuwenden, ohne daß diese weiterer Präzisierung oder Konkretion durch Legislative oder Rechtsprechung bedürfte. Wie oben gezeigt wurde, ist eine derart begrenzte Justitiabilität der Sozialstaatsklausel in Rechtsprechung und Lehre mittlerweile auch weitgehend anerkannt[72].

1.3.2. Justitiabilität des Bereichs des Halbschattens der Sozialstaatsklausel

Außerhalb dieses auf gefestigter Auslegung beruhenden justitiablen Kernbereichs findet sich eine Zone umstrittener Fallgestaltungen, in welcher die Verfassungsbestimmung nach Wortlaut und systematischer Einordnung weder ohne weiteres anzuwenden noch eindeutig leerlaufend sein wird.

1.3.2.1. Die „Probleme des Halbschattens"

Die Probleme, die außerhalb des harten Kerns berechenbarer und gefestigter Auslegung zu finden sind, sind die „Probleme des Halbschattens" („penumbra") genannt worden[73]. Sie sind keine Besonderheit des Grundgesetzes; sie ergeben sich bei der Anwendung städtischer Ordnungsvorschriften ebenso wie im Bereich der vieldimensionalen Abstraktionen einer Verfassung[74]. Wenn aber eine derartige Zone des Ungewissen um alle Rechtsnormen liegt, dann kann ihre konkrete Anwendung im Bereiche des Halbschattens nur mehr eingeschränkt das Ergebnis logischer Deduktion sein; hinzu tritt ein Element der Dezision[75].

Staat ergeben und diesen Rechten im Urteil nicht entsprochen würde. Die Frage, ob etwa ein Hilfebedürftiger aus der Sozialstaatsklausel einen klagbaren Rechtsanspruch auf Fürsorgeunterstützung ableiten kann, ist lebhaft umstritten, vgl. statt aller *v. Mangoldt/Klein*, S. 606 m. w. N. sowie *Brunner*, S. 29; auf sie soll an dieser Stelle nicht näher eingegangen werden.

[72] s. oben Teil C, 1.2.
[73] Vgl. *H. C. A. Hart*, S. 607 ff.
[74] Vgl. *Kant*, Streit, S. 20, der hinweist auf „die Klage der Juristen, daß es beinahe vergeblich sei, eine genau bestimmte Norm der Rechtspflege zu hoffen".
[75] *Hart*, ebd., meint allerdings, Entscheidungen im Bereiche des „Halbschattens" seien durch deduktive Ableitung überhaupt nicht zu erlangen. Er scheint aber außer acht zu lassen, daß auch außerhalb des Kernbereichs einer Norm die dort erlangten gesicherten Deduktionsergebnisse Wirksamkeit entfalten. Wenn es auch nicht gelingen kann, „Probleme des Halbschattens" mit ihrer Hilfe in vollem Umfange zu lösen, so wird durch die

Dennoch kann und muß die rechtliche Argumentation und die rechtliche Entscheidung rational sein. Ihre Rationalität verbürgt ihre Zugehörigkeit zur Rechtsprechung. Sie hat jedoch nicht nur die logische Bezugnahme auf gegebene Voraussetzungen zum Inhalt[76].

1.3.2.2. Durchdringung des Bereichs des „Halbschattens" durch Legislative oder Jurisdiktion

Geht man davon aus, daß jeder Norm ein mehr oder weniger ausgedehnter Bereich der Ungewißheit zugeordnet ist, so wird zur entscheidenden Frage, durch wen die Präzisierung der normativen Bestimmung, die Ausweitung ihres justitiablen Bereichs, ihre Justitiabilisierung zu erfolgen hat.

Die Beantwortung der Frage hat unmittelbare Bedeutung für das Maß der Justitiabilität der Norm. Hält man nämlich die Konkretion nur dann für zulässig, wenn sie durch die gesetzgebende Körperschaft erfolgt, so bleibt die Rechtsprechung darauf angewiesen, den Weg der Anwendung gesetzlicher Bestimmungen nur soweit zu gehen, als er von der Legislative durch Begriffe geebnet wird, die eindeutiger Auslegung zugänglich sind. Mit anderen Worten: Zwar bleibt es der Legislative überlassen, den Bereich des Halbschattens um die notwendig unpräzisen Rechtsnormen zu verringern. Die Rechtsprechung wird jedoch immer in ihrer Anwendung der Norm auf den (nun ausgedehnten aber immer noch engen) Bereich vorgefertigter Auslegung beschränkt bleiben.

Anderes gilt, wenn es dem Richter gestattet sein soll, dort eine Wahl zwischen den Alternativen zu treffen, wo die Entscheidung einer konkreten Rechtsfrage nicht auf der Hand liegt. Seine Aufgabe wäre es dann, die Konkretisierung der Sozialstaatsklausel durch Dezision auch in dem Bereich herbeizuführen, welcher außerhalb des Kerns a priori gesicherter Auslegung sich erstreckt. Der Richter selbst erweitert so die Justitiabilität der Norm -- ein Verfahren, dessen rechtsstaatliche Unbedenklichkeit im Hinblick auf den Grundsatz der Trennung der Gewalten im folgenden eingehend zu untersuchen ist, bevor abschließend zur Verwendbarkeit der Sozialstaatsklausel als Prüfungsmaßstab im Normenkontrollverfahren Stellung genommen werden kann.

---

feststehenden „Kernelemente" normgemäßen Verhaltens doch der Raum dezisionistischer Betätigung des Richters von vornherein weitgehend eingeschränkt sein.

[76] Vgl. *Hart*, ebd.

2. Justitiabilisierung der Sozialstaatsklausel

2.1. Justitiabilisierung durch legislatives Handeln

In seiner schon wiederholt angesprochenen Entscheidung im ersten Band[77] führt das BVerfG aus, das Wesentliche zur Verwirklichung des Sozialstaates könne nur der Gesetzgeber tun[78]. Hieraus ist gefolgert worden, es sei ausschließlich Sache des Gesetzgebers, die Justitiabilität der Sozialstaatsklausel herzustellen[79].

Ebenso wird — in bezug auf Art. 3 GG — die Auffassung vertreten, die in der Verfassung getroffene Entscheidung für parlamentarische Demokratie und Gewaltenteilung ließe es nicht zu, daß das BVerfG durch unanfechtbare Entscheidungen genau wie der Verfassungsgeber selbst den allgemeinen Gleichheitssatz konkretisiere und damit Normen setze[80].

Es mag an dieser Stelle dahinstehen, ob die Berechtigung, die weiten Sätze der Verfassung zu konkretisieren und auf diese Weise ihre Justitiabilität auszudehnen, ausschließlich auf den Gesetzgeber beschränkt bleibt, oder ob auch andere verfassungsmäßige Funktionsträger ihren Beitrag zur Verwirklichung der verfassungsmäßigen Grundentscheidungen leisten. Jedenfalls steht fest, daß es auch Aufgabe der Legislative ist, den die Sozialstaatsklausel umgebenden Halbschatten ungewisser Anwendbarkeit durch normative Konkretisierung auszuleuchten[81].

2.1.1. Justitiabilisierung durch einfaches Gesetz

Gerade die Sozialstaatsklausel ist vom Gesetzgeber mit ganzen Systemen einfacher Gesetzgebung „erfüllt" worden. Sozialrecht, Eigentumsrecht, insbesondere auch das Arbeitsrecht sind auf einen Grundnenner zu bringen, der gleichzeitig maßgebender Inhalt der Sozialstaatsmaxime ist: Schutz der Schwächeren und Beschränkung der Starken.

Es führte zu weit, hier einen umfassenden Überblick über die in diesen normativen Regelungen im einzelnen zur Ausprägung kommen-

---

[77] E 1, 97.
[78] Ebd., S. 105.
[79] Vgl. *Scheuner*, Institutionelle Garantien, S. 98: „Sie (scil: die sozialen Grundrechte) können erst durch umfassenderes Tätigwerden des Staates verwirklicht werden, auf ein solches Tätigwerden des *Gesetzgebers* aber gibt es keinen individuellen Anspruch." Ähnlich *Abendroth*, VVDStRL 9, S. 127; vgl. auch *v. Mangoldt/Klein*, Vorb. A IV, 3.
[80] *F. Klein*, DÖV 64, S. 475; *Fuss*, Richterliche Prüfung, S. 14 f.; a. A. zu Recht *Leibholz*, Gleichheit, S. 9.
[81] Vgl. *Hecklinger*, S. 62; *K. Hesse*, Grundzüge, S. 210; *Wiethölter*, S. 45.

den sozialen Konkretionen geben zu wollen. Sie sind gerade auf dem Gebiete des Arbeitsrechts unübersehbar[82]. Lediglich einige dieser Konkretisierungen sollen aufgeführt werden.

Als eine Konkretion, die möglicherweise bereits dem elementaren Kerngehalt der Sozialstaatsklausel zugehört[83], ist in § 1 Abs. 2 BSHG der Grundsatz ausgesprochen, daß dem Menschen vom Staat soweit Hilfe zu gewähren ist, als er selbst nicht in der Lage ist, sein Dasein menschenwürdig zu gestalten[84].

Im Eigentumsrecht präzisieren die Vorschriften über die Enteignung die Sozialbindung des Eigentums[85], während im Arbeitsrecht neben anderen die Gesetze über Jugend- und Frauenschutz sowie die Kündigungsschutzgesetze als Ausfluß der Sozialstaatsklausel gelten können.

Je mehr solcher regelmäßig sehr umfangreichen und detaillierten gesetzlichen Regelungen angeführt werden, desto dringlicher stellt sich allerdings die Frage, ob wirklich jede dieser Detailregelungen als vom Gesetzgeber gewollte Konkretisierung der grundlegenden Verfassungsentscheidung und damit doch letztlich materiell als Verfassungsrecht angesehen werden kann[86].

Formale Bedenken fallen dabei zunächst ins Auge. Sie resultieren aus der Tatsache, daß die einfachen Gesetze mit einfacher Mehrheit verabschiedet werden und so — wenn auch verschleiert — die vertikale Gewaltentrennung durchbrochen wird: Die Wertungen der Konkretisierungsnorm werden in die Verfassung aufgenommen, obwohl deren Änderungen nur durch qualifizierte Mehrheiten zustandekommen sollen[87].

Aber die materiellen Schwächen wiegen schwerer: Durch derartige „Gesetzmäßigkeit der Verfassung"[88] wird die Normenkontrolle ad absurdum geführt. Wie könnte Prüfungsmaßstab sein, was selbst geprüft werden soll und wie soll ein einfaches Gesetz an der Verfassung gemessen werden, wenn diese „jeden Augenblick von unten", also auch aus ihm, erstmals ihre Inhaltserfüllung erfährt[89]?

---

[82] Vgl. dazu *W. Reuss*, S. 12 ff.
[83] *Esser*, Denken, bezeichnet den Grundsatz der Gewährung des Existenzminimums als den „Quasi-Naturrechtsgehalt" der Sozialstaatsmaxime.
[84] Vgl. zu Historie und ethischem Gehalt dieses Grundsatzes *Weisel*, S. 38 f.
[85] Vgl. *Ramm*, S. 169 f., der das Sozialstaatsprinzip als progressive Einschränkung des Eigentums charakterisiert; s. auch *Lenz*, S. 219.
[86] Vgl. zur Problematik der Konkretisierung der Grundrechte aus Unterverfassungsrecht *Pestalozza*, S. 440.
[87] Art. 79 Abs. 2 GG; vgl. hierzu auch *Leisner*, JZ 64, S. 205; ders., Gesetzmäßigkeit der Verfassung, S. 39.
[88] *Leisner*, JZ 64, S. 205.
[89] *Leisner*, JZ 64, S. 205.

2.1. Justitiabilisierung durch legislatives Handeln

Wenn Leisner allerdings beklagt, durch ständig sich verstärkende Gesetzmäßigkeit der Verfassung werde schließlich die Verfassung selbst beseitigt, so dürfte dieses Bild — wie er wohl auch selbst zugibt — doch zu schwarz gezeichnet sein. Denn längst nicht jede Verfassungsbestimmung ist überhaupt ausgedehnter einfach-gesetzlicher Konkretisierung zugänglich; und wenn auch zuzugeben ist, daß, je weiter die Geltung und je höher der normative Rang der Verfassungsbestimmung, desto geringer die immanente Konkretheit ist, so darf doch nicht übersehen werden, daß — wie gezeigt — auch den allgemeinsten dieser Grundsatznormen ein fester Kern erkennbaren und erkannten Inhalts zukommt, der durch niederrangige Systematik nicht zu verändern ist.

Dennoch bleibt die Frage, wie weit der Gesetzgeber Unsicherheiten der Verfassungsauslegung durch Rezeption einfachen Rechts in die Verfassung beseitigen kann. Daß dies eine ihm übertragene Aufgabe ist und daß ihm damit die Kompetenz an sich zusteht, kann nach allem nicht zweifelhaft sein[90].

Um die — wie Leisner[91] formuliert — Scylla der gesetzmäßigen Verfassung zu vermeiden, ohne an der Charybdis einer kaum noch justitiablen, weitgehend proklamatorischen Verfassung zu scheitern, gibt es nur einen Weg: Die Verfassung darf nicht durch detaillierte Auslegungsregeln, deren Authentität durch Normativierung nachgewiesen ist, überschwemmt werden. So verlöre sie weitgehend Rang und Charakter als *Grundgesetz*[92]. Lediglich die wesentlichen Prinzipien der einfachen Gesetzgebung können als Konkretisierungen in die Verfassung mit einbezogen werden[93]. So wird es sich bei der im Bundesurlaubsgesetz festgelegten Mindesturlaubszeit von 15 Werktagen für jeden Arbeitnehmer nicht um eine Konkretisierung der Sozialstaatsklausel handeln, die ihre Justitiabilität derart ausweitet, daß jeder widersprechende staatliche Akt als verfassungswidrig einzustufen ist. Wohl aber kann der Tatsache eingehender Regelung arbeitnehmerischer Urlaubsansprüche entnommen werden, daß das Recht auf Urlaub an sich zu den Hauptfundamenten des modernen Arbeitsrechts gehört, welches auf diese Weise am verfassungsgesetzlichen Rang der Sozialstaatsklausel teilhat. Das bedeutet: Das Recht auf Urlaub ist — wie die

---

[90] *Majewski*, Auslegung, kritisiert in diesem Zusammenhang den unzulässigen Verfassungsbegriff Leisners, der zu Unrecht dem politisch-dynamischen Lebensprozeß des Staates entzogen werde.

[91] JZ 64, S. 205

[92] Ähnlich *Kontiades*, S. 116, der auf die Gefahr der Aufgabe der Eigenständigkeit der Verfassung bei ausschließlichem Zurückgreifen auf (verfassungs-?) und gesetzmäßige Konkretisierungen hinweist.

[93] So auch *Leisner*, JZ 64, S. 201 f.

ähnlich zentralen Ideen etwa des Sozial- oder des Eigentumsrechts — Teil des Inhalts der Sozialstaatsklausel, die insoweit justitiabel ist[94]. Das bedeutet aber nicht die „ungebührliche Festlegung"[95] der Sozialstaatsklausel auf den unterverfassungsrechtlichen status quo der Urlaubs- oder anderer Gesetze sozialen Gehalts.

2.1.2. Justitiabilisierung durch Verfassungsgesetz: Bestehende verfassungsgesetzliche Konkretisierungen der Sozialstaatsklausel

Neben der Konkretisierung der Sozialstaatsklausel durch unterverfassungsrechtliche Normsetzung steht dem Gesetzgeber grundsätzlich auch die Möglichkeit offen, die verfassungsgestaltende Grundentscheidung für den sozialen Rechtsstaat durch „einfaches" Verfassungsrecht zu konkretisieren. Man wird hier sicherlich nicht der Auffassung Bachofs[96] folgen können, der einen unmittelbaren Vollzug der Sozialstaatsklausel nur insoweit für möglich hält, als diese in den Grundrechten eine nähere Ausgestaltung gefunden habe. Im Hinblick auf die Gefahren der „Gesetzmäßigkeit der Verfassung" ist es allenfalls vertretbar[97], eine Justitiabilität der Klausel nur insoweit anzunehmen, als durch grundgesetzliche Bestimmungen der unbestimmte Außenbereich konkretisiert und damit richterlicher Auslegung zugänglich gemacht ist[98].

Bei der Ausformung der Sozialstaatsklausel durch Verfassungsrecht wird der Gesetzgeber weniger darauf zu achten haben, daß die formell verfassungsmäßige Verfassungsänderung den vorgeordneten unabänderlichen Leitprinzipien des Rechts und der Verfassung entspricht. Das BVerfG hat zwar die Denkmöglichkeit verfassungswidriger Verfassungsnormen bei „Verletzung äußerster Gerechtigkeitsgrenzen" bejaht, jedoch mit Recht erklärt, daß diese theoretische Möglichkeit bei einem freiheitlich demokratischen Verfassungsgeber „einer politischen Unmöglichkeit nahezu gleichkommt"[99].

Eine wesentlichere Einschränkung seiner konkretisierenden Tätigkeit dürfte dem Gesetzgeber dadurch erwachsen, daß er sich im Rahmen der durch das Sozialstaatsprinzip getroffenen Grundentscheidung zu

---

[94] Vgl. die zurückhaltende Stellungnahme des BVerfG in E 7, 353.
[95] Pestalozza, S. 441.
[96] VVDStRL 12, S. 43.
[97] Wenn auch nach dem oben Gesagten zu eng.
[98] Ähnlich Leibholz, Verfassungsrecht u. Arbeitsrecht, S. 37: „Die Maxime vom sozialen Rechtsstaat ist im Prinzip für sich allein nicht justitiabel, weil sie ohne Zuhilfenahme anderer grundgesetzlicher Bestimmungen nicht einen rational verläßlichen Maßstab enthält, an dem eine rechtliche Entscheidung orientiert werden kann."
[99] BVerfG 3, 225, 233; vgl. auch BVerfG NJW 71, 275 — Abhörurteil —.

2.1. Justitiabilisierung durch legislatives Handeln

halten hat. Gelingt ihm dies nicht, so ändert er zwar die Verfassung; eine Präzisierung der konkretisierungsbedürftigen Außenbereiche der Sozialstaatsklausel ist damit aber nicht erreicht.

In Rechtsprechung und Lehre sind eine Reihe von Verfassungsnormen als Konkretisierungen der Sozialstaatsklausel angesehen worden. Das gilt vor allem für die mit gemeinschaftsbezogenen Einschränkungen versehene Eigentumsgarantie des Art. 14 GG.

2.1.2.1. Art. 14 GG

Noch immer dient die Eigentumsgarantie ihrem hergebrachten Zweck, die Grundlage und das ordnende Element für eine möglichst unabhängige Existenzerhaltung und eigenverantwortliche Lebensgestaltung zu sichern[100]. Die wirtschaftliche Existenz des einzelnen ist im modernen Staat aber für die Masse der Bürger weitgehend von der (sozial-)staatlichen Gewährung materieller Rechtspositionen abhängig. Dem ist durch Relativierung des Eigentumsrechts mittels Einbeziehung der Gemeinwohlklausel des Art. 14 Abs. 2 GG Rechnung getragen. Diese Sozialbindung ist als Ausdruck sozialstaatlicher Gemeinschaftsbezogenheit ein Teilausschnitt des allgemeinen Sozialstaatsgedankens und nicht, wie Weber[101] annimmt, eine eigene eigentumsspezifische Sozialklausel, welche die Maxime des Art. 20 verdrängt[102]. Im Sozialstaat, der dem Rechtsinhaber grundsätzlich größere Verantwortung der Gemeinschaft gegenüber und damit stärkere Beschränkung seiner freien Verfügungsmacht auferlegt, hat der Eigentümer daher die ihm zumutbare und verhältnismäßige Entziehung des Eigentums zu dulden, wenn dadurch Rechtsgüter der Gemeinschaft (und damit letztlich der Eigentümer selbst) vor Gefahren geschützt werden[103]. Insoweit konkretisiert Art. 14 Abs. 2 GG das Sozialstaatsprinzip.

Die sozialstaatliche Maxime von dem eventuellen Vorrang der Interessen der Allgemeinheit vor Individualinteressen kommt auch im Junktim des Art. 14 Abs. 3 GG zum Ausdruck, wo nach Auffassung des BVerfG[104] der Grundgesetzgeber durch obligatorische Beteiligung des Gesetzgebers an der Entschädigungsregelung die Voraussetzung für

---

[100] Vgl. *Schreiber*, S. 126.
[101] Grenzen, S. 436.
[102] Vgl. BVerfGE 20, 351, 361; s. auch *Leibholz*, Die Zeit Nr. 21, S. 8; kritisch *Zacher*, S. 369, der davor warnt, das Sozialstaatsprinzip im Sinne einer allgemeinen Gemeinschafts- und Gemeinwohlbindung mißzuverstehen, weil dadurch dessen spezifischer Sinn entkräftet werde. Zacher gibt allerdings keinen Hinweis darauf, worin er den „spezifischen Sinn" der Sozialstaatsklausel sieht.
[103] Vgl. BVerfGE 20, 351, 361; BVerfG NJW 72, 1561, 1565.
[104] BVerfGE 4, 219, 235.

eine *generell* sachgemäße Abgrenzung der Interessen der Allgemeinheit und des von der Enteignung betroffenen einzelnen geschaffen hat[105].

2.1.2.2. Art. 9 GG

Vereinigungsfreiheit und Schutz der eingegangenen Vereinigungen in Art. 9 GG sind ebenfalls Ausfluß sozialstaatlichen Denkens. Ihre Rolle für das soziale Leben und die Gestaltung der Sozialordnung kann heute weniger denn je übersehen werden. Das BVerfG hat demzufolge auch deutlich gemacht, in den durch Art. 9 Abs. 3 GG geschützten Bereich müsse die Tätigkeit der Koalitionen im Personalvertretungswesen (entsprechend der Regelung in Art. 165 Abs. 1 WRV) heute vor allem deswegen einbezogen werden, weil sich das Grundgesetz ausdrücklich zum sozialen Rechtsstaat bekenne[106]. Das Sozialstaatsprinzip sei in diesen Vorschriften der Weimarer Verfassung[107] bereits konkret ausgeformt gewesen.

Die sozialstaatliche „Besitzstandswahrung"[108] verbietet es nach Ansicht des Gerichts, diese historische Konkretisierung des Sozialstaatsprinzips im grundgesetzlichen System außer acht zu lassen.

2.1.2.3. Art. 12 GG

Auch Art. 12 GG ist als Konkretisierung der Sozialstaatsklausel angesehen worden. Danach soll dem wirtschaftlich Schwachen das Recht zustehen, vom Staat derart gefördert zu werden, daß er einen im Rahmen seiner intellektuellen Fähigkeiten liegenden Beruf ergreifen kann[109].

Damit ist aber das — bedeutsame — Bürgerrecht der Berufsfreiheit wohl doch zu weit gefaßt. Wenn schon ein status positivus anerkannt wird, kraft dessen dem einzelnen ein Anspruch auf staatliche Förderung seiner Ausbildung zusteht, so dürfte dieser Anspruch seine Grundlage aber nicht in Art. 12 GG finden; der Staat übernimmt hier keine

---

[105] Aus der sozialen Funktion des Eigentums rechtfertigt sich auch, wenn heute die Enteignungsentschädigung nicht nach dem Verkehrswert im freien Handel, sondern unter gerechter Abwägung der Interessen der Allgemeinheit und der Beteiligten bemessen wird, vgl. etwa KG NJW 56, 1358, 1360; *Schreiber*, S. 134; *Hamel*, S. 29.

[106] BVerfGE 19, 303, 319.

[107] Art. 165 WRV: Die Arbeiter und Angestellten sind dazu berufen, gleichberechtigt in Gemeinschaft mit den Unternehmern an der Regelung der Lohn- und Arbeitsbedingungen sowie an der gesamten wirtschaftlichen Entwicklung der produktiven Kräfte mitzuwirken. Die beiderseitigen Organisationen und ihre Vereinbarungen werden anerkannt.

[108] *Schreiber*, S. 121.

[109] Vgl. *Darmstaedter*, S. 18.

Gewährleistung dafür, den frei gewählten Beruf auch erlernen und ausüben zu können[110], sondern stellt lediglich der Entwicklung des Individuums staatsfreien Raum zur Verfügung.

Es ist immer wieder — rhetorisch — gefragt worden, was es dem Bürger helfe, wenn er die Freiheit gewönne und entbehrte doch der Mittel, sie zu nutzen. Freiheit ohne Gleichheit — das hat der klassische Liberalismus des 19. Jahrhunderts gelehrt — erzeugt Unfreiheit. Es ist eben die wesentliche Aufgabe des sozialen Staates, die Freiheit durch Gleichheit zu „temperieren"[111]. Für Art. 12 GG bedeutet das: Nicht das Grundrecht der Berufsfreiheit ist eine Konkretisierung der Sozialstaatsmaxime; diese vielmehr knüpft das Freiheitsrecht an den Anker der Gemeinschaftsbindung, die letzten Endes auch dadurch zum Ausdruck kommen kann, daß dem wirtschaftlich Schwächeren die freie Wahl des Berufs erst ermöglicht wird.

2.1.2.4. Art. 15 GG

Es konnte nicht ausbleiben, daß auch Art. 15 GG als eine die Justitiabilität des Art. 20 Abs. 1 GG erweiternde Spezifikation der Sozialstaatsklausel angesehen wurde[112]. Danach soll die Ausschaltung privater Unternehmerinitiative mit der Sozialstaatsbestimmung vereinbar sein und Art. 15 GG sogar das einzige spezifische Sozialstaatsinstrument im Grundgesetz darstellen[113].

Die Verteter dieser Auffassung befinden sich in einem profunden Irrtum. Sie meinen, der Sozialstaatsklausel sei lediglich eines zu entnehmen: Daß die private Initiative allein die gerechte Ordnung nicht hervorzubringen vermöchte[114]. Sie übersehen — was Müller[115] eine Binsenwahrheit nennt —, daß eine Sozialisierung zum mindesten nicht unbedingt der Persönlichkeit des Menschen dient[116], daß vielmehr für bestimmte Rechtsgebiete geradezu die Beseitigung der Autonomie der Persönlichkeit vorgesehen wird[117].

In engen Ausnahmesituationen kann eine Sozialisierungsmaßnahme sinnvoll und notwendig sein, um im besonderen Fall den absoluten Vorrang der Gemeinschaft zu etablieren. Dennoch gehört eine Sozialisierung damit nicht zum Wesen des Sozialstaats. Denn der Sozialstaatsgrundsatz spricht — zumindest in erster Linie — „die menschliche

---

[110] Vgl. *Maunz/Dürig*, Art. 12, Nr. 3.
[111] *Leibholz*, Strukturprobleme, S. 340.
[112] Vgl. *Menger*, S. 29 f., 70; *Ipsen*, VVDStRL 10, S. 104 ff.
[113] So *Isensee*, S. 194 ff.
[114] *Isensee*, S. 195.
[115] Betrieb 56, S. 550.
[116] Vgl. auch *Forsthoff*, VVDStRL 12, S. 27.
[117] Vgl. *Hamel*, S. 29.

Persönlichkeit als solche"[118] an; er bezweckt zwar unmittelbar den Schutz und die Sicherung der sozial schwächeren Angehörigen der Gesellschaft — aber nur dieser. Die sozialstaatliche Ordnung mißtraut keineswegs der Eigeninitiative der Bürger und der nichtstaatlichen Mächte, auf die sie angewiesen ist[119].

So besteht zwar zumindest in der Theorie hinsichtlich der Relevanz des gemeinen Wohls Übereinstimmung zwischen sozialistischen und sozialen Maßnahmen. Wenn die Individualenteignung nur zum Wohle der Allgemeinheit erfolgen darf, dann gilt dies erst recht für die umfassende Umwälzung der wirtschaftlichen Ordnung[120].

Dennoch sind das Sozialstaatsprinzip und die in Art. 15 GG positivierte Sozialisierungsmöglichkeit auf zwei verschiedenen Ebenen angesiedelt. Der Bürger des sozialen Staates nämlich hat — wie es das BVerfG grundlegend formuliert hat — „sich diejenigen Schranken seiner Handlungsfreiheit gefallen zu lassen, die der Gesetzgeber zur Pflege und Förderung des sozialen Zusammenlebens in den Grenzen des ... allgemein Zumutbaren zieht, *vorausgesetzt, daß dabei die Eigenständigkeit der Person gewahrt bleibt*"[121].

Diese Einschränkung, die den unantastbaren, vorrangigen Eigenwert der menschlichen Persönlichkeit garantiert, entfällt im sozialistischen Wertsystem. Dies schließt — wie oben ausgeführt — den Kontakt zwischen den beiden Ebenen des Sozialen und des Sozialistischen nicht völlig aus. Ausgeschlossen aber ist es, Art. 15 GG und das Recht zur Sozialisierung als Konkretisierung des Sozialstaatsprinzips zu qualifizieren.

2.1.2.5. Art. 3 Abs. 1 GG

Ein besonderer Zusammenhang besteht zwischen dem auf Ausgleich gerichteten Sozialstaatsprinzip und dem in Art. 3 Abs. 1 GG fixierten Grundrecht auf Gleichbehandlung von seiten des Staates. Gerade wegen der unübersehbaren Interdependenz ist bezweifelt worden, daß es sich bei Art. 3 GG um eine Bestimmung handeln könne, deren Beiziehung es erlaubte, der Sozialstaatsklausel einen rational verläßlichen Maßstab zur Prüfung staatlicher Machtausübung zu implantieren.

---

[118] *Müller*, 56, S. 550.
[119] s. auch BVerfGE 22, 180, 204: „Keinesfalls folgt aus dem Sozialstaatsprinzip, daß der Gesetzgeber für die Verwirklichung dieses Ziels (des Ausgleichs der sozialen Gegensätze) nur behördliche Maßnahmen vorsehen darf"; s. auch *Collmer*, S. 107.
[120] Vgl. *Isensee*, S. 196.
[121] BVerfGE 4, 7, 16.

2.1. Justitiabilisierung durch legislatives Handeln

Leibholz vertritt im Gegenteil nachdrücklich nicht nur die verbreitete Auffassung, das Sozialstaatsprinzip sei für sich allein nur sehr eingeschränkt justitiabel[122]; er ist darüber hinaus der Auffassung, sozialstaatliches Gedankengut könne ausschließlich im Bereich des allgemeinen Gleichheitssatzes zur — justitiablen — Wirksamkeit gelangen, nachdem es durch dessen Konkretisierung näher bestimmt worden sei[123]. Denn „in Wirklichkeit" sei „die Sozialstaatsmaxime heute dem Gleichheitssatz immanent"[124].

Es bedürfte nach dieser Auffassung also des „Nährbodens" des allgemeinen Gleichheitssatzes, um dem Sozialstaatsprinzip mindestens über den engsten Kernbereich hinaus zu rechtlicher Relevanz zu verhelfen. So verstanden könnte der Gleichheitssatz dem Sozialstaatsprinzip nicht als Konkretisierung dienen; dem Gleichheitssatz würde vielmehr, wie es Abendroth ausdrückt, durch das Sozialstaatsbekenntnis „der Richtpunkt für seine Entwicklung gewiesen"[125]. Nicht die Sozialstaatsmaxime würde durch den Gleichheitssatz verdeutlicht und determiniert, sondern es erführe umgekehrt die rechtsstaatlich formal verstandene Gleichheit des Bürgers vor dem Gesetz eine sozialadäquat differenzierte Gestaltung.

Das BVerfG folgt im großen und ganzen dieser Linie, indem es dem im Sozialstaatsprinzip verkörperten Gebot zur Angleichung der Situation Minderbemittelter durch Verwendung eines sozialstaatlich materialen Gleichheitsbegriffes Rechnung trägt[126]. Entspricht ein Gesetz zwar den Anforderungen formaler Gleichheit, läßt es aber die Erfordernisse materialer Gleichheit außer acht, so führt diese Nichtachtung sozialstaatlicher Werte grundsätzlich zur Nichtigkeit der Norm wegen Verstoßes *gegen Art. 3 GG*[127]. Dementsprechend könnte mit Rücksicht auf den Grundsatz der Sozialstaatlichkeit umgekehrt eine Regelung noch als zulässig angesehen werden, die an sich eine Verletzung des (formal verstandenen) Gleichheitsgrundsatzes darstellen würde[128].

Sieht man von den Vertretern der Lehre ab, die eine Konkretisierung der Sozialstaatsklausel durch den Gleichheitssatz schon deswegen nicht für möglich halten, weil der Gleichheitssatz selbst nicht justitiabel sei[129], so bleibt doch eine größere Anzahl namhafter Schriftsteller der Meinung, die Sozialstaatsmaxime des Grundgesetzes erlange (unselb-

---
[122] *Leibholz*, Die Zeit Nr. 21, S. 8.
[123] Strukturprobleme, S. 131.
[124] *Leibholz*, Verfassungsrecht u. Arbeitsrecht, S. 39 Fußn. 4.
[125] Begriff, S. 124.
[126] Vgl. BVerfGE 9, 124, 131; 17, 1, 9; NJW 72, 1561, 1565.
[127] Vgl. BVerfGE 12, 354, 367 sowie *Knapp*, Protection, S. 65.
[128] Vgl. etwa BAG NJW 54, 1303.
[129] *Ipsen*, Grundrechte, S. 184; *Fuss*, Richterliche Prüfung, S. 15; entschieden a. A. *Leibholz*, Gleichheit, S. 10.

ständige) Bedeutung erst im Rahmen des modifizierten Gleichheitssatzes. Im sozialen Rechtsstaat werde anders als im liberalen Rechtsstaat keine abstrakt-schematische Gleichheit, sondern eine den vorgefundenen Ungleichheiten Rechnung tragende konkret-wertende Gleichheit verlangt[130].

Nun wird allerdings unter Hinweis auf den überragenden Rang der grundgesetzlichen Sozialstaatsklausel von anderer Seite behauptet, nicht sozialstaatliche Vorstellungen prägten den Gleichheitssatz; dieser trete vielmehr im Sozialstaatsgrundsatz in Erscheinung, sei ihm immanent und bestimme seinen Inhalt[131], kurz, der Gleichheitssatz sei eine Konkretisierung der Sozialstaatsklausel[132], nämlich der zentrale Maßstab staatlicher Leistung und Zuteilung[133].

Wie immer man diese beiden Teilstücke des verfassungsmäßigen Wertsystems einander zuordnet: Ihre Beziehung ist derart, daß eine Abgrenzung wesentliche Erkenntnisse hinsichtlich des durch das Grundgesetz selbst justitiabilisierten Bereichs der Sozialstaatsklausel zu vermitteln verspricht; sie soll daher in einem Exkurs näher untersucht werden.

2.1.3. Exkurs: Sozialstaatsklausel und Gleichheitssatz

Das Scheitern des puren Liberalismus im industrialisierten Staat hat deutlich gemacht, daß sich die gleichmäßig befriedigende Erfüllung elementarer wirtschaftlicher Bedürfnisse nicht entsprechend einem kommunizierenden System bereits dann einstellt, wenn dem freien Fluß der Mittel keine Hindernisse entgegengestellt sind. Die tatsächliche Verzerrung der theoretischen Gesellschaftsstrukturen war die Folge teilweise extremer Ungleichheiten hinsichtlich der Verfügungsgewalt über materielle Güter. Vom liberalen Staat allein gelassen waren breite Bevölkerungsschichten unter dem System reiner Marktwirtschaft bald nicht mehr in der Lage, ihre garantierten Grundfreiheiten auch tatsächlich auszuüben[134].

Eine Grundmaxime des den Liberalismus ablösenden sozialstaatlichen Systems besagt deshalb, daß die fundamentalen Grundrechte der Menschen aus wirtschaftlichen Gründen nicht gefährdet sein dürfen[135],

---

[130] *Bachof*, VVDStRL 12, S. 40 f.; vgl. außerdem *E. R. Huber*, Rechtsstaat u. Sozialstaat, S. 608; *Hueck*, S. 415; *W. Reuss*, Bedeutung, S. 19; *Schulz-Schaeffer*, S. 166; *Stark*, S. 87; *Tomandl*, S. 10.
[131] *Weisel*, S. 31.
[132] *Gallwas*, S. 65.
[133] Vgl. *K. Hesse*, Rechtsstaat, S. 573.
[134] Vgl. hierzu allgemein *Leibholz*, Strukturprobleme, S. 340.
[135] Interessant hier die ohne positive Sozialstaatsklausel bereits im „New Deal" entwickelte Rechtsprechung des US-Supreme Court, vgl. etwa Schneider v. Irvington 308 US 147 (1939); Wyman v. James 91 Sp. Ct. Rep. 381, 393

daß es vielmehr in der Verantwortung des Staates liegt, jeden einzelnen durch Bereitstellung eines Existenzminimums vor Verelendung und Unfreiheit zu schützen. Denn „the effective exercise of liberty requires a degree of command over material resources"[136].

Wenn auch diese „Garantenstellung" des sozialen Staates in erster Linie reaktiv wirkt, so schließt das System des Sozialstaates doch eine — allerdings begrenzte — prophylaktische Steuerungstätigkeit im wirtschaftlichen Bereich nicht aus.

Ursache und Wirkung wird allerdings verkehrt, wenn die Pflicht des Staates, „den Einzelnen vor den extremen Folgen der Marktwirtschaft zu bewahren"[137], aus der zunehmenden staatlichen Regulierung der Wirtschaft hergeleitet wird[138]. Denn die staatliche Lenkungstätigkeit auf dem Gebiete der Wirtschaft ist Folge, nicht Voraussetzung des Entschlusses, die materielle Existenz des einzelnen zu garantieren.

2.1.3.1. Formale und materielle Gleichheit

Die Besserbehandlung sozial schwächerer Schichten als Folge ihrer erhöhten Schutzbedürftigkeit beschränkt sich nicht auf die Hilfe aus äußerster materieller Not. Auch die Steuerpolitik etwa ist im sozialen Rechtsstaat ein Instrument, welches vom Staat eingesetzt wird, um im Wege des Ausgleichs zwischen Bemittelten und Unbemittelten materiale Gleichheit zu erreichen[139].

Im sozialen Rechtsstaat des Grundgesetzes ist aber andererseits das traditionelle Konzept formaler Gleichheit keineswegs ohne Bedeutung. Der Verfassungsgeber selbst fordert in Art. 3 Abs. 3 GG formalschematische Gleichbehandlung im Hinblick auf Geschlecht, Abstammung, Rasse, Sprache, Heimat und Herkunft, Glauben, religiöse und politische Anschauungen. Auch die Wahlrechtsgleichheit[140] ist streng formal zu interpretieren und proportionaler Anwendung absolut unzugänglich.

2.1.3.1.1. Verschiedenartige Pflichten des Staates

Die theoretische Unterscheidung zwischen der Verpflichtung des Staates, gegen ernste Folgen wirtschaftlicher Ungleichheit Schutz zu bieten und der Verpflichtung, diskriminierend ungleiche Behandlung

---

(1971), diss. op. des Justice Douglas: „... constitutional rights ... are obviously not dependent on the poverty or the affluence of the beneficiary"; vgl. auch *Knapp*, Ausdehnung, S. 119.
[136] Paul Freund, zit. bei *Dorsen*, Rights, S. XV.
[137] *Knapp*, Ausdehnung, S. 120.
[138] Vgl. ebd., S. 120 unter Berufung auf *Bendick*, 54 Calif. Law Review (1966), S. 97, 102 f.
[139] Vgl. BVerfGE 13, 331, 346 f.
[140] Art. 38 Abs. 1 GG.

zu vermeiden[141], läßt neben unterschiedlichen „standards" der Gleichheit auch weitere Differenzierungen hinsichtlich der durch die Verfassung der Staatsgewalt auferlegten Konsequenzen erwarten.

Eine dieser Differenzierungen mag darin zu sehen sein, daß die Verpflichtung des Staates zur Abwehr bestimmter wirtschaftlicher Nöte nicht auch eine ausgleichende Aktivität über das Maß dessen hinaus verlangt, was unerläßlich ist, um der konkreten Notlage zu begegnen und weiter, daß eine solche Handlungspflicht auch dann bestünde, wenn sich die Staatsgewalt entschlösse, jedermann dadurch (absolut) gleich zu behandeln, daß sie überhaupt jede relevante Aktion unterläßt[142]. Auf der anderen Seite wäre es aber unsinnig, den Staat für verpflichtet zu halten, allen Personen um der absoluten Gleichbehandlung willen gewisse elementare Bedürfnisse unabhängig von der individuellen Leistungsfähigkeit von Staats wegen zu erfüllen.

2.1.3.1.2. Deprivation — Diskriminierung

„Poverty is inequality"[143]: Betrachtet man diese Ungleichheit näher, so stellt sich heraus, daß sie darin besteht, daß einige — nicht alle — Personen nicht imstande sind, bestimmte vitale Bedürfnisse zu befriedigen. Solchermaßen definierte — materielle — Ungleichheit besteht ihrem Wesen nach eher in einer Deprivation als in einer Diskriminierung, verlangt eher nach Fürsorge als nach absoluter Gleichsetzung[144]; und es ist dabei in der Regel auch keineswegs ausschlaggebend, ob die Ungleichheit und die Notwendigkeit, sie zu beseitigen, durch ein Handeln der Staatsgewalt oder durch individuelles Verschulden herbeigeführt wurde[145].

Natürlich schafft staatliche Fürsorge mit dem Ziele der Erfüllung fundamentaler Bedürfnisse nicht einen egalitären Status aller Staatsbürger; Fürsorge als Instrument zur Beseitigung der Deprivation ist

---

[141] Interessanterweise findet sich im Völkerrecht eine Parallele zu dieser Differenzierung von materieller und formeller Gleichheit. Neben dem anerkannten Dogma der — formellen — Gleichheit aller Staaten vor dem Recht wird neuerdings auch das Gebot ökonomischer Gleichheit dem Prinzip der souveränen Gleichheit der Staaten entnommen. Danach sollen — im Sinne egalitärer Interpretation der Gleichheit — die industrialisierten Staaten verpflichtet sein, die Gleichgewichtigkeit aller Staaten gerade auch auf wirtschaftlichem Sektor herbeizuführen; vgl. hierzu die eingehende Erörterung bei *Graf zu Dohna*, S. 167 f.

[142] Vgl. *Michelman*, S. 11.

[143] *Goodpaster*, S. 626.

[144] Vgl. *Michelman*, S. 13, der dem Begriffspaar „deprivation - discrimination" die Gegensätze „provision - equalization" gegenüberstellt.

[145] Insofern ist das Recht des einzelnen auf materielle Gleichbehandlung gerade im Sozialstaat kein Grundrecht im hergebrachten Sinn.

2.1. Justitiabilisierung durch legislatives Handeln

auf ein gänzlich anderes Ziel gerichtet: Sie gewährleistet den Schutz vor existentieller Not durch die Garantie einer *Mindest*teilnahme an der Verteilung lebenswichtiger Güter[146].

Im System der freien Marktwirtschaft ergibt sich eine relative Deprivation bereits aus der Tatsache, daß der Zugang zu bestimmten angebotenen Gütern nur Empfängern höherer Einkommen offen ist. Hiergegen mag grundsätzlich nichts einzuwenden sein. Wo aber durch Deprivation die Erfüllung fundamentaler Bedürfnisse verhindert wird, da kann es nicht zur Rechtfertigung dienen, daß dieser Mißstand herrührt „from a general practice of requiring persons to pay for what they get"[147]. Denn die generelle Verknüpfung von Geld und Leistung führt im Bereich der Befriedigung von Grundbedürfnissen nie zur *Diskriminierung* sozial schwächerer Bevölkerungskreise; von Nichtdiskriminierung kann damit auch nicht auf das Nichtvorhandensein von Deprivation geschlossen werden.

Nicht die formale Gleichheit ist das erstrebte Ziel „sozialer" Marktwirtschaft; vielmehr soll materielle Gleichheit dort geschaffen werden, wo die Erhaltung der Würde der menschlichen Persönlichkeit untrennbar verbunden ist mit der Verfügungsgewalt über bestimmte materielle Ressourcen[148].

2.1.3.2. Verstöße gegen formale und materielle Gleichheit

Die dogmatische Differenzierung formaler und materieller (sozialer) Gleichheit bringt es mit sich, daß der Verstoß gegen das jeweilige Gleichheitskonzept von unterschiedlichen Kriterien bestimmt ist.

Ein Verstoß gegen das Gebot formaler Gleichheit scheint zunächst immer dann vorzuliegen, wenn staatliche Gewalt[149] bestimmte Per-

---

[146] Dennoch besteht eine Interdependenz zwischen „formaler" und „materieller" Gleichheit; vgl. hierzu *Michelman*, S. 18: "... it must be noted that while the idea of 'just wants' or 'severe deprivations' expresses an ethical precept distinct from that of 'equality', detecting a failure to provide the required minimum may nonetheless depend in part upon the detection of inequalities; and elimination or reduction of inequality may be entailed in rectifying such a failure insofar as the just minimum is understood to be a function (in part) of the existing maximum ..."

[147] *Michelman*, S. 32.

[148] *Michelman*, S. 33 drückt dies — bezogen auf die Spruchtätigkeit des Supreme Court — in bildhafter Sprache aus: "We do better to regard the Court not as nine (or seven or five) Canutes railing against tides of economic inequality which they have no apparent means of stemming, but as a body commendably busy with the critically important task of charting some islands of haven from economic desaster in the oceans of (what continues to be known as) free enterprise."

[149] Es soll in diesem Zusammenhang von möglichen Drittwirkungen des Gleichheitssatzes abgesehen werden.

sonen dadurch „klassifiziert", daß sie ihnen ungleiche Behandlung zukommen läßt oder der Staat sich sonst in einer Art verhält, die systematische Ungleichheit bei der Behandlung definierbarer Personengruppen mit sich bringt.

Entscheidend für die Verfassungskonformität solchen staatlichen Aktes ist, ob der Differenzierung erstens ein vernünftiger Zweck zugrunde liegt, sie also nicht objektiv willkürlich ist[150] und ob zweitens die Rechte des einzelnen oder der Personengruppe nicht in einem Maße beeinträchtigt werden, wie es auch durch eine billigenswerte staatliche Zielsetzung nicht mehr gerechtfertigt werden kann[151].

Findet sich auf beides positive Antwort, so kann, wie das BVerfG betont, die tatsächliche Ungleichbehandlung der tatsächlichen Verschiedenheit der diversen Personengruppen und damit dem Gleichheitssatz des Art. 3 Abs. 1 GG entsprechen. Dann darf aber nach dem oben Gesagten die Differenziertheit der ungleich behandelten Gruppen nicht auf der Unterscheidung zwischen bemittelt und unbemittelt beruhen[152]; denn eine Klassifizierung ausschließlich aufgrund der „Bemitteltheit" könnte gar keine Art. 3 GG widersprechende, verfassungswidrige Diskriminierung beinhalten.

Ein Verstoß gegen das Gebot materieller (sozialer) Gleichheit zeichnet sich durch andere Merkmale aus; eine durch Gesetz oder sonstigen Akt der Staatsgewalt verfügte Ungleichbehandlung einzelner ist für sich genommen in aller Regel hierfür weder erforderlich noch genügend. Verdacht erwecken aber von vornherein die Fälle, in denen bestimmte Personen von der Möglichkeit der Befriedigung wesentlicher Bedürfnisse aufgrund von Mangelsituationen ausgeschlossen sind, die einer freien und unmittelbaren Einflußnahme seitens der Betroffenen nicht mehr zugänglich sind[153].

---

[150] BVerfGE 1, 14, 16 (Südwest-Staat-Urteil): „Der Gleichheitssatz ist verletzt, wenn sich ein vernünftiger, sich aus der Natur der Sache ergebender oder sonstwie einleuchtender Grund für die gesetzliche Differenzierung oder Gleichbehandlung nicht finden läßt, kurzum, wenn die Bestimmung als willkürlich bezeichnet werden muß"; vgl. weiter BVerfGE 2, 267, 281; 4, 144, 155.

[151] Freilich gilt für das BVerfG ebenso wie für den US-Supreme Court, daß der Willkürbegriff trotz objektiver Wertung durch den Wandel der Zeiten nicht unberührt bleibt, vgl. hierzu *Knapp*, Ausdehnung, S. 139, Fußn. 471 sowie S. 142 und Harper v. Virginia Board of Elections 383 US 663 (1963), S. 667: "Notions of what constitutes equal treatment for purposes of the Equal Protection Clause do change."

[152] Anders aber das BVerfG, vgl. E 9, 124, 131; 10, 264, 270; 22, 83, 86; anders auch *Benda*, S. 112 „Ein wirklicher Gegensatz zwischen beiden Verfassungsgeboten besteht aber nicht, weil gerade die differenzierende Tätigkeit des Staates, der z. B. die sozial schwachen Gruppen bewußt fördert und bevorzugt, auf die Herstellung der Chancengleichheit und damit letztlich doch auf die Erfüllung des Gleichheitsgrundsatzes gerichtet ist.

[153] Vgl. näher *Michelman*, S. 35.

2.1. Justitiabilisierung durch legislatives Handeln

Es ist allerdings gerade im sozialen Staat nicht selbstverständlich, daß der Staat zur Nivellierung wirtschaftlicher und gesellschaftlicher Unterschiede anzutreten hat. „Die radikal-demokratische Vorstellung einer egalitären Gleichheit, nach der die Menschen auch hinsichtlich ihres Besitzes und ihrer gesellschaftlichen und wirtschaftlichen Stellung gleich sein sollten, entspricht ... nicht der menschlichen Natur. Trotz der allgemeinen Artgleichheit aller Menschen sind die vielen Individuen verschieden[154]." Die oben „verdächtig" genannten[155] Fälle sind demnach daraufhin zu untersuchen, ob es im Blick auf die Verwirklichung sozialer Gerechtigkeit tragbar erscheint, die Differenzierung, die die Zugehörigkeit zu einer minderbemittelten Personengruppe ohnehin mit sich bringt, noch dadurch zu verschärfen, daß wesentliche Bedürfnisse unerfüllt gelassen bleiben.

Durchaus mit Recht hat man soziales Handeln darin gesehen, daß „jedem das Seine" gewährt oder belassen wird[156]. Die Pflicht des Staates, ausgleichend tätig zu werden, ist auf diese Weise aber weder dem Grunde noch dem Umfange nach hinreichend genau umrissen. Folgt man der Rawlsschen Konzeption von (sozialer) Gerechtigkeit[157], so ist die staatliche Verpflichtung, materielle Gerechtigkeit herzustellen, dann begründet, wenn dies von einem (billig und gerecht denkenden) Menschen gefordert würde, welcher sich selbst nicht in einer entsprechenden Mangelsituation befindet und der auch den Eintritt einer ihn persönlich belastenden Notlage nicht erwartet, der aber andererseits genügend über die Organisationsprinzipien der Gesellschaft informiert ist, um die Häufigkeit solcher Mangelsituationen und die Relevanz der dann nicht erfüllten Bedürfnisse abschätzen zu können. Damit ist gleichzeitig die Grenze dessen festgelegt, was im sozialen Staat unter dem Aspekt der Herstellung und Beibehaltung materieller (sozialer) Gleichheit an Deprivation noch tolerabel erscheint.

Vergleicht man zusammenfassend die formale und die materielle Konzeption der Gleichheit, so läßt sich feststellen, daß eine im Sinne materieller Gleichheit relevante Ungleichheit bestimmter Personen im Gegensatz zur Verletzung formaler Gleichheit keineswegs die Beteiligung der Staatsgewalt und willkürliche Diskriminierung zur Voraussetzung hat. Daraus ergibt sich, daß die durch die Sozialstaatsklausel verkörperte Forderung nach materieller (sozialer) Gleichheit ein korrigierendes Eingreifen auch hinsichtlich solcher Umstände ver-

---

[154] *Walter*, S. 32; es kann deswegen auch nicht möglich sein, die Institutionen der parlamentarischen Demokratie — die den Gesetzen formalschematischer Gleichheit gehorchen — ohne Einschränkung auf den Bereich der Wirtschaft zu übertragen, vgl. näher *Benda*, S. 111.
[155] Vgl. *Knapp*, Ausdehnung, S. 144: „suspect factor wealth".
[156] Vgl. *Rüstow*, S. 32.
[157] *Rawls*, S. 51; s. auch *Michelman*, S. 14 f., 35.

langt, die gemessen an der durch Art. 3 Abs. 1 GG geschützten formalen Gleichheit noch als verfassungsgemäß toleriert werden würden: Das ist etwa der Fall, wenn wesentliche Bedürfnisse bestimmter Gesellschaftsschichten nur mangelhaft befriedigt werden, ohne daß diese Benachteiligung durch staatliches Handeln herbeigeführt wurde, ja selbst dann, wenn das Entstehen der Mangelsituation ausschließlich in den Verantwortungsbereich des Betroffenen fällt.

Auf der anderen Seite lassen sich mühelos Fälle denken, in denen ein Gesetz den Geboten materieller Gleichheit entspricht oder von seiner Anlage her eine Kollision von vornherein vermeidet, es aber dennoch in Konflikt mit den Forderungen des (formalen) Gleichheitssatzes gerät. Deutlich wird dies beispielsweise bei einer Verletzung des Gebots der Gleichwertigkeit abgegebener Wählerstimmen[158].

2.1.3.3. Formale und materielle Gleichheit in der Rechtsprechung des Bundesverfassungsgerichts

Dem BVerfG ist die Unterscheidung zwischen dem traditionell rechtsstaatlichen formalen Gleichheitsbegriff und der mit der Verfassungsentscheidung für den sozialen Staat verknüpften materiellen Gleichheit durchaus bewußt. Dennoch sieht das Gericht — abgesehen von einzelnen, inkonsistenten Stellungnahmen — beide Gleichheitsbegriffe von Art. 3 Abs. 1 GG umfaßt.

Verlangt eine bestimmte Regelung nach Ansicht des Gerichts die Anwendung materieller Gleichheit, so ist Prüfungsmaßstab für die Verfassungsmäßigkeit der inkriminierten Norm der mit Hilfe der Sozialstaatsentscheidung „materialisierte" Gleichheitssatz des Art. 3 Abs. 1 GG, der in dieser Leseart ausnahmsweise eine materiell-soziale Gleichbehandlung anstelle der grundsätzlich geforderten formalen Gleichheit gestattet[159].

Macht man sich aber klar, daß die Sozialstaatsentscheidung ihrem Wesen nach eben gerade die Abkehr von der streng formalen Gleichheitskonzeption beinhaltet, so wird deutlich, daß das Gericht weder durch „Materialisierung" des grundsätzlich formal verstandenen Art. 3 Abs. 1 GG noch durch ein ins materiell-soziale überdehntes proportionales Gleichheitsverständnis[160] dem Wertsystem des Grundgesetzes und der selbständigen Bedeutung der Verfassungsentscheidung für den sozialen Rechtsstaat gerecht wird.

---

[158] So wäre die Wiedereinführung des preußischen Dreiklassenwahlrechts selbstverständlich verfassungswidrig, auch wenn diesem die Idee proportionaler Gleichheit zugrundeliegt.

[159] Vgl. BVerfG NJW 72, 1561, 1565; NJW 74, 739; *Knapp*, Protection, S. 65 f.

[160] Vgl. *Knapp*, Ausdehnung, S. 147.

2.1. Justitiabilisierung durch legislatives Handeln

Der Maßstab für die Prüfung der Verfassungsmäßigkeit einer Deprivation, das Gebot der sozialstaatlichen Verfassung, den wirklich Bedürftigen in den Weiten seiner Freiheiten nicht schutzlos zu lassen, findet sich nicht in Art. 3 GG, sondern in der Sozialstaatsentscheidung des Art. 20 Abs. 1 GG. Bei der Beurteilung der Gleichheit der Situation, welcher verschiedene Individuen ausgesetzt sind, kommt dieser Maßstab materiell-sozialer Gleichheit nicht erst dann zur Anwendung, wenn nach einer Abwägung mit dem Gebot formaler Gleichbehandlung die Erfüllung wesentlicher materieller Interessen der Bedürftigen vorrangig erscheint[161]. Denn es wäre nicht möglich, an Hand des entscheidenden Faktors „Bemitteltheit" die verfassungswidrige Diskriminierung einzelner Personen und damit den Verstoß gegen das Gebot formaler Gleichbehandlung festzustellen.

Dennoch hat sich das BVerfG noch nicht entschlossen, von einer Interpretation des Art. 3 GG abzurücken, nach der grundsätzlich formale Gleichbehandlung geboten, durch Beachtung bestimmter materieller Kriterien und sozialer Wertvorstellungen im Ergebnis aber auch materielle soziale Gleichheit erlaubt, ja sogar gefordert ist[162].

Es entspräche der Systematik des Grundgesetzes und diente darüber hinaus der Klarheit der Verfassungsinterpretation, wenn das Gericht die Konsequenz aus der vergleichsweise günstigen Lage zöge, in der es sich als Interpret der Verfassung nach Aufnahme der Sozialstaatsklausel in den Text des Grundgesetzes befindet und den Inhalt des Art. 3 Abs. 1 GG auf das hergebrachte Gebot formaler Gleichbehandlung beschränkte[163]. Mangelsituationen, die unter bestimmten Voraussetzungen die Herstellung materieller Gleichheit verlangen, können Diskriminierungen nicht gleichgesetzt werden; sie verlangen die Anwendung einer materiell-sozialen Konzeption von Gleichheit, wie sie die Sozialstaatsklausel in Art. 20 Abs. 1 GG zum Inhalt hat.

2.1.3.4. Zusammenfassung

Ausgangsfrage war gewesen, ob die Sozialstaatsklausel durch den Inhalt des Gleichheitssatzes des Art. 3 GG oder umgekehrt dieser durch die Sozialstaatsklausel konkretisiert wird oder ob keine derartige wechselseitig bestimmende Beziehung zwischen den beiden Verfassungsgrundsätzen besteht.

Es kann festgehalten werden, daß — ebenso wie umgekehrt — eine Konkretisierung der Sozialstaatsklausel durch Bezugnahme auf Art. 3 Abs. 1 GG nicht zu erreichen ist. Das Sozialstaatsprinzip, welches

---
[161] So aber offenbar *Knapp*, Protection, S. 66 und Fußn. 289.
[162] Vgl. *Knapp*, Protection, S. 66; vgl. aber jetzt die abweichende Meinung der Richterin Rupp v. Brünneck in BVerfG NJW 74, 739, 740.
[163] Vgl. *Knapp*, Protection, S. 66.

der staatlichen Gewalt die (subsidiäre) Sorge für die menschenwürdige Existenz bedürftiger Bürger überträgt, mißachtet hinsichtlich des Differenzierungsfaktors „Bemitteltheit" den Grundsatz der Gleichheit aller vor dem Gesetz. Dieses Grundrecht formaler Gleichheit bleibt — teilweise auch proportional verstanden — als Willkürverbot die Richtschnur allen staatlichen Handelns, soweit Differenzierungen etwa aufgrund der in Art. 3 Abs. 3 GG genannten Faktoren vorgenommen werden. Zur Herbeiführung gleichen Lebensstandards für jedermann braucht es aber im sozialen Rechtsstaat nicht in Anspruch genommen zu werden.

Art. 3 GG und Art. 20 Abs. 1 GG sind damit nach Inhalt und Wirkung voneinander ebenso abgegrenzt, wie sich das demokratische Prinzip wesensgemäß vom sozialstaatlichen unterscheidet. Aber so wesentlich die Verbindung demokratischer Gedanken mit den Geboten sozialen Handelns für die Existenz des sozialen Rechtsstaates ist, so unabdingbar ist die Akzeptierung und wechselweise ergänzende Verknüpfung der unterschiedenen Konzeptionen von der Gleichheit des Menschen im sozialen Rechtsstaat.

2.2. Justitiabilisierung durch Rechtsprechung

Die Untersuchungen der vorangegangenen Abschnitte haben gezeigt, daß die Sozialstaatsklausel durch einfaches oder Verfassungsgesetz über ihren a priori justitiablen Kern hinaus der Anwendung durch die Verfassungsrechtsprechung zugänglich gemacht wurde. Die Zulässigkeit solcher Justitiabilisierung durch die Gesetzgebung begegnet aus rechtsstaatlicher Sicht keinerlei Bedenken[164]. Sie zählt zu den originären Aufgaben der Legislative.

Eben deshalb ist eine Justitiabilisierung von Verfassungsnormen im Wege der Verfassungsrechtsprechung problematisch. Das rechtsstaatliche Dogma der Trennung der Gewalten gebietet Zurückhaltung bei der Zuordnung von Aufgaben an die Rechtsprechung, die nach ihrem Wesen oder ihrem Effekt legislativer Art sind[165].

Es wurde schon gesagt, daß im Kernbereich gefestigter Auslegung die Sozialstaatsklausel vom Verfassungsgericht zur Entscheidung von Normenkontrollverfahren herangezogen werden kann, und zwar auch dann, wenn sie den alleinigen Prüfungsmaßstab bildet und nicht im Verbund mit anderen (konkreteren) Verfassungsbestimmungen angewandt wird. Im Bereich des Halbschattens, welcher um diesen Kern-

---

[164] Einmal abgesehen von den von *Leisner*, JZ 64, S. 201 f., unter dem Stichwort „Gesetzmäßigkeit der Verfassung" geäußerten Befürchtungen.
[165] Vgl. *Werner*, AöR 81, S. 87.

gehalt gelegt ist, bedarf es neben der üblichen Deduktion einer justitiabilisierenden Dezision, bevor der zu prüfende staatliche Akt an der Sozialstaatsklausel gemessen werden kann. Dezision ist nach hergebrachter Auffassung nicht Sache des unabhängigen Richters. Es bedarf jedoch eingehenderer Untersuchung, ob dies ausnahmslos und damit auch für die Konkretisierung der Sozialstaatsklausel durch den Verfassungsrichter Gültigkeit besitzt.

2.2.1. Der Grundsatz der Trennung der Gewalten

Grundgesetz und die Verfassung der Vereinigten Staaten von Amerika bekennen sich beide zum Grundsatz der Trennung der Staatsgewalt in den legislativen, exekutiven und jurisdiktionellen Zweig[166].

Der Theorie nach ist die gesetzgebende Teilgewalt dem Parlament anvertraut, das mittels Gesetz ein System von Normen schafft, aus dessen Geschlossenheit heraus der Richter findet, was rechtens ist[167]. Arndt allerdings — für übertriebene Kraftausdrücke nicht bekannt — nennt es pseudojuristische Quacksalberei, sich einzureden, im Gesetz sei bereits alles vorgedacht gewesen, was Rechtslehre und Rechtsprechung daraus entwickeln[168]. Genau diese Auffassung aber vertritt der gewiß nicht unbekannte Jerome Frank, der das Recht ansieht als „a complete body of rules, existing from time immemorial and unchangeable except to the limited extent that legislatures have changed the rules by enacted statutes. Legislatures are expressly empowered to change the law. But the judges are not to make or change the law, but to apply it. The law, ready-made, pre-exists the judicial decisions"[169].

Er begegnet allerdings deutlichem Widerspruch: "The theory that the judge does not make, but discovers the law; that his is the mouthpiece which reveals the law presumably existing from eternity; that he has no will of his own and can but utter the words which are put into his mouth by some mysterious and immutable voice out of nowhere, ... — these theories are too ridiculous for words, too childish to discuss, too senile to require consideration but for the fact that this

---

[166] Vgl. Art. 20 Abs. 2 GG: „... durch besondere Organe der Gesetzgebung, der vollziehenden Gewalt und der Rechtsprechung ..." sowie Art. I - III US-Constitution; hier interessiert vor allem Art. I Sect. 1: "All legislative powers herein granted shall be vested in a Congress of the United States ..."
[167] Arndt, NJW 63, 1273.
[168] Ebd., S. 1279.
[169] Law and the Modern Mind, S. 32, so auch Wechsler, S. 13: "The judge finds and gives expression to a mandate, others have laid down; he is not a law-maker himself but merely is the agent who gives voice to the existing law ..."

obvious and most ridiculos hoax has the endorsement of some of our leading legal authorities. While the theory is a plain case of mumbojumbo, its quackery must be exposed for what it is[170]."

Montesquieu, der Restaurator[171] der Gewaltenteilungslehre, huldigte der Vorstellung, richterliche Urteile könnten immer nur den Gesetzeswortlaut wiedergeben: „Les juges de la nation ne sont, comme nous avons dit, que la bouche, qui prononce les paroles de la loi; des êtres inanimés qui n'en peuvent modérer ni la force ni la rigeur." Instanzenwege seien deshalb überflüssig.

Diese zeitgenössische Theorie der Gewaltenteilung fand ihre Verwirklichung erstmals in der amerikanischen Verfassung[172]. Aber auch wenn Alexander Hamilton — allem Anschein nach in bezug auf Montesquieus Bemerkung, die richterliche Gewalt sei „en quelque facon nulle" — im 18. Brief der Federalist Papers feststellt, die dritte Gewalt sei „beyond comparison the weakest of the three departments of power", ihr stehe „neither sword nor purse" zu Gebote[173], so hat ihn dies doch nicht daran gehindert, im Richter den berufenen Interpreten von Verfassung und Gesetz zu sehen, der kraft dieser Kompetenz aufgefordert ist, verfassungswidrige Gesetze rechtskräftig für ungültig zu erklären[174].

---

[170] *Callison*, S. 612 f.

[171] Bereits im 17. Jahrhundert unterschied Locke die konstitutive, legislative, exekutive und föderative Gewalt, vgl. „„An Essay Concerning the True and Orginal Extent and End of Civil Government" (1690), ein Konzept, das in seinen Ursprüngen bis auf Aristoteles zurückverfolgt werden kann, vgl. näher *Forkosch*, S. 529 Fußn. 1; vgl. weiter *Fikentscher*, S. 791 zur theoretischen Formulierung des Prinzips der Gewaltenteilung bei James Harrington in dessen „The Commonwealth of Oceana" (1656).

[172] Vgl. Landis, Administrative Process, zitiert bei *Schlephorst*, S. 51: "Separation of powers as a political maxim is old; but as a principle of government, sanctified by being elevated to the constitutional level and embroidered by pontifical moral phrases, it has distinctly American flavor."

[173] Hamilton schreibt: "... The judiciary, from the nature of its functions will always be the least dangerous to the political rights of the constitution, because it will be least in a capacity to annoy or injure them. The Executive not only dispenses the honor, but holds the sword of the community. The Legislative not only commands the purse, but prescribes the rules by which the duties and rights of every citizen are to be regulated. The Judiciary, on the contrary, has no influence over either the sword or the purse; no direction either of the strength or of the wealth of the society; and can take no active resolution whatever. It may truly be said to have neither force nor will, but mere judgment ..."

[174] Hamilton, ohnehin in heftigen Auseinandersetzungen mit den Anti-Federalists befangen, ging allerdings nicht soweit, dem revolutionär aufgewerteten Richterstand Priorität vor der Legislative einzuräumen, wiewohl ihm dabei Bischof Hoadley's klassische Formulierung aus dem Jahre 1717 zur Begründung hätte dienen können: „Whoever hath an absolute authority to inperpret any written or spoken laws, it is he who is truly the law-giver,

2.2. Justitiabilisierung durch Rechtsprechung

Die Äußerungen Hamiltons haben weitreichende Folgen gehabt; mit ihnen war die politisch-philosophische Begründung der Normenkontrolle gegeben, die wenig später (1805) in Marbury v. Madison[175] ihren epochalen justizförmigen Ausdruck fand[176]. Und obwohl noch jede der Teilgewalten zur Hauptsache je eine der entsprechenden Staatsfunktionen ausübte und ausübt, so ist doch schon aufgrund der „judicial review" eine exakte Trennung der Funktionen nicht mehr gegeben. "The only absolute separation, that has ever been possible, was that in the theoretical writings of Montesquieu[177]." Jeder der drei Gewalten ist zum Zwecke der gegenseitigen Kontrolle eine gewisse Einwirkungsmöglichkeit auf die beiden anderen Gewalten eingeräumt, ein System von „checks and balances" dadurch geschaffen[178].

Den Grund für diese Abwendung von der doktrinären Position reiner Gewaltentrennung hat Justice Brandeis genannt: "The doctrine of the separation of powers was adopted by the Convention of 1787, not to promote efficiency but to preclude the exercise of arbitrary power. The purpose was, not to avoid friction but, by means of the inevitable friction incident to the distribution of the governmental powers among the three departments to save the people from autocracy[179]." Damit war selbstverständlich immer noch vermieden, was Madison in Anlehnung an Montesquieu als „the very definition of tyranny" charakterisierte, nämlich die Konzentration aller Macht bei einer einzigen staatlichen Institution[180]. Damit war aber auch offenbar geworden, daß die — überaus bedeutsame — Gewaltentrennungslehre Montesquieus weder im 18. Jahrhundert noch gar im 20. Jahrhundert in ihrer eigentlichen Form Wirklichkeit geworden ist. Bei der komplizierten Verschränktheit der Funktionen des modernen Staates (the „multifunctionality of political structures")[181] müßte eine derart exakt-starre

---

to all interests and purposes and not the person who first wrote or spoke them" (The Nature of the Kingdom or Church of Christ, Works, Vol. II, S. 404, London 1773, zitiert nach *Powell*, S. 27).

[175] 5 US 137.

[176] Zur historischen Entwicklung der Doktrin vgl. näher *v. Oppen-Rundstedt*, S. 99 ff.

[177] Bernhard Schwartz, zitiert bei *Schlephorst*, S. 56; vgl. auch schon Madison in Federalist Nr. 47 und *Vile*, S. 318; *Leibholz*, Strukturprobleme, S. 173.

[178] Vgl. *Hamed*, S. 99 ff.

[179] Myers v. United States, 272 US 52, 293 (1926) (diss op.).

[180] Vgl. *Hirschfield*, S. 7; *Vanderbilt*, S. 50; sowie Madison in Federalist Nr. 47: "Where the whole power of one department is exercised by the same hands, which possess the whole power of another department, the fundamentals of free constitution are subverted."

[181] *Vile*, S. 291.

Aufteilung der Staatsgewalt auch notgedrungen zu unproduktiver Mehrbelastung und schließlich zum Zusammenbruch des Staatsapparats führen[182].

Die relativ exakte Abgrenzung der klassisch definierten Teilgewalten voneinander läßt unschwer den Schluß zu, daß das Gewaltenteilungsprinzip im zeitgenössischen Rechtsstaat als absolutes Gebot keinen Geltungsanspruch mehr erheben kann[183]. Angesichts der Formulierung des Grundgesetzes scheint es aber ein allzu unbesorgtes Verlassen bewährter Bastionen zu bedeuten, wenn Ueberschaer[184] feststellt, selbst in extremen Fällen beinhalte die Verletzung dieses Prinzips keinen Verstoß gegen rechtsstaatliche Grundsätze.

„Checks and balances" sind im sozialen Rechtsstaat nicht plötzlich dank „systemimmanenter" Ausgewogenheit überflüssig. Ob sich die zeitgemäße Form der Gewaltenteilung allerdings eher in „politischen Parteiungen" anstatt in der Eigenständigkeit der Teilgewalten darstellt[185], mag schon angesichts des noch glücklicherweise geringen Einflusses der Parteien auf die Besetzung der Mehrzahl der Richterstellen und auf die Rechtsprechung[186] bezweifelt werden.

Folgt man Smend, so ist die Überwindung der orthodoxen Gewaltentrennungslehre zumindest hinsichtlich der Stellung der dritten Gewalt im Staatsgefüge ohnehin nicht Folge gewandelter Staatsstrukturen, sondern Konsequenz dessen, daß die klassischen Kategorien den Teilgewalten, wie sie tatsächlich ausgeformt waren, nie entsprochen haben. Smend schreibt[187]: „Justiz ist überhaupt nicht zu begreifen als ein arbeitsteilig bestimmtes und begrenztes Stück des Funktionensystems des modernen Staates, so, daß ihr Wesen vom Ganzen der Gewaltenteilungslehre her zu erfassen wäre. Sie wird von der Gewaltenteilung nur vorgefunden und schlecht und recht in sie eingeordnet. Die Gewalten unserer Verfassung sind nicht aus einem einheitlichen Plan hervorgegangen, der ihnen zugrundeliegt, sondern sie sind verschiedenen Alters und verschiedener Wurzel, erst nachträglich zueinander in Beziehung gesetzt, daher aber in ihrem eigentlichen Wesen auch nicht durch diese Beziehungen bestimmt."

---

[182] Vgl. auch *Peters*, Gewaltentrennung, S. 23; *Werner*, Funktion, S. 75; *Birnbaum*, S. 487.
[183] *Dax*, S. 138; *Ueberschaer*, S. 21.
[184] *Ueberschaer*, S. 21 unter Bezug auf *Peters*, Gewaltentrennung, S. 9.
[185] *Weber*, WRV u. GG, S. 21, 25 ff.
[186] Vgl. auch die Kritik *Leibholz'* an der Unterteilung des BVerfG in einen „roten" und einen „schwarzen" Senat, Strukturprobleme, S. 181.
[187] BVerfG-Festschrift, S. 23 ff.

2.2. Justitiabilisierung durch Rechtsprechung

2.2.2. Die Funktion der dritten Gewalt im modernen Verfassungsstaat

Fest steht, daß das Prinzip der Gewaltentrennung auch im modernen Staat nicht obsolet ist, daß es in seiner Materialisierung aber andere Gestalt annimmt, als die von seinen Schöpfern gedachte[188]. Vor allem die dritte Gewalt hat Funktion und Gewicht im Verbund der Teilgewalten verändert. Der orthodoxen Gewaltentrennung mit ihrem Axiom, daß ausschließlich dem zur Gesetzgebung berufenen Organ auch die Rechtssetzung anvertraut sei, und daß die anderen Staatsorgane dieser Rechtssetzung unterworfen seien[189] entsprach das klassisch-positivistische Dogma, daß es außer dem Gesetz kein Recht gebe, und daß das Gesetz stets Recht sei.

Daraus folgten zwei weitere Postulate: Daß erstens die Gesetze wörtlich zu nehmen seien, weder ausgelegt noch erläutert noch gar rechtsschöpferisch erweitert werden dürften und zweitens, daß ihr Inhalt nach der subjektiven Methode zu erfassen sei, nämlich so, wie er vom ursprünglichen Gesetzgeber gedacht worden sei[190].

Schon mit der Zuwendung zur objektiven Methode der Auslegung haben die Gerichte den ihnen ursprünglich zugedachten Funktionsrahmen verlassen. Maßgeblich ist nicht mehr der reale Wille des tatsächlich existenten Gesetzgebers, sondern der objektivierte Wille des Gesetzes. Der Richter ist nicht mehr Phonograph; ihm ist — und keineswegs nur im Bereich von Gesetzeslücken — die Aufgabe gestellt, Gedanken weiterzuentwickeln, von denen „niemand weiß, ob der Gesetzgeber sie je gedacht hat"[191].

Wenn sich aber — wie Bülow sagt — Gesetzgeber und Richter in dieser Weise „in den Rechtschaffungs- und Rechtsbestimmungsberuf" teilen[192], so stellt sich von neuem die Frage, wo die Trennungslinie zwischen den Gewalten nunmehr zu ziehen ist, da doch die scheinbar logisch zwischen Rechtssetzung der Legislative und Rechtsanwendung der Gerichte sich abzeichnende Grenze nicht mehr besteht. Die These Arndts, die Gewaltenteilung müsse neu verstanden werden als das unentbehrliche Mittel, ein Übermaß an Macht einsichtig zu menschengerechter Macht zu mäßigen und die Tatsächlichkeit der Macht in

---
[188] Vgl. auch den interessanten und vieldiskutierten Hinweis *Schelskys* auf die heutige Form der Gewaltenteilung als Trennung wirtschaftlicher und politischer Herrschaftsformen, FAZ v. 20.1.73, S. 7.
[189] Vgl. *A. Arndt*, NJW 63, S. 1273.
[190] Vgl. *A. Arndt*, NJW 63, S. 1273; *Stein*, NJW 64, S. 1747 f.
[191] *A. Arndt*, NJW 63, S. 1273; vgl. auch *Dubischar*, S. 89.
[192] *Bülow*, S. 41; Bülow fährt fort: „Das Gesetz vermag nicht unmittelbar Recht zu schaffen, es ist nur eine Vorbereitung, ein Versuch zur Bewirkung einer rechtlichen Ordnung. Die Rechtsbestimmung wird nicht unmittelbar vom Gesetz gegeben, sie wird erst von dem Richter gefunden" (S. 45 f.).

Rechtlichkeit der Macht zu wandeln, indem sie durch ein Kontrastieren der Mächtigen die Machtvorgänge einsichtig und kontrollierbar werden läßt, ist wenig konkret. Sie nennt allerdings eine Basisfunktion jeder Gewaltentrennung: Die Gewaltenhemmung. Ausgewogenheit und Effizienz wechselseitiger Gewaltenhemmung ist daher auch Kriterium für den Umfang des Funktionsbereiches der Rechtsprechung. Legislatives oder „quasi-legislatives" Tätigwerden durch Konkretisierung, Weiterbildung und Neuschöpfung von Rechtssätzen ist nicht von vornherein ausgeschlossen, muß aber begrenzt sein durch kompetente Ausübung gesetzgebender Gewalt seitens der primär hiermit befaßten Teilgewalt Legislative; außerdem muß vermieden werden, was Kritiker des US-Supreme Court „government by judiciary"[193] genannt haben: Die Suprematie der dritten Gewalt.

Mit der Gewaltenhemmung ist die Funktion der Gewaltentrennung aber noch nicht erschöpft. Die „lebendige Einheit" des Staates wird durch gegenseitige Kontrolle nicht voll erreicht; sie ist angewiesen auf gegenseitige Ergänzung und Mitwirkung aller Gewalten bei der aktiven Gestaltung des Staatswesens[194]. Abkapselung autonomer Handlungsbereiche und ihrer Institutionen voneinander bedeutete geradezu eine Schwächung des Staatsganzen und müßte letzten Endes die Unfähigkeit der isolierten Gewaltenteile bewirken, die ihnen „vom politisch-sozialen Ganzen übertragenen Aufgaben"[195] entsprechend dem sozialen Wandel der Gesamtgesellschaft effektiv zu lösen.

Gesetzgebung durch die Volksvertretung schließt also auch aus diesem Grunde nicht jede andere Rechtschöpfung aus; sie beinhaltet im Gegenteil den Auftrag auch an den Richter, an der Gestaltung des Rechts unter Beachtung sozialer Veränderungen mitzuwirken[196].

---

[193] *Dean*, Judicial Review and Democracy, S. 5; vgl. auch die Bemerkung *Emil Boutmys*: "I do not know of any more striking political paradox than this supremacy of a nonelected power in a democracy reputed to be of the extreme type, ...", Studies, S. 117 f.

[194] Vgl. hierzu *Hegel*: „... Das Prinzip der Teilung der Gewalten enthält nämlich das wesentliche Moment des Unterschiedes, der realen Vernünftigkeit; aber wie es der abstrakte Verstand faßt, liegt darin theils die falsche Vorstellung der absoluten Selbständigkeit der Gewalten gegeneinander, theils die Einseitigkeit, ihr Verhältnis zueinander als ein Negatives, als gegenseitige Beschränkung aufzufassen. In dieser Ansicht wird es eine Feindseligkeit, eine Angst vor jeder, was jede gegen die Andere als gegen ein Übel hervorbringt, mit der Bestimmung, sich ihr entgegenzusetzen und durch diese Gegengewichte ein allgemeines Gleichgewicht, aber nicht eine lebendige Einheit zu bewirken ...", Grundlinien der Philosophie des Rechts, § 272.

[195] *Schelsky*, S. 8.

[196] Vgl. BGH JZ 54, 154: „Die Aufgabe, Recht zu setzen ist nach dem Grundgesetz nicht in den alleinigen Machtbereich der gesetzgebenden Gewalt gestellt worden"; vgl. weiter *Vile*, S. 291.

2.2. Justitiabilisierung durch Rechtsprechung

Hirsch[197] kritisiert gerade diese wechselseitige Durchwirkung der Gewaltenfunktionen als Verstoß gegen das Gewaltenteilungsprinzip[198]. Nicht als König des Rechts, sondern als Diener der gültigen Gesetze habe der Richter Recht zu sprechen[199]. Die „moderne Richterrechtstendenz" sieht er „u. a. auch durch das Bild des anglo-amerikanischen Richters"[200] beeinflußt und weist darauf hin, daß das Wesen des anglo-amerikanischen Rechtssystems nicht in dem Verzicht auf die Bindung des Richters an das Gesetz, sondern im weitgehenden Verzicht auf gesetzliche Regelungen besteht, eine Verschiedenheit des Systems, welche nicht ohne schädliche Folge für unsere Rechtsordnung beiseitegeschoben werden dürfe[201].

Verdeutlichung und Weiterbildung, Fortentwicklung und Neuformulierung von Gesetz und Verfassung ist aber, wie zuletzt noch Laufer unter Hinweis auf Leibholz und Geiger zu Recht bemerkt hat[202], auch und sogar in erster Linie Aufgabe der Gerichte[203]. Diese Aufgabe gehört zu den originären Funktionen des Richters, und zwar keineswegs nur des common-law-Richters[204], sondern gerade auch des Richters, der Recht zu sprechen hat anhand legislatorisch fixierter Rechtssätze. Der Gesetzgeber kann nicht spezifische Vorsorge treffen für alle Konstellationen, die sich in dem von ihm geregelten Bereich im Zuge gesellschaftlicher Entwicklungen ergeben. Diesen Mangel hat der Richter zu beheben, wenn Unvorhergedachtes sich im konkreten Fall als real erweist und eine Reaktion des Rechts verlangt.

Ein amerikanischer Richter, Learned Hand, verdeutlichte diese Position, in der sich der Richter (auch der kontinentaleuropäische) befindet[205]:

---

[197] JR 66, S. 339.
[198] Verfaßt ist diese Stellungnahme Hirschs allerdings im Jahre 1966, zu einem Zeitpunkt also, als der Autor noch dem Bundestag und nicht — wie heute — dem BVerfG angehörte.
[199] Eine Formulierung, die die systematische Stellung der gerichtlichen Normenkontrolle mit Geschick außer acht läßt.
[200] a.a.O.
[201] Vgl. *Callison*, S. 598: "The system of making law by judicial decision is confined to the English speaking world. The idea is foreign to the Romanesque system and is absent from all systems derived from that source."
[202] *Laufer*, Demokratische Ordnung, S. 142; vgl. auch schon die Philippika *Kirschmanns* gegen die „Klägliche ... Jurisprudenz", die „sich selbst für unfähig erklärt, den Stoff, den Gang der neuen Bildungen ... zu leiten, während alle anderen Wissenschaften dies als ihren wesentlichsten Teil, als ihre höchste Aufgabe betrachten", S. 45.
[203] Deswegen gilt, die Laufer fortfährt, für das BVerfG in gleicher Weise wie für den US-Supreme Court der Satz des ehemaligen Chief Justice Hughes: "We live under a Constitution, but the Constitution is, what the judges say it is."
[204] Vgl. *Rosenblum*, S. 5.

"A judge is in a contradictory position; he is pulled by two opposite forces. On the one hand he must not enforce whatever he thinks best; he must leave that to the common will expressed by the (legislature). On the other hand, he must try as best he can to put into concrete form what that will is, not by slavishly following the words, but by trying honestly to say what was the underlying purpose expressed."

So überlappen sich legitimerweise die Tätigkeitsbereiche von Legislative und Jurisdiktion. Rechtssetzung ist keine exakte Wissenschaft. Ausschließliche Zuordnung zu einem Gewaltträger im Teilungssystem der staatlichen Gewalt läßt sich nicht erreichen, ist auch weder notwendig noch wünschenswert. Das Problem — wie Justice Frankfurter seinem neuernannten Kollegen Black schrieb — ist nicht, „whether the judges make the law, but when and how and how much"[206].

2.2.3. Rechtsschöpfung durch die dritte Gewalt im angelsächsischen Rechtskreis

Man mag der Auffassung sein, die Untersuchung habe allzu eilig den Schritt von der Ablehnung der hergebrachten Gewaltenteilungslehre zur Akzeptierung richterlicher Rechtssetzung getan. Im Grunde genommen ist bislang jedoch nur eines festgestellt: Im modernen, gewaltenteilig organisierten Rechtsstaat sind die gesetzgebenden Körperschaften nicht mehr alleinige Inhaber des Privilegs, Recht zu setzen. Diese Erkenntnis hilft noch nicht sehr viel weiter bei der Klärung der konkreten Frage, wie weit es dem (einfachen oder Verfassungs-) Richter erlaubt ist, die verfassungsgestaltende Grundentscheidung für den sozialen Rechtsstaat in den Grenzen ihres ausgedehnten Wirkbereiches mit konkretem Gehalt zu füllen, vor allem, wie weit ihre Justitiabilität im Normenkontrollverfahren zu erreichen ist.

Noch heute gilt in der kontinental-europäischen Rechtswissenschaft vielfach die Schaffung von Richterrecht als die Todsünde der rechtsprechenden Gewalt. Und oft noch wird Gerichtsgebrauch qualifiziert als „eine rein soziologische, d. h. statistische Tatsache ohne Anspruch auf Bindung"[207], oder als eine Art von Gewohnheitsrecht[208], wobei aber außer acht gelassen wird, daß von einer communis opinio in der Regel keine Rede sein kann[209].

---

[205] Zit. bei *Mendelson*, S. 14.
[206] Zit. bei *Howard*, S. 340.
[207] *Welzel*, S. 18, Fußn. 54.
[208] Vgl. die Quellenangaben bei *Redeker*, S. 412, Fußn. 34.
[209] Ebd., S. 412, Fußn. 34.

2.2.3.1. Die Relevanz angelsächsischer Praxis für die Klärung der Befugnisse deutscher Gerichte, insbesondere des Bundesverfassungsgerichtes

Das angelsächsische Recht hat schon seit langem die bindende Wirkung des „case law" anerkannt, während die hiesige Lehre noch immer überwiegend auf der überlieferten Ansicht beruht, selbst den Präjudizien der obersten Gerichte komme eine Bedeutung über den konkreten Fall nicht zu, da ja der Richter lediglich das gesetzte Recht anwende. Es ist offensichtlich, daß diese Auffassung in eklatantem Widerspruch zur täglichen Praxis steht[210]. Gerade deswegen scheint es angebracht, in die nähere Betrachtung die rechtsschöpferischen Aktivitäten angelsächsischer Gerichte und hier vor allem des US-Supreme Court einzubeziehen.

Aber nicht nur die differente, realistischere Einstellung spricht für die Relevanz amerikanischer Erfahrungen. Bei genauer Betrachtung ergibt sich nämlich, daß die Funktion zumindest der beiden obersten Gerichte der USA und Deutschlands im Kern die gleiche ist, auch wenn sie in verschiedener Form ausgeübt wird[211]. Hierfür spricht zunächst eine „wenigstens grobe Parallelität der Grundbedingungen"[212], unter denen sowohl der Supreme Court als auch das BVerfG operieren. Beide Gerichte stehen unter einer Verfassung, die höhere Geltung beansprucht und mit der Postulierung bestimmter Grundrechte Exekutive wie auch Legislative binden. Beide Gerichte sind in einem durch die jeweiligen Verfassungen etablierten System von „checks and balances" die obersten Hüter der Verfassung, haben über deren Beachtung zu wachen und ihre Einhaltung nötigenfalls durch Annullierung staatlicher Hoheitsakte zu gewährleisten.

Hinzu kommt der vergleichbare Effekt der jeweiligen Entscheidungen. Beide Organe legen mit letzter Verbindlichkeit Verfassung und Gesetze aus, ohne aber für die Durchsetzung ihres Spruchs auf die unerzwingbare Kooperation der übrigen Gewaltträger verzichten zu können[213]. Und schließlich — für diese Untersuchung am wesentlichsten — sehen sich beide Gerichte verpflichtet, im Rahmen ihrer Spruchtätigkeit das Verfassungsrecht kontinuierlich fortzubilden[214].

---

[210] Für das schweizerische Recht hat das Germann in einer eingehenden Studie bereits 1949 nachgewiesen, vgl. *Germann*, ZSR 49, S. 297 ff. u. 423 ff.; vgl. auch *Meier-Hayoz*, Zürich 1951; *Germann*, Rechtsfindung, S. 231.

[211] *Katz*, S. 102; vgl. auch *Kauper*, Mich. Law Rev. 58, S. 1177: "... The differences between the Federal Constitutional Court and the Supreme Court are probably more formal than real."

[212] *Scharpf*, S. 2.

[213] Vgl. *Scharpf*, S. 2.

[214] Vgl. BVerfGE 6, 240; s. auch *Katz*; *Leibholz*, Strukturprobleme, S. 183; *Scharpf*, S. 2.

Freilich bleiben die Unterschiede bedeutsam genug[215]. Sie sind jedoch nicht so eminent, daß man es mit Friesenhahn[216] für unzulässig halten müßte, „die Bedeutung des amerikanischen Supreme Court für die Entwicklung des amerikanischen Verfassungsrechts mit der kontinentalen Verfassungsgerichtsbarkeit zu vergleichen".

Gerade die verfassungstheoretischen und praktischen Schranken der richterlichen Gewalt, die das amerikanische Gericht „in weiser Selbstbeschränkung"[217] anerkennt, gewinnen für das BVerfG desto mehr an Relevanz, je weiter man sich von der historischen Situation des Jahres 1949 entfernt. Mag auch das Grundgesetz im Vergleich zur amerikanischen Verfassung weniger Raum zu regelnder Ausfüllung gewähren, so wird doch gerade auch diese Festlegung im Verein mit dem „starren" Charakter der Verfassung[218] in kommenden Dekaden nachdrücklichen Anstoß zu schöpferischer Tätigkeit des Gerichts darstellen.

Bedenkt man schließlich, daß im Bereich der Grundrechte und gerade auch des Art. 20 der Abstraktionsgrad der Normierungen dem einer „due-process-clause"[219] oder einer „interstate-commerce-clause"[220] kaum nachsteht, so dürfte es doch nicht ohne Nutzen sein, auf die auf 180jähriger Verfassungsrechtsprechung beruhenden Erfahrungen des Supreme Court mit der Konkretisierung, Weiterbildung und Anpassung einer rechtsstaatlichen Verfassung einzugehen.

2.2.3.2. Die Spruchtätigkeit angelsächsischer Gerichte, insbesondere des US-Supreme Court

Im amerikanischen wie im englischen Rechtskreis findet sich „echtes" Richterrecht. Die umfassende Kodifizierung im kontinentaleuropäischen Stil ist dort unterblieben. „Statute law" regelte bis vor einigen Jahrzehnten nur einzelne Rechtsgebiete, wenn auch heutzutage vor allem in den USA die verstärkte Tendenz zum Gesetzesrecht unverkennbar ist[221]. Dennoch bleibt auch dort das Präjudizienrecht des common-law noch die wichtigste Rechtsquelle[222].

---

[215] Vgl. im einzelnen *Scharpf; Kauper*, S. 1177; *Wolf*, Verfassungsgerichtsbarkeit, S. 231.

[216] Wesen u. Grenzen, S. 158 f., in einer Kritik an der insoweit wohl auch überspitzten Auffassung Geigers, das Grundgesetz habe die Suprematie des BVerfG begründet.

[217] *Leibholz*, Strukturprobleme, S. 184.

[218] Vgl. ebd., S. 183.

[219] 14. Amendment der US-Verfassung.

[220] Art. I Sect. 8 US-Verfassung.

[221] Vgl. *Cahill*, S. 69.

[222] *Germann*, Rechtsfindung, S. 233.

2.2. Justitiabilisierung durch Rechtsprechung

Die Präjudizien höherer Gerichte binden die nachgeordneten Gerichte; sie haben allerdings — zumindest der systematischen Stellung nach — auch im angelsächsischen Recht dem Gesetz gegenüber untergeordnete, subsidiäre Bedeutung[223].

So ist denn die Bemerkung Frankfurters, daß „judges do make and change the law" keineswegs nur die kühne, aber abseitige Meinung eines extremen Außenseiters, sondern die klare Beschreibung eines weithin als Selbstverständlichkeit hingenommenen Zustandes[224].

Extreme Vertreter der „legal realists" haben lange schon einen weiteren Schritt getan. Alles Recht, so wird erklärt, sei Richterrecht. Denn „the true view is that the law is what the judges declare; that statutes, precedents, the opinion of learned experts, customs and morality are the sources of the law"[225].

Warum aber sollte Gesetz nicht Recht sein, nur weil in Zweifelsfällen seine Bedeutung erst durch den Richter festgelegt wird? "In countless litigations, the law[226] is so clear that judges have no discretion[227]." Erst wo diese Eindeutigkeit nicht gegeben ist, wo das Gesetz etwa ungeregelte Lücken bietet, da allerdings ist es Aufgabe des Richters, sie auszufüllen „in the exercise of a power frankly legislative in function"[228].

Im ganzen gesehen könnte sich der amerikanische Richter grundsätzlich in vier Fällen vor die Frage gestellt sehen, ob er neues Recht schaffen soll[229]:

---

[223] Zu der unterschiedlichen Bedeutung der „rules of precedent" in Großbritannien und USA vgl. *Farnsworth*, Introduction, S. 49: "For several reasons the doctrine of precedent has never enjoyed in the United States the absolute authority that it is said to have attained in England. The great volume of decisions, with conflicting precedents in different jurisdictions, has detracted from the authority of individual decisions. The rapidity of change has often weakened the applicability of precedents to later cases that have arisen after social and economic conditions have altered with the passage of years. Nevertheless, the doctrine of precedents, although less rigidly applied than in England, is still firmly entrenched in the United States."
[224] Vgl. etwa *Abraham*, S. 106 mit dem Hinweis auf Holmes, diss., in: Southern Pacific Co v. Jensen 244 US 205 (1916), 221; *Alfange*, S. 219; *Aumann*, S. 37; *Cahill*, S. 3; *Callison*, S. 599 ff., 612 f.; *Diplock*, S. 2; *Douglas*, S. 288; *Hogan*, S. 573; *McWhinney*, Can. Bar Rev. 45, S. 583; ders., Judicial Review, S. 238; *Post*, S. 102 f.; ohne Autor, Harvard Law Review 82, S. 1512; vgl. vor allem *Cardozo*, S. 125 ff. sowie *Jackson*, S. 56: "Only those heedless of legal history can deny that in construing the Constitution the Supreme Court from time to time makes new constitutional law or alters the law that has been."
[225] *Gray*, Sect. 602.
[226] Sprich: Gesetz.
[227] *Cardozo*, S. 129.
[228] Ebd., S. 128.
[229] Vgl. *v. Mehren*, S. 83.

1. Der Richter erkennt, daß der im konkreten Rechtsstreit gegebene Interessenkonflikt durch die bestehenden Rechtssätze autoritativ gelöst wird, er will aber die Konsequenzen dieser Lösung aus (rechts-)politischen Gründen entweder für den gegebenen Fall oder im allgemeinen nicht akzeptieren.
2. Zwar haben die bestehenden Rechtssätze bislang Interessenkonflikte von der Art des zu entscheidenden gelöst; der Richter glaubt aber, daß sich seitdem die politischen, sozialen und ethischen Vorstellungen über die gerechte Art, solche Konflikte zu beseitigen, maßgeblich verändert haben.
3. Die bestehenden Rechtssätze lassen die Lösung eines Rechtsstreites zu, der dem zu entscheidenden ähnlich ist, ihm aber nicht genau entspricht.
4. Keiner der von den bestehenden Rechtssätzen gelösten Interessenkonflikte kann vernünftigerweise als dem dem konkreten Rechtsstreit zugrundeliegenden vergleichbar angesehen werden.

Während in den drei zuletzt genannten Situationen die gerechte Lösung vom Gericht den Aufbruch zu den Ufern neuen Rechts verlangt, liegt ein solcher Schritt im ersten Fall in der freien Entscheidung des Richters; nur ein „activist court" wird ihn unternehmen. Hierin zeigt sich der wesentliche und immer wieder beschworene Unterschied zu einem „restrained court".

Diese Epitheta werden nicht — oder nur vordergründig — danach zu vergeben sein, ob ein Gericht die ihm zuteil gewordene Macht mehr oder weniger in Anspruch nimmt[230].

In Wahrheit bezeichnen sie die relative Position, in welcher sich das Gericht, vor allem der Supreme Court, gegenüber Präsident und Kongreß als den Trägern politischer Macht befindet. Ein „activist court" ist in aller Regel nichts anderes als ein Supreme Court, dessen mehrheitliche Ansichten mit den im politischen Bereich vorherrschenden Auffassungen nicht konformgehen und der „restrained court" ein Gericht, dessen Rechtsprechung mit den Zielvorstellungen aktueller Politik nicht in Konflikt gerät[231].

Allerdings wird sich auch ein „Aktivist" hüten, in seiner Entscheidung offen anzuerkennen, daß die Verfassung oder die Gesetze in ihrem gegenwärtigen Bestand zwar eine Entscheidung des Rechtsstreits zu-

---

[230] Vgl. dazu *Lucas*, S. 41: "Men — especially political men — naturally and legitimately desire to exercise power and use it to fulfill their sincere beliefs of what is right. The justices of the Supreme Court are no exception."

[231] Vgl. dazu auch *Roche/Levy*, S. 5: "It would seem, that this (legislative) function is denounced as 'judicial usurpation' when one does not approve of the result and praised as 'judicial statemanship' when it reaches a desired goal."

2.2. Justitiabilisierung durch Rechtsprechung

lassen, daß aber dieses Ergebnis aus politischen Gründen nicht akzeptiert werden könne und daher abgeändert werden müsse. Vielmehr wird der „activist court" gerade weil er sich im Widerspruch zur herrschenden Auffassung befindet, versuchen, seine Entscheidung als Folge einer Rechtslage nach den Fallgruppen 2.-4. darzustellen.

Ein deutliches Beispiel bietet die Entscheidung US v. Butler[232], in welcher der Supreme Court den Agricultural Adjustment Act, einen der Tragpfeiler des New-Deal-Programms Roosevelts, für verfassungswidrig erklärte. Justice Roberts schrieb dort für die konservative Mehrheit:

"It is sometimes said, that the Court assumes a power to overrule or control the action of the people's representatives. This is a misconception. When an act of Congress is appropriately challenged in the courts ... the judicial branch of the Government has only one duty — to lay the Article of the Constitution which is invoked beside the statute which is challenged and to decide, whether the latter squares with the former ... The only power it has, if such it may be called, is the power of judgment. This Court neither approves nor condemns any legislative policy."

Daß es aber genau das politische Geschäft war, welches die Mehrheit betrieb, haben die Richter Stone, Brandeis und Cardozo in einem Minderheitsvotum hervorgehoben und den Versuch der Mehrheit, die Verantwortung für ihre Politik abzuschieben, mit harten Worten kritisiert:

"The majority opinion ... is a tortured construction of the Constitution ... adressed to the mind accustomed to believe that it is the business of courts to sit in judgment on the wisdom of legislative action ... Courts are not the only agency of government that must be assumed to have the capacity to govern[233]."

Trotz verbreiteter Diskussion über die Grenzen richterlicher Rechtssetzung ist in Deutschland ein Axiom nie in Frage gestellt worden: Daß es nämlich dem Richter nicht erlaubt sei, bewußt und gewollt eine gesetzliche Regelung beiseite zu schieben, um eine seinen persönlichen Wertvorstellungen entsprechende Norm zu formulieren und diese der Entscheidung zugrundezulegen.

---

[232] 297 US 1 (1936).
[233] Vgl. auch das bereits aus dem Jahre 1929 stammende Minderheitsvotum von Mr. Justice Holmes in Baldwin v. Missouri, 281 US 586 (595): "... I see hardly any limit but the sky to the invalidating of those rights if they happen to strike a majority of this Court as for any reason undesirable. I cannot believe that the (Fourteenth) Amendment was intended to give us carte blanche to embody our economic or moral beliefs in its prohibitions ..."

Man wird dementsprechend eine Untersuchung der amerikanischen Gerichtspraxis, die einer Erkenntnis von Parallelentwicklungen dienen soll, nicht auch auf diesen Bereich richterlichen Aktivismus erstrecken müssen. Im Hinblick auf die mögliche Justitiabilisierung der grundgesetzlichen Sozialstaatsklausel bieten sich für die Klassifizierung richterlicher Tätigkeit daher vor allem die oben genannten Fallgruppen 2. und 4. an.

Transponiert auf den verfassungsgerichtlichen Prozeß der Normenkontrolle würde das bedeuten:

1. Der Supreme Court hat durch Weiterentwicklung der geltenden Verfassungsbestimmungen neues Verfassungsrecht zu setzen, wenn die politische, gesellschaftliche und ethische Evolution eine derartige Anpassung fordert, um zu gerechten, der Verfassungswirklichkeit entsprechenden Ergebnissen zu gelangen.
2. Durch Neuformulierung entsprechenden Verfassungsrechts löst der Supreme Court Konflikte, auf die die bestehenden Bestimmungen der Verfassung nach ihrem gegenwärtigen Gehalt vernünftigerweise nicht angewandt werden können.

Oder, besser und in klassischer Formulierung:

1. "It is the function of our courts, to keep the doctrines up to date with the mores by continual restatement and by giving them a continually new content. This is judicial legislation, and the judge legislates at his peril. Nevertheless, it is the necessity and duty of such legislation that gives to judicial office its highest honor; and no brave and honest judge shirks the duty or fears the peril[234]."
2. „Le juge, qui refusera de juger, sous prêtexte du silence de l'obscurité ou de l'insuffisance de la loi, pourra être poursuivi comme coupable de déni de justice[235]."

2.2.3.2.1. Umfang und Grenzen richterlicher Rechtsschöpfung

Betrachtet man diese beiden Grundarten richterlicher Verfassungswandlung, zieht noch die Knappheit der 170 Jahre alten Verfassungsurkunde der USA und die Schwierigkeit legislativer Änderungen ins Kalkül, so wird (vor allem, wenn man die Rolle eines „activist court" betrachtet) verständlich, was Chief Justice Hughes veranlaßt haben könnte, seinen für hiesige Ohren so schockierenden Satz zu formulieren: "We live under a constitution, but the constitution is, what the judges say it is."

---

[234] *Corbin*, S. 771; vgl. auch *Kauper*, 66 Michigan Law Rev., S. 918.

[235] Art. 4 des „code civil"; klarer als durch diese Quellenangabe kann die Beziehung kontinentaler Systeme zur amerikanischen Praxis kaum dargetan werden.

2.2. Justitiabilisierung durch Rechtsprechung

Dennoch ist auch der Richter des Supreme Court nicht ungebundener Gestalter der verfassungsmäßigen Ordnung, Richterkönig, der als Stimme des nationalen Gewissens[236] ureigenste Weltanschauung artikuliert. „The judge", schreibt Cardozo in seinem klassischen Essay über den Richter als Gesetzgeber[237], „even when he is free, is not wholly free. He is not to innovate at pleasure. He is not a knight-errand roaming at will in pursuit of his own ideal of beauty or of goodness. He is to draw his inspiration from consecrated principles. He is not to yield to spasmodic sentiment, to vague and unregulated benevolence. He is to exercise a discretion informed by tradition, and subordinated to the primordial necessity of order in social life".

Und Sir Francis Bacon mahnte: "Let judges also remember that Solomon's throne was supported by lions on both sides. Let them be lions, but yet lions under the throne[238]."

Doch bleibt dem amerikanischen Richter weiter Raum, legislatorische Funktionen auszuüben, auch wenn diese seine Tätigkeit auf den Bereich beschränkt bleibt, in welchem der Wille des Souveräns nicht bereits durch positiven Rechtssatz manifest geworden ist.

Solche — im weitesten Sinne — Gesetzeslücken sind nicht in jeweils gleicher Weise der Ausfüllung durch richterliche Rechtsetzung zugänglich. Geht man davon aus, daß die gesetzgebende Gewalt in aller Regel nicht verpflichtet ist, auf das Entstehen bestimmter veränderter Situationen mit regelnden Verdikten zu reagieren, so mag es eine — wenn auch negative — Ausübung politischer Macht bedeuten, wenn eine bestimmte Gesetzesvorlage nicht angenommen wird; das könnte sogar für den Fall gelten, daß eine vorgeschlagene gesetzliche Regelung nicht einmal erörtert wird[239].

Nichtstun muß aber nicht unbedingt ein vom Richter zu beachtender Ausdruck legislativen Wollens sein[240]. Die Erkenntnis der Gründe für das gesetzgeberische Unterlassen ist für den mit der Lücke konfrontierten Richter bedeutsam; sie festzustellen ist allerdings nicht immer ohne Schwierigkeiten möglich.

Das Unterlassen des Gesetzgebers braucht nicht mehr zu bedeuten, als daß die regelungsfähigen oder -bedürftigen Umstände nicht beachtet worden sind. Es könnte aber bedeuten, daß sich die Legislative dafür entschieden hat, die zur Schließung der Lücke aufzustellenden Rechtsregeln vom Richter entwickeln zu lassen. Dem in der common-law-

---

[236] Vgl. *Cox*, S. 27; *Miller/Howell*, S. 689 ff.; kritisch *Hynemann*, S. 196.
[237] The Nature of the Judicial Process, S. 141.
[238] Zit. bei *Dean*, Oregon Law Rev. 34, S. 32.
[239] a. A. *H. M. Hart*, S. 46.
[240] Vgl. BGH NJW 68, 1830 zur Parteifähigkeit der Gewerkschaften.

Tradition befangenen Angelsachsen liegt eine solche Überlegung nicht allzu ferne; sie kann letzten Endes dazu führen, die Verantwortlichkeit für die Lösung gerade der diffizilsten politischen Probleme auf den Supreme Court zu übertragen, um durch „passing the buck"[241] langwierigen Konflikten im eigenen Lager aus dem Wege zu gehen. Ein solcher Trend allerdings diente niemandem, nicht dem Kongreß, der eigene Kompetenzen und Verantwortung leichtfertig überträgt, noch dem Gericht, das sich auf diese Weise im Zentrum der politischen Arena findet und schon gar nicht dem demokratischen Prinzip[242].

Es mag selbstverständlich auch der Fall gegeben sein, daß sich der Gesetzgeber nach ausführlicher Wägung des Für und Wider entschlossen hat, nicht zu handeln. Für den Richter ist diese Konstellation zweifellos die problematischste, wenn es dabei bleiben soll, daß für Richterrecht da kein Platz ist, wo der Wille des Gesetzgebers bereits ausdrücklich (und verfassungskonform) artikuliert ist[243].

Die amerikanischen Gerichte, insbesondere der Supreme Court, haben in der Regel davon Abstand genommen, eigene Rechtsregeln aufzustellen, wenn es nach Auswertung der Materialien und Indikatoren Anzeichen dafür gab, daß der Gesetzgeber bestimmte brachliegende Bereiche staatlichens Lebens nicht durch hoheitlichen Akt kultiviert haben wollte.

Führt ein derartiger Zustand allerdings über eine bloß kuriose Systemwidrigkeit hinaus zu einem Bruch mit den allgemeinen Tendenzen der Entwicklung des Rechts und deswegen letztlich zu Ungerechtigkeiten, so haben es die Gerichte für vertretbar gehalten, ihre Entscheidungsbefugnis aus einer Vermutung gesetzgeberischer „Blindheit" herzuleiten: Das Gericht setzt durch Urteil neues, eigenes Recht in der Erwartung, der Gesetzgeber werde solches Richterrecht durch Gesetz beseitigen, wenn und soweit es auch angesichts der ihm seitens der Judikative aufgezeigten Härtesituationen seinem ausdrücklichen Willen entspricht, es bei der ursprünglichen (lückenhaften) Rechtslage zu belassen[244].

---

[241] *Frankfurter*, Supreme Court as Legislature, S. 182; vgl. auch *Loewenstein*, S. 265.

[242] Vgl. zu diesem Problem näher *Freedman*, S. 29; *Wolf*, S. 229.

[243] Vgl. *Breitel*, S. 12.

[244] Ein aufschlußreiches Beispiel bietet das Schicksal der „hospital immunity rule". Lange Zeit wurde durch diesen Rechtssatz ein Haftungsausschluß der Krankenanstalten für Schäden statuiert, die durch fahrlässiges Verhalten von Personal in Ausübung von Heiltätigkeit verursacht wurden. Traten allerdings Schäden als Folge fehlerhafter Verwaltungstätigkeit auf, so hatte die Anstalt zu haften, selbst wenn diese Schäden durch ärztliches Personal verursacht wurden. Abgesehen von erheblicher Rechtsunsicherheit führte diese Regelung zu absurden Konstruktionen und verbalen Differenzierungen, mit welchen die Gerichte das unvermeidliche Ergebnis zu

2.2. Justitiabilisierung durch Rechtsprechung

Gerade dem obersten Gericht, welches mit letzter Autorität Recht spricht, ist aber im Zweifelsfalle Zurückhaltung geboten. Holmes' abweichendes Votum[245] ist heute noch so aktuell wie im Jahre 1929. Und heute wie damals finden sich die Mahner des Gerichts in dessen eigenen Reihen: "For when, in the name of constitutional interpretation, the Court adds something to the constitution that was deliberately excluded from it, the Court in reality substitutes it's view of what should be so for the amending process[246]."

2.2.3.2.2. Verfassungswandlung durch Zeitablauf

Der Supreme Court ist dennoch keineswegs darauf beschränkt, die von den Verfassungsvätern gedachte Bedeutung des Verfassungstextes festzustellen (doctrine of original intent)[247].

Auch vermeidet es das oberste Bundesgericht, den Inhalt der Verfassung ausschließlich auf der Basis der historischen Bedeutung der Worte zu interpretieren[248]: Um sich nicht zum Gefangenen der Ver-

---

vermeiden suchten; oftmals brachten die Entscheidungen dennoch schwerwiegende Ungerechtigkeiten mit sich. Da keines der zuständigen staatlichen Parlamente sich anschickte, diesen Zustand zu ändern, auch Gründe für diese Untätigkeit nicht klar zu erkennen waren, unternahmen es nach längerem Zögern die Gerichte einiger Staaten, durch Rechtsprechung die Haftung der Krankenanstalten zu erweitern (vgl. Ray v. Tucson Medical Center 72 Ariz. 22; Mississippi Baptist Hospital v. Holmes 214 Miss. 906; Bing v. Thunig 2 NY 2d 656; weitere Nachweise vgl. *Breitel*, S. 13 f.). Dieses Richterrecht wurde in der Folge nicht durch anderslautende Gesetze beseitigt, ein verläßliches Indiz für die Annahme, daß es nicht dem ausdrücklichen Willen der gesetzgebenden Körperschaften entsprochen haben konnte, es bei der alten Regelung zu belassen.

[245] s. oben Abschnitt 2.2.3.2.
[246] Justice Harlan in: Reynolds v. Sims 277 US 533, 563 (1964); vgl. aber auch *H. M. Hart*, S. 46: "Failing to enact a bill is not one of these ways (in which bills shall become law), even when a bill has been introduced and voted down. A fortiori, the failure to act is not an authorized way of making law, when no bill on the subject was ever introduced in the first place."
[247] Auf diese Doktrin stützt sich die wahrscheinlich folgenschwerste aller Supreme-Court-Entscheidungen, Dred Scott v. Sandford, 60 US 393 (1857). Dort (S. 426) heißt es: "If any of its provisions are deemed unjust, there is a mode prescribed in the instrument itself by which it may be amended; but while it remains unaltered, it must be construed now as it was understood at the time of its adoption. It is not only the same in words but the same in meaning, and delegates the same powers to the government, and reserves and secures the same rights and privileges to the citizen; and as long as it continues to exist in its present form, it speaks not only in the same words, but with the same meaning and intent with which it spoke when it came from the hands of the framers, and was voted on and adopted by the people of the United States."
[248] So aber *Crosskey* unter Berufung auf Holmes (zit. bei *Pritchett*, S. 56): "We ask not what this man meant, but what these words would mean in the mouth of a normal speaker of English, using them in the circumstances in which they were used."

gangenheit zu machen und die Weiterentwicklung der Verfassung nicht ausschließlich auf formelle Verfassungsänderungen zu beschränken, folgt das Gericht einer dritten Methode: Es interpretiert die Worte der Verfassung nach ihrer gegenwärtigen Bedeutung („current meaning") und ermöglicht es damit jeder Generation von neuem, die Verfassung veränderten Umständen und veränderten Bedürfnissen anzupassen, sofern solche Adaption vernünftigerweise mit der Sprache der Verfassung zu vereinbaren ist[249].

Diese Aufgabe ist schwierig. Einerseits hat das Gericht „mit der Zeit zu gehen", auf der anderen Seite aber muß es sorgfältig vermeiden, die Erwartungen, die die Öffentlichkeit in die Stabilität der Verfassungsordnung setzt, durch den Anschein opportunistischen Taktierens zu zerstören. Ein wesentliches Element der Autorität des obersten Gerichts steht hier auf dem Spiel.

Eindrucksvollstes (und vielleicht auch in seiner Bedeutung schwerwiegendstes) Beispiel für diesen Prozeß der Anpassung abstrakter verfassungsrechtlicher Grundsätze an veränderte gesellschaftliche Situationen sind die Entscheidungen des Gerichts in den „Segregation Cases". 1896[250] konstituierte das Gericht in Plessy v. Ferguson[251] die berühmte „separate but equal"-Doktrin. Dabei ging das Gericht davon aus, daß durch die erzwungene Trennung der Rassen den Farbigen keineswegs das Etikett der Minderwertigkeit („badge of inferiority") aufgedrückt würde.

Über ein halbes Jahrhundert lang hielt die Rechtsprechung an dieser Doktrin fest, obwohl von Jahr zu Jahr deutlicher wurde, daß es vor allem in den Südstaaten einer praktischen Unmöglichkeit gleichkam, öffentliche Einrichtungen von vergleichbarer Qualität für Neger und Weiße zu finden. 1954 schließlich änderte das Gericht seine Rechtsprechung. In einer (einstimmigen) Entscheidung wird ausgeführt: "To separate them (the Children) from others of similar age and qualifications solely because of their race generates a feeling of inferiority as to their status in the community that may affect their hearts and minds in a way unlikely ever to be undone." Und weiter: "We conclude that in the field of public education the doctrine of „separate but equal" has no place. Separate educational facilities are inherently unequal[252]."

---

[249] Vgl. schon Chief Justice Marshall in McCulloch v. Maryland 17 US 316 (1819): "We must never forget that it is a constitution we are expounding ... a constitution intended to endure for ages to come and consequently, to be adopted to the various crises of human affairs."
[250] Wenn man absieht von der oben zitierten Rassenentscheidung Dred Scott v. Sandford aus dem Jahre 1857.
[251] 163 US 537.
[252] Brown v. Board of Education 347 US 483 (1954).

Kurz: Der Satz „separate but equal" entsprach im Jahre 1896 derselben Verfassung (oder besser demselben Verfassungstext) gegen die er 1954 in offenbar eklatanter Weise verstieß[253]. Beide Entscheidungen waren verfassungsgemäß. Denn beide entsprachen der „current meaning", der gegenwärtigen Bedeutung der equal-protection-clause. Seine Aufgabe und Stellung als verantwortlicher Verfassungsinterpret ließ dem Gericht in „Brown v. Board of Education" keine andere Alternative, als in den Entscheidungsgründen auszugehen von einer Analyse der Bedeutung des öffentlichen Bildungswesens „in the light of its full development and its present place in American Life throughout the Nation"[254]; die Aufhebung der eigenen Präzedenzentscheidung und die Neuinterpretation der Verfassung war zwangsläufig.

2.2.3.2.3. Richterliche Umdeutung der Verfassung vor Stellungnahme der öffentlichen Meinung

Der Supreme Court sah sich in der Folge scharfer Kritik nicht nur aus dem Lager südstaatlicher Politiker, sondern auch gemäßigter Verfassungsjuristen ausgesetzt. "Leadership in constitutional development must come", schreibt Swisher[255], "through the legislative and executive branches. In the decision of cases the judiciary ... cannot safely take over the task of leadership without threat of disaster both for itself and for the country." Wo die zu entscheidenden Streitfragen noch politische Kontroversen hervorriefen, sich eine überwiegende öffentliche Meinung noch nicht gebildet hat, da müsse das Gericht grundlegende Umdeutungen der Verfassung unterlassen, soweit der Verfassungstext nicht ganz eindeutig sei[256].

Diese Restriktion des Gerichts dürfte aber zu weit gehen. Notwendige Distanz zum politischen Kampf bedeutet nicht, daß das Verfassungsgericht sich eigener urteilsförmiger Stellungnahme zu enthalten habe, bis die zu entscheidenden Fragen durch Machtkampf geklärt sind. Die Ansichten zu vielen der entscheidenden verfassungsrechtlichen Probleme werden kontrovers bleiben, solange ihre Beantwortung relevant ist[257]. Das kann und darf das Gericht nicht davon abhalten, der Verfassung den Inhalt zu geben, der ihr als dem „supreme law of the land" in der gegebenen Verfassungswirklichkeit ihren fundamentalen Grundgedanken nach zukommt.

---

[253] Die Formulierung des Urteils läßt keinen Zweifel: "Any language in Plessy v. Ferguson contrary to this finding is rejected."
[254] *Pritchett*, S. 59.
[255] 19 Judicial Policy, S. 183.
[256] *Swisher*, ebd.
[257] Vgl. etwa die im Jahre 1973 ergangenen Supreme Court-Entscheidungen zur grundsätzlichen Verfassungsmäßigkeit der Abtreibung auf Wunsch.

Solche Interpretationstätigkeit mag — wie dies bei der Aufhebung formeller Gesetze im Wege der Normenkontrolle regelmäßig der Fall ist — dem Willen der Mehrheit der gesetzgebenden Verfassungsorgane entgegenstehen. Folgerichtig ist solche Entscheidungstätigkeit der Gerichte auch als dem demokratischen Mehrheitsprinzip widersprechender Aktivismus kritisiert worden. Es darf jedoch nicht außer acht gelassen werden, daß ein uneingeschränktes Mehrheitsprinzip mit dem Wesen eines Verfassungsstaates unvereinbar ist. Denn gerade die Verfassung entzieht bestimmte Bereiche der Regelung durch die jeweilige Mehrheit und sei sie auch qualifiziert[258]. Denn auch die Entscheidungen der Mehrheit sind nur insoweit verbindlich, als sie mit den Auflagen der Verfassung in Übereinstimmung stehen. Im Zweifelsfall müssen sie — „Mehrheit hin — Mehrheit her" — dem Spruch des Verfassungsgerichtes weichen[259].

Es ist gerade die Aufgabe der Verfassungsgerichte, die Rechte solcher Minderheiten zu schützen, deren Interessen durch „despotism of the majority" fortgesetzt gefährdet sind; denn diese Minderheiten sind „not always assured of a full and fair hearing through the ordinary political process, not so much because of the chance of outright bias, but because of the abiding danger that the power structure — a term which need no disparaging or abusive overtones — may incline to pay little heed to even the deserving interests of a political voiceless and invisible minority"[260].

Durch derartigen Schutz der Minderheiten gewährleistet das Gericht erst die Valenz der demokratischen Verfassung und damit auch die Integrität des legislativen Prozesses selbst[261].

Gewiß wird das Gericht auf diese Weise materiell im Bereich der Gesetzgebung tätig[262]. Der Schreckensschrei eines deutschen Gelehrten, so werde der Richter zum „Leiter der Revolution"[263] scheint aber, auch was die Rechtsprechung des Supreme Court angeht, selbst heute noch etwas voreilig ausgestoßen.

---

[258] Vgl. *Knapp*, Ausdehnung, S. 137; besonders deutlich wird dies z. B. in Art. 19 Abs. 2 und 79 Abs. 3 GG.
[259] Vgl. *Gerstenmaier*, Normative Kraft, S. 1403.
[260] Hobson v. Hansen 269 F. Supp. 401, 507 f. (DDC 1967).
[261] Vgl. *Knapp*, Ausdehnung, S. 138.
[262] So ist es mißverständlich, wenn *Krüger*, Verfassungswandlung, S. 161, Fußn. 33 bemerkt, in den Vereinigten Staaten werde „nichtsdestoweniger das richterliche Prüfungsrecht als Bestandteil des „judicial power" und nicht der gesetzgebenden Gewalt verstanden. Denn es ist, wie ausgeführt, kaum bestritten, daß der Supreme Court gerade in Ausübung seiner „judicial power" Recht setzt.
[263] *v. Kaltenborn*, S. 409.

2.2.3.2.4. Zusammenfassung

Der kursorische Überblick über die Rechtsprechung der amerikanischen Gerichte hat gezeigt, daß nicht daran gezweifelt werden kann, daß der US-Supreme Court die amerikanische Verfassung entscheidend interpretiert und weiterbildet und daß er dieses Recht der Verfassungswandlung durch Richterspruch auch ausdrücklich für sich in Anspruch nimmt.

Das heutige Gericht geht dabei aus von der Bedeutung der Verfassungsnormen in der aktuellen politischen und sozialen Wirklichkeit. Wesentliche Normen der amerikanischen Verfassung sind weit und unbestimmt; ihre Interpretation birgt für die dritte Gewalt die Gefahr opportunistischer Anpassung ebenso in sich, wie die Gefahr, sich als „super-legislature"[264] zu etablieren.

Beidem ist der „Post-New-Deal"-Court mit bemerkenswertem Gespür für die historische Entwicklung bislang aus dem Weg gegangen[265]. Unter der Konzeption des „self-restraint" angetreten, hat er seine legislative Tätigkeit grundsätzlich auf Fälle beschränkt, in denen eine gültige Aussage der Verfassung zur Lösung anstehender Rechtsfragen nicht zu erlangen war, sei es, weil der Wandel der Verfassungswirklichkeit die bisher geltende Auslegung unanwendbar, ungerecht und damit verfassungswidrig werden ließ, sei es, weil der Abstraktheit der konstitutionellen Grundentscheidungen eine justitiable Aussage nicht zu entnehmen ist.

Vor allem die Pflicht des Minoritätenschutzes macht es dabei unvermeidlich, daß das Gericht von Zeit zu Zeit in Gegnerschaft zur Mehrheit der legislativen Organe gerät. Denn wo das demokratische Mehrheitsprinzip infolge der Wandlung der wirtschaftlichen und sozialen Verhältnisse nach Macht und Ungebundenheit strebt, da liegt in der korrigierenden und adaptierenden Funktion des Verfassungsgerichts das einzige Mittel, den überdauernden Sinn der Verfassung für die Demokratie und damit die Demokratie selbst zu erhalten[266].

Der Richter wird dabei nicht zum Politiker; er ist nicht frei, die soziale Ordnung durch Neuformung der Verfassung zu gestalten. Sein Ziel ist es nicht, den politischen Tageskampf für sich zu entscheiden, sowenig es seine Aufgabe ist, institutionalisierter Vorreiter revolutionärer Ideen zu sein. Wohl aber ist es in der langen, von tiefgreifenden Wandlungsprozessen durchzogenen Geschichte der Vereinigten Staaten Sache des Supreme Court geworden, der staatlichen Gemein-

---

[264] Vgl. President Roosevelt's Fireside Chat vom 9.3.1937, zitiert bei *Blackmar*, S. 24.
[265] So auch *Cox*, S. 15.
[266] Vgl. *Grossmann*, S. 136.

schaft eine Verfassung zur Verfügung zu stellen, die nicht nur formale Gültigkeit besitzt, sondern die auch im Hinblick auf die Kriterien aktueller sozialer Gerechtigkeit ständige Beachtung verlangen kann.

2.2.4. Befugnis des Richters zu schöpferischer Rechtsfindung

Das Grundgesetz ist im Gegensatz zur US-Verfassung eine zeitgenössische Verfassung; es enthält außerdem durchweg sehr viel differenziertere Regelungen als das alte amerikanische Dokument. Es mag daher auf den ersten Blick die Notwendigkeit richterlicher Verfassungswandlung nicht einzusehen sein.

Doch wurde bereits in den frühen fünfziger Jahren etwa bei der Kontroverse über den Beitritt zur EVG eine erste grundlegende Diskrepanz zwischen den Intentionen der Schöpfer des Grundgesetzes und dem von aktuellen politischen Interessen bestimmten Willen der staatlichen Gemeinschaft offenbar, eine Diskrepanz, deren sach- und zeitgerechte Beseitigung durch legislative Verfassungsänderung immense Schwierigkeiten hervorgerufen haben würde[267].

Auch der Hinweis auf den spezifizierten Inhalt des Grundgesetzes ist demnach für die Frage nach Notwendigkeit und Umfang richterlicher Verfassungsänderung nur von sekundärem Interesse, da hierdurch das Bedürfnis nach richterlicher Aktivität äußerstenfalls eingeschränkt, nicht aber beseitigt wird. Richterliche Verfassungswandlung würde sich nämlich ohnehin hauptsächlich auf den Bereich weitgefaßter, vielfacher Interpretation zugänglicher Grundentscheidungen der Verfassung konzentrieren[268]. Gerade die Untersuchung der Rechtsnatur der Sozialstaatsklausel hat gezeigt, daß, zumindest was diese verfassungsgestaltende Grundentscheidung angeht, der Abstraktionsgrad des Grundgesetzes hinter dem der weitesten Bestimmungen der US-Verfassung nicht entscheidend zurückbleibt.

Wenn auch im Umfang sehr viel geringer, so bietet die Struktur des Grundgesetzes doch Raum und die wandelbaren Realitäten des staatlichen Daseins doch Bedarf für Konkretions- und Interpretationstätigkeit des Verfassungsrichters und für verantwortliche Verfassungswandlung durch die dritte Gewalt. Aus dem rechtsstaatlichen Prinzip der Gewaltenteilung lassen sich hiergegen — wie ausgeführt — keine durchgreifenden Bedenken herleiten, solange die Jurisdiktion nicht zur alleinig oder überwiegend legislativ tätigen Teilgewalt wird. Schon

---

[267] Vgl. hierzu *McWhinney*, Constitutionalism, S. 25.

[268] Dies erkennt auch *Wolf*, S. 232, ansonsten ein entschiedener Gegner der Einführung der Verfassungsgerichtsbarkeit in der Schweiz.

angesichts der seit 1951 verabschiedeten 31 Verfassungsänderungen liegt auf der Hand, daß diese Gefahr derzeit nicht besteht[269].

Aufgabe dieses letzten Teils der Arbeit ist es, die Möglichkeiten der richterlichen Konturierung der nicht ohne weiteres justitiablen „Halbschatten"-Region der Grundentscheidung für den sozialen Rechtsstaat aufzuzeigen. Welcher Art diese Gestaltungsmöglichkeiten auch immer sind: Trotz des Fehlbestandes verfassungsrechtlicher Sozialstaatsnormen hat es das BVerfG bislang offenbar nicht für erforderlich gehalten, sie konsequent zu nutzen, um der grundgesetzlichen Sozialstaatsentscheidung die ihr ihrem Range gemäß zukommende Wirkkraft zu verleihen[270]. Schmidt erklärt dies damit, daß das Sozialstaatsproblem im Rahmen einer Verfassung, die die Sozialstaatlichkeit vornehmlich als politisches Postulat begreift, das die „sozio-politische Determiniertheit des Staates bewußt machen soll", nicht primär von der Judikative zu lösen ist[271]. Er verkennt dabei aber die Natur der Sozialstaatsklausel; sie ist keineswegs nur oder vornehmlich politisches Postulat. Dennoch kann man seiner Schlußfolgerung im Grundsatz folgen: Weder die Konkretisierung des Sozialstaatsprinzips, noch eine an anderer Stelle des Rechtssystems notwendig oder vernünftig scheinende Normsetzung ist in erster Linie Aufgabe der rechtsprechenden Gewalt. Inwieweit sie aber *auch* Recht und Pflicht der Gerichte sein kann, soll im folgenden angesprochen werden.

2.2.4.1. Der Richter als „Phonograph"

Carl Schmitt hat die Möglichkeit echter gesetzesgebundener Verfassungsrechtsprechung überhaupt verneint. In diesem Bereich nämlich dominiere das Moment der Dezision gegenüber dem der Argumentation. Jeder Versuch der „Anwendung" von Verfassungsnormen sei daher in Wirklichkeit eine justizfremde, eine politische Entscheidung[272].

Diese Auffassung ist gestützt auf eine orthodoxe, reine Theorie der Gewaltenteilung. Die judizielle Version dieser auf der Idee der funktionalen Spezialisierung und der definiblen Differenziertheit der Gewalten beruhenden Doktrin ist die „deklaratorische" oder — weniger

---

[269] Bis zum Sommer 1972 wurden von den 146 Artikeln des Urtextes 67 ganz oder teilweise aufgehoben, ergänzt und geändert. 34 Artikel wurden neu eingefügt.
[270] Vgl. *Reiner Schmidt*, S. 43.
[271] Ebd., S. 45.
[272] Vgl. *Schmitt*, Hüter der Verfassung, S. 37 ff.; diese Auffassung mag vertreten werden; mindestens hinsichtlich der Anwendung konkreter, inhaltsbestimmter Verfassungsnormen, die auch die Weimarer Verfassung enthielt — man denke nur an das Paradebeispiel des Art. 3 oder an Art. 44 — ist sie aber unhaltbar.

sublim — die Phonograph-Theorie genannt worden. Sie löst das Paradoxon richterlicher Rechtssetzung durch Leugnung seiner Existenz.

Blackstone, Hamilton und Marshall haben neben anderen diese Auffassung vertreten[273]. Hierzulande wurde sie von Richard Thoma repräsentiert; für ihn war die Gesetzgebung mit der rechtssetzenden Gewalt identisch[274], Rechtsschöpfung gleich Gesetzgebung.

2.2.4.2. Abkehr von der Doktrin der reinen Gewaltentrennung

Es ist vielerorts und auch oben darauf hingewiesen worden, daß eine derart reine Gewaltentrennung im gegenwärtigen Rechtsstaat Traumgebilde — nicht Idealvorstellung — puristischer Verfassungstheoretiker bleiben muß. Abgesehen davon, daß der Gesetzgeber selbst den Großen Senaten der obersten Gerichtshöfe des Bundes die Aufgabe der „Fortbildung des Rechts" ausdrücklich zugewiesen hat[275], ist der Anachronismus dieser Doktrin auch offenbar angesichts der doch als Institution kaum noch ernsthaft bestrittenen Verfassungsgerichtsbarkeit und ihrer Normenkontrollkompetenz. Er ist auch Folge der theoretischen Erkenntnis und der praktischen Erfahrung, daß das souveräne Parlament, einst Repräsentant der „Beherrschten", durchaus imstande ist, in verfassungswidriger Weise in die Rechte der Repräsentierten einzugreifen und statt Recht Unrecht und durch Gesetz Ungesetzliches zu schaffen[276].

Um so erstaunlicher ist die „geradezu unsinnige Lebenskraft"[277] dieser Ideologie, die etwa die richterliche Verfassungsinterpretation „mit ihrer Berücksichtigung der ... sich wandelnden Anschauungen und Bedürfnisse" für geeignet hält, „Verfassungsdurchbrechungen, -durchlöcherungen oder -aushöhlungen vorzubereiten und selbst hervorzurufen"[278].

---

[273] Vgl. *Howard*, S. 341.

[274] Vgl. *A. Arndt*, NJW 63, S. 1274, der besonders auf die bürgerlich-liberale Verwurzelung dieser zu „einem Anachronismus gewordenen Doktrin" hinweist.

[275] Vgl. § 137 GVG.

[276] Vgl. hierzu näher *Leibholz*, Strukturprobleme, S. 170.

[277] *A. Arndt*, NJW 63, S. 1274.

[278] *Schweda*, S. 146 unter Hinweis auf *v. Doemming/Füsslein/Matz*, JÖR I, S. 573 f.

2.2. Justitiabilisierung durch Rechtsprechung

2.2.4.3. Befugnis des (Verfassungs-)Richters zur Rechtsfortbildung auf der Basis verfassungsimmanenter Wertvorstellungen

Mit der Abkehr von dieser ohnehin überholten Auffassung ist es aber nicht getan. Im Grunde genommen stellt sich sogar dann erst die Frage, inwieweit der Richter unter der Flagge des Rechts vom Wortlaut des Gesetzes abweichen kann.

Trotz aller Interdependenz der Funktion der Gewaltenteile ist der Richter nicht Politiker. Seine Stellungnahme wird nicht durch Rücksicht auf Macht relativiert. Opportunismus ist kein Kriterium seiner Entscheidung. Wo Rücksicht auf das Gefüge der Macht gefordert ist, im politischen und im wirtschaftlichen Bereich, da setzt die richterliche Entscheidung eine gesetzgeberische voraus, die zumindest eine politische Zielsetzung zu vollziehen hat[279]. Denn die freie Dezision ist nicht Sache des Richters; insoweit ist es ihm versagt, die Stelle des Gesetzgebers einzunehmen oder gar gültige und eindeutige Entscheidungen der Legislative durch eigene Wertungen zu ersetzen[280].

2.2.4.4. Befugnis des (Verfassungs-)Richters zur Rechtsfortbildung auf der Basis der in der Sozialstaatsklausel enthaltenen Wertvorstellungen

Wenn nun der Gesetzgeber dem Richter die entscheidungserhebliche Norm nicht bis ins konkrete Detail spezifiziert an Hand zu geben braucht und dies auch nicht kann, wenn aber andererseits der Richter seiner Entscheidung nicht sein freies Empfinden zugrundelegen darf, sondern diese wenigstens auf eine Andeutung des gesetzgeberischen Willens gründen muß, dann ist entscheidende Voraussetzung für die Zulässigkeit richterlicher Rechtssetzung eine erfaßbare Äußerung legislativen Wollens. Wie weit der Richter in seiner schöpferischen Tätigkeit gehen kann, hängt wiederum davon ab, wie konkret gefaßt die rechtliche, nicht unbedingt gesetzesrechtliche Grundlage zu sein hat, in welcher der richterliche Rechtssetzungsakt wurzelt.

2.2.4.4.1. Feststellbarkeit gesetzlicher oder konstitutioneller Wertvorstellung

Man wird sicherlich sagen können, daß der Verfassungsrechtssatz, der zur Grundlage der richterlichen Streitentscheidung gemacht werden kann, genügend konkretisiert ist, um als verselbständigter Ausdruck des

---
[279] Vgl. *H. Huber*, Gutzwiller-Festschrift, S. 552; *Roche/Levy*, S. 59.
[280] So die ganz herrschende Meinung, vgl. etwa *Anschütz*, S. 528; *Flume*, S. K 25; *Friesenhahn*, Verfassungsgerichtsbarkeit, S. 153; *ders.*, Wesen und Grenzen, S. 150; *Lenz*, S. 127; *Reuss*, S. 364; *Spanner*, S. 73.

Willens des Gesetzgebers Grundlage schöpferischer Weiterentwicklung des Rechts zu sein. Denn ein Rechtssatz, der exakt genug ist, um ihm Tatbestände zu subsumieren, enthält auch genügend Aussagekraft, um einen Hinweis auf den zugrundeliegenden Gestaltungswillen des Gesetzgebers zu bieten und damit der dritten Gewalt Ausgangspunkt und Richtung für Fortentwicklung zu weisen.

Fuß[281] scheint anderer Meinung zu sein. Er hält die Anwendung des Gleichheitssatzes als Prüfungsmaßstab für die Normenkontrolle zwar für „heikel", aber doch für möglich. Es erscheint ihm aber unmöglich, aufbauend auf dem Gleichheitssatz mittels konkretisierender „Zwischennormen" als Richter das Recht fortzubilden, ohne die Grenze zur freien (und damit unzulässigen) gesetzgeberischen Gestaltung zu überschreiten.

Die Auffassung führt zu einem offenbar sinnwidrigen Ergebnis: Einer Norm kann durchaus Justitiabilität konzediert werden. Justitiabilität beinhaltet aber noch nicht den Grad an Konkretheit, der vorauszusetzen ist, falls eine Norm durch Rechtsprechung weiterentwickelt werden soll.

Das Gegenteil ist richtig. Erst jenseits des justitiablen Rechtssatzes nämlich, im Bereich des Halbschattens der Rechtsgrundsätze und verfassungsgestaltenden Grundentscheidungen, die den Bereich der Justitiabilität überlagern, findet sich der eigentliche Bereich richterlicher Rechtsfindung. Das Gericht erfindet die anwendbare Rechtsregel nicht frei durch Artikulierung persönlicher Wertungen. Dennoch setzt es Recht, nämlich konkreteres und bestimmteres Recht dadurch, daß es durch Orientierung an den noch feststellbaren grundsätzlichen Entscheidungen des Gesetz- oder Verfassungsgebers und bezogen auf konkrete Streitfälle Rechtsgrundsätze und Grundentscheidungen durch sachbezogene, enge Regeln „griffiger, farbiger, berechenbarer"[282] und letztlich gerechter macht.

Essers Differenzierung von Rechtsprinzip und Rechtssatz ist auch in diesem Bereich von Nutzen. Danach ist ein Rechtsprinzip „kein Rechtssatz, keine Rechtsnorm im technischen Sinne, ... solange er keine verbindliche Weisung unmittelbarer Art für einen bestimmten Fragenbereich enthält, sondern die judizielle oder legislative Ausprägung solcher Weisungen verlangt oder voraussetzt"[283]. Das Prinzip selbst ist damit keine bestimmbare Weisung für die Entscheidung eines Falles. Es

---

[281] Richterliche Prüfung, S. 15; JZ 62, S. 566.
[282] *Geiger*, Verfassungsentwicklung, S. 12; vgl. auch *Leibholz*, Verfassungsrecht u. Arbeitsrecht, S. 119.
[283] Grundsatz u. Norm, S. 50.

ist nicht als solches justitiabel. Es ist aber *Grund* für die justitiable Weisung im Rechtssatz und damit in der Weisung als „ratio legis" enthalten[284].

Während der Richter zur Streitentscheidung einer justitiablen Rechtsnorm bedarf, kann ihm die Rechtsfortbildung auch dort gelingen, wo er sich nur auf den Inhalt von Prinzipien stützen kann. Wenigstens diese aber müssen als Anknüpfungsmöglichkeit vorhanden sein[285], auch wenn es sich dabei — was vor allem im weitesten positiven Ordnungskreis, der Verfassung, gehäuft der Fall sein wird — (nur) um Wertungsmaßstäbe aus den vorpositiven Bereichen rechtsethischer Grundsätze handeln sollte[286]. Gerade weil ihm in diesem Bereich ein weiter Raum schöpferischer Gestaltung verbleibt, wird ihm dessen Ausfüllung nicht leicht fallen; das enthebt die Rechtsprechung aber nicht ihrer Pflicht und entsetzt sie nicht ihres Rechts, auch aus schwierigen und streitigen Begriffen des Verfassungsrechts praktikable Normen zu formen, sofern ihr dies nach der hergebrachten Methodik möglich und zur Entscheidung des konkreten Streites nötig erscheint[287]. Denn — wie das BVerfG in einer seiner letzten Entscheidungen ausführt — „richterliche Tätigkeit besteht nicht nur im Erkennen und Aussprechen von Entscheidungen des Gesetzgebers. Die Aufgabe der Rechtsprechung kann es insbesondere erfordern, Wertvorstellungen, die der verfassungsmäßigen Wertordnung immanent, aber in den Texten der geschriebenen Gesetze nicht oder nur unvollkommen zum Ausdruck gelangt sind, in einem Akt des bewertenden Erkennens, dem auch willenhafte Elemente nicht fehlen, ans Licht zu bringen und in Entscheidungen zu realisieren"[288].

2.2.4.4.2. Eingriffspflicht des Staates bei freiheitsbedrohender Deprivation

Die Sozialstaatsklausel des Grundgesetzes wurde als verfassungsgestaltende Grundentscheidung quasi-Wolffscher Definition qualifiziert, deren Kernbereich konkrete Weisungen an den rechtsanwendenden Teil der Staatsgewalt enthält und hinsichtlich dessen sich die Frage nach hinreichender Bestimmbarkeit des gesetzgeberischen Wollens eindeutig positiv beantworten ließ.

---

[284] Vgl. *Esser*, Grundsatz u. Norm, S. 52.
[285] Vgl. auch *Leibholz*, Strukturprobleme, S. 177; *Klein*, Politische Fragen, S. 25.
[286] Vgl. *Esser*, Grundsatz u. Norm, S. 53; *Salmond*, On Jurisprudence, S. 202: "Whence, then, do the Courts derive new principles or rationes decidendi, by which they supplement the existing law? They are in truth nothing else but the principles of natural justice, practical expediency or common sense."
[287] Vgl. *Dölle*, JZ 53, S. 354.
[288] BVerfG NJW 73, 1221, 1225.

Im konkreten Zusammenhang ist aber von Interesse, ob im Bereich des Halbschattens der Sozialstaatsentscheidung „Welt- und Lebensanschauungen der herrschenden Macht"[289] in der Gestaltung des Gesamtcharakters des Staates[290] soweit erkennbar sind, daß sie dem Richter hinreichende Sicherheit bei der Entscheidung gewähren, in welche Richtung die Entwicklung des Rechts vorangetrieben werden soll[291]. Nur so entgeht er der Gefahr, Abhilfe außerhalb der Rechts- und Verfassungsordnung zu suchen, wenn konkrete Rechtsstreite Entscheidungssätze verlangen und „das geschriebene Gesetz seine Funktion, ein Rechtsproblem gerecht zu lösen, nicht erfüllt"[292].

Es trifft sicherlich zu, daß in der „Vieldeutigkeit und dem lässigen Gebrauch des Wortes ‚sozial' eine wirkliche Gefahr für jedes klare Denken, jede Möglichkeit vernünftiger Diskussion vieler unserer ernstesten Probleme" liegt[293], zumal der Begriff „sozial" — worauf Benda schon 1966 hingewiesen hat[294] — in immer stärkerem Maße an Stelle des Wortes „moralisch" oder auch einfach „gut" gebraucht wird. Das macht den Begriff, wie die gewonnenen Ergebnisse belegen, für die juristische Anwendung aber nicht unbrauchbar.

Deutlichstes Zeichen für die rechtliche Relevanz der am Rande und außerhalb des Normkerns gelegenen, nicht zum Rechtssatz verdichteten Aussage der Sozialstaatsklausel ist die einmütige Beachtung der Klausel als eine Verfassungsbestimmung, die bei der Anwendung und Auslegung aller gesetzlichen Vorschriften zwingend zu beachten ist[295].

Im Bereich exekutiven Handelns liefert diese an sich nicht selbständig justitiable Komponente des Sozialstaatsprinzips einen Maßstab für die Ausübung des Ermessens[296].

Und auch in privaten Rechtsbeziehungen reguliert und moderiert der Sozialstaatsgedanke in seiner allgemeinsten Form die schrankenlose Ausübung wirtschaftlicher und persönlicher Macht. Schon vor seiner detaillierten Kodifizierung, die weithin auch soziale Gedanken konkretisierte, hat sich diese Funktion vor allem im Arbeitsrecht gezeigt[297].

---

[289] *Wolff*, Rechtsgrundsätze, S. 49.
[290] OLG Hamburg, DÖV 51, 330.
[291] Vgl. zur Doppelnatur als normative Aussage und als verfassungspolitisches Postulat *Reiner Schmidt*, S. 56.
[292] BVerfG NJW 73, 1221, 1225.
[293] *Hayek*, S. 72.
[294] *Benda*, S. 89.
[295] So schon BAGE 1, 193; vgl. auch *Leibholz*, Verfassungsrecht und Arbeitsrecht, S. 37.
[296] Vgl. *Benda*, S. 66 m. w. N.; *Hecklinger*, S. 53 ff.
[297] Vgl. etwa *Sonnenfeld*, S. 10 ff.

2.2. Justitiabilisierung durch Rechtsprechung

Sie beschränkt sich aber keineswegs auf diesen Bereich. Auch die Schaffung des Abzahlungsgesetzes etwa, wie die zunehmend kritische Haltung der Gerichte gegenüber aufoktroyierten Geschäftsbedingungen, beruht offensichtlich auf der Einsicht, daß es dem Mächtigen nicht erlaubt sein soll, das wirtschaftliche Risiko von Geschäftsbeziehungen einseitig auf den schwächeren und meist geschäftlich unerfahrenen Vertragspartner zu verlagern.

Dies aber bedeutet nichts anderes als die Praktizierung des sozialstaatlichen Gebots, den Schwächeren vor existenzgefährdender Bedrohung durch den Stärkeren auch und gerade dann zu schützen, wenn beide Partner sich nach überkommener privatrechtlicher Auffassung der rechtlichen Ausgangslage nach gleichberechtigt gegenüber stehen.

Man hat es als die Grundmaxime staatlichen Handelns im freiheitlich-sozial konzipierten Gemeinwesen angesehen, stets dort helfend mit den Machtmitteln der öffentlichen Hand einzugreifen, wo der einzelne offenkundig unvermögend ist, die ihm gegebene soziale Chance einer größtmöglichen und gleichberechtigten Befriedigung der individuellen Bedürfnisse aus eigener Vernunft und Kraft zu ergreifen oder wo die Verhältnisse der Gesellschaft so ins Ungleichgewicht geraten sind, daß die reale Chance größer und gleicher Wohlfahrt und Gerechtigkeit nicht, nicht mehr oder noch nicht besteht[298].

Sicherlich läßt sich über diese These streiten; sie nähert sich mit ihrer staatlichen Garantie gleichmäßiger Bedürfnisbefriedigung in bedenklichem Maße der Konzeption des Wohlfahrtsstaates, wo dem Einzelmenschen die freie Entscheidung darüber, wie und in welchem Maße das erforderliche zur Verbesserung seiner Lebensumstände zu tun ist, gänzlich aus der Hand genommen ist, wo also die für den freiheitlichen Staat wesensnotwendige Überordnung persönlicher Freiheitsgarantien über staatliche Bindung beseitigt ist. Eines scheint aber immerhin richtig zu sein: Der soziale Staat ist dort zur intervenierenden Hilfeleistung verpflichtet, wo der Schwache über das im freiheitlichen Staat unvermeidliche Maß individueller Machtunterschiede hinaus eine krasse und nicht selbst zu behebende Benachteiligung erfährt, die seine Unabhängigkeit zu bedrohen geeignet ist. Würde die staatliche Gewalt derartige Beeinträchtigung tolerieren, so duldete sie die Deprivation einzelner Bürger und damit einen prinzipiell sozial-staatswidrigen Zustand materieller Ungleichheit[299].

---

[298] Vgl. *Maihofer*, S. 27.
[299] s. o. Teil C, 1.1.3.

2.2.4.5. Befugnis des Verfassungsrichters zur Justitiabilisierung der Sozialstaatsklausel

Es kann an dieser Stelle offengelassen werden, welche konkreten Konsequenzen sich für den Richter aus der unterlassenen Hilfeleistung der Staatsgewalt im Einzelfall ergeben können. Festgehalten werden muß lediglich, daß die in Art. 20 und 28 GG verkörperte Grundentscheidung für den freiheitlich-sozialen Staat dem Richter ohne Zweifel auch über ihre begrenzte, zur Normenkontrolle geeignete rechtliche Kernsubstanz hinaus einen Hinweis auf die Intention des Verfassungsgebers und deren aktuelle Bedeutung gibt, der hinreichend deutlich ist, um auf seiner Basis dem Richter die gesicherte Fortbildung des Verfassungsrechts und die Justitiabilisierung der Außenbereiche der Sozialstaatsklausel zu ermöglichen und so das Recht weiterzubilden. Solche Weiterbildung erfolgt dann wohlverstandenermaßen nicht in Ausfüllung einer Lücke. Sie beruht vielmehr auf einer — nach der an der Wertung der Art. 20 und 28 GG orientierten Auffassung des Richters — unzulänglichen Regelung des einfachen Gesetzes. Diese Unzulänglichkeit kann sich aus einem Wandel der gesellschaftlich-politischen Anschauungen und damit aus einem Konflikt der Norm mit den „materiellen Gerechtigkeitsvorstellungen einer gewandelten Gesellschaft"[300] ergeben. Sie bedeutet mehr als die bloß rechtspolitische Verfehltheit der bestehenden Normzusammenhänge; solche Fehlerhaftigkeit, die aus dem Bedürfnis extrahiert wird, neue Denkformen zu etablieren, könnte den Richter in der Tat nur in Notfällen zur Rechtsfortbildung extra legem ermächtigen[301].

Das Primat des Gesetzgebers „im Sinne eines sozialen Ausgleichs nach den jeweils herrschenden Gerechtigkeitsvorstellungen die widerstreitenden ökonomischen Interessen miteinander zu versöhnen oder — soweit das nicht möglich sein sollte — mit Härte einen sozial befriedigenden Ausgleich herbeizuführen"[302], soll dadurch aber keineswegs in Frage gestellt sein. In korrekter Selbstbeschränkung hat das BVerfG[303] auch ausgesprochen, daß es zunächst Aufgabe der Legislative sei, die grundgesetzliche Sozialstaatsklausel zu konkretisieren; ihr gebührt das „Konkretisierungsprimat"[304].

Das Ergebnis der Untersuchung basiert vielmehr auf der Prämisse, daß dem Richter eine anwendbare Norm zur Lösung eines anstehenden Rechtsproblemes nicht zur Verfügung gestellt ist. Dann aber führt

---
[300] BVerfG NJW 73, 1221, 1225.
[301] Vgl. *Lieb/Westhoff*, S. 73.
[302] *Leibholz*, Die Zeit Nr. 21, S. 8.
[303] E 1, 97, 105.
[304] *Göldner*, S. 177.

2.2. Justitiabilisierung durch Rechtsprechung

die rechtsschöpfende Konkretisierung des Begriffshofes und die entsprechende Konturierung der sozialen Grundentscheidung zur Ausdehnung der Justitiabilität der Sozialstaatsklausel im Bereich der Verfassungsrechtsprechung.

2.2.4.5.1. Justitiabilisierung durch Anerkennung existenter zeitgemäßer Formen sozialer Sicherung

Sein Auftrag, den Wandel der gesellschaftlichen Lebensformen, der Denkweise und des Lebensgefühls in seiner Rechtsprechung zu berücksichtigen[305] berechtigt den Verfassungsrichter vor allem angesichts der Lethargie des parlamentarischen Gesetzgebers im Arbeits- und Sozialrecht[306] auch zur Umgestaltung sozialer Institutionen[307]. Er unterzieht sich dieser Aufgabe[308], indem er den Bestandschutz der Verfassungsbestimmung auf zeitgemäße Formen sozialer Sicherung ausdehnt. In dieser Funktion legitimiert der Richter durch seinen Spruch oft lediglich bereits praktizierte Handlungsweisen und im Rechtsbewußtsein verankerte Denkformen, stellt mithin außer Zweifel, ob die gewandelte „gesellschaftliche Lebensform und Denkweise" der Intention des Verfassungsgebers, wie sie in der Sozialstaatsklausel zum Zeitpunkt der Einzelfallentscheidung zum Ausdruck kommt, entspricht.

Typisches Beispiel für derartige Ausdeutung des Begriffshofes der Sozialstaatsklausel ist die Rechtsprechung des BAG zum Urlaubsanspruch des Arbeitnehmers in Fällen fehlender gesetzlicher oder vertraglicher Regelung[309]. Man braucht hier nicht daran zu zweifeln, daß auch das BVerfG den grundsätzlichen Anspruch des Arbeitnehmers auf angemessenen Urlaub als Ausprägung des Sozialstaatsbekenntnisses zu sanktionieren und eine gegen das zitierte Urteil eingelegte Verfassungsbeschwerde abzuweisen gehabt hätte.

Es ist ohne entscheidende Bedeutung, ob ein derartiger Anspruch bereits gewohnheitsrechtlich anerkannt war. Denn seine Grundlage findet er (wie im übrigen auch der weiterentwickelte Aufopferungsanspruch) nicht in langandauernder Übung und Rechtsüberzeugung, sondern unter dem Verfassungssystem des Grundgesetzes in dessen Sozialstaatsklausel[310].

---

[305] BVerfG NJW 60, 619.
[306] Vgl. *Lieb/Westhoff*, S. 74; *Scholz*, S. 1771; deutlich BAG Betrieb 71, 1061.
[307] Vgl. ähnlich *Hecklinger*, S. 56 für den Bereich des Arbeitsrechts.
[308] Von *Hecklinger*, S. 56 „positive Korrekturfunktion" genannt.
[309] Vgl. etwa BAGE 3, 23.
[310] a. A. *Schreiber*, S. 90; vgl. auch BVerwGE 8, 4 ff., wo das Gericht einen Aufopferungsanspruch für Requisitionsmaßnahmen ablehnt, weil es trotz der Statuierung des Sozialstaates und des Rechtsstaates an der langandauernden Rechtsüberzeugung und Rechtsübung fehle.

Ähnlich hat das BAG[311] die Lohnfortzahlung während der Zeit der Schwangerschaft als Teil der Sozialstaatlichkeit anerkannt und das beklagte Land auch ohne Vorliegen der Voraussetzungen des MuSchG antragsmäßig zur Zahlung verurteilt.

Natürlich binden solche Urteile der obersten Bundesgerichte nicht das BVerfG bei der Interpretation der Verfassung und der Anwendung des Sozialstaatsgrundsatzes. Sie beweisen aber die Richtigkeit der Auffassung, daß es der dritten Gewalt möglich ist, den Begriffshof der relativ abstrakten Grundentscheidung auch ohne intermediäres Gesetz bis zum Maße der Justiabilität zu konkretisieren oder, wenn Einzelnormierungen als Ausdruck des Sozialstaatsprinzips bereits geschaffen sind, diese wegen ihrer umfassenden Bedeutung als verselbständigten Inhalt der Sozialstaatsklausel selbst und damit als Teil der verfassungsgestaltenden Grundentscheidung anzuerkennen[312].

2.2.4.5.2. Justitiabilisierung im Wege der Neugestaltung der sozialen Ordnung

Sowenig der Gesetzgeber darauf beschränkt ist, die bereits bestehende soziale Wirklichkeit zu positivieren, sowenig ist der Richter und vollends der Verfassungsrichter gehalten, nur bereits von der Gemeinschaft praktizierte Verhaltensweisen und etablierte Denkmodelle an der erkennbaren Weisung des Verfassungsgebers zu messen und sie durch seinen Spruch als Rechtssätze zu sanktionieren. Zwar findet sich der Schwerpunkt richterlicher Justitiabilisierung in diesem Bereich, während legislative Erfüllung des Sozialstaatsgebots in der Hauptsache auf zukünftiges Verhalten der Staatsbürger, auf ein erst zu schaffendes umfassendes System sozialen Friedens gerichtet ist[313]. Dennoch ist es auch dem Richter zur Aufgabe gemacht, eine „dynamische Gestaltungsfunktion"[314] wahrzunehmen. Obschon derartige Gestaltung unter dem Grundsatz der Sozialstaatlichkeit in vielfältiger Form denkbar ist, dürfte ein aktueller Schwerpunkt im Problem der Wirtschaftskontrolle in der sozialstaatlichen Demokratie zu sehen sein. Das der Vertragsfreiheit zugrundeliegende Postulat, wonach die Vielzahl der im Wirtschaftsverkehr sich begegnenden, gleich- oder entgegengerichteten Interessen auf einen abstrakten Gerechtigkeitsvorstellungen am nächsten kommenden Kompromiß hintendieren, kann nachgerade nicht mehr mit guten Gründen verteidigt werden. Das Bedürfnis nach Beaufsichtigung, Begrenzung und gegebenenfalls Umvertei-

---
[311] BAGE 2, 32, 34.
[312] Kritisch hierzu *Schreiber*, S. 94.
[313] Vgl. *Hecklinger*, S. 61.
[314] Der Ausdruck stammt von *Hecklinger*, S. 61, der allerdings diese Funktion nur dem Gesetzgeber und den Sozialpartnern, nicht aber dem Richter zuordnet, vgl. S. 95.

lung wirtschaftlicher Macht ergibt sich aus der Erkenntnis, daß Freiheit durch Kontrolle von Wirtschaftsmacht gepflegt werden muß, um auf Dauer bestehen zu können[315].

Auch schon vor Verabschiedung der Kartellnovelle dürfte es daher im Kompetenzbereich des Verfassungsgerichts gelegen haben, Fusionen, durch welche ein Wettbewerb faktisch ausgeschlossen und Monopolstellungen geschaffen wurden, als dem Sozialstaatsgrundsatz der Verfassung widersprechend zu untersagen.

Angesichts seines Auftrages, das Sozialstaatsprinzip als eine der Grundlagen der Verfassung zu schützen, kann das BVerfG schließlich auch nicht darüber hinwegsehen, wenn das Parlament zugunsten von Wirtschaftskreisen, die sachlich keinerlei Hilfe bedürfen, sondern im Gegenteil schon unverhältnismäßig bevorzugt sind, Steuerbegünstigungen verabschiedet. Um derartige legislative Akte beanstanden zu können, bedarf es bei richtigem Verständnis des formalen Ranges und des materiellen Inhalts der Sozialstaatsklausel nicht der Neuschaffung eines unabhängigen „Wirtschaftskontrollamtes"[316]. Eine solche Institution hätte dem Verfassungsgericht allenfalls voraus, von Amts wegen zum Einschreiten berechtigt zu sein, ein Vorteil, der gegenüber den Bedenken, die eine Zersplitterung der verfassungsrechtlichen Kontrollbefugnis über das Parlament wecken muß, gering zu wiegen scheint.

2.2.5. Zusammenfassung und Ergebnis

Es hat sich gezeigt, daß der Staat auf Grund der Sozialstaatsklausel eine „umfassende Vollmacht zur Gestaltung von Wirtschaft und Gesellschaft auf eine gerechte Ordnung hin erhalten"[317] hat, daß aber die Garantie für die in Vollzug dieser Vollmacht zu schaffende oder zu erhaltende materielle Gerechtigkeit nicht oder zumindest nicht nur Regierung und Parlament anvertraut werden kann; beide Staatsorgane nämlich spiegeln „vorhandene Ungleichheiten wider"[318] und sollen sie gerade auch widerspiegeln. Der Schutz der Grundentscheidung für den sozialen Staat muß auch in diesem Bereich der wachsamen Aufsicht des unabhängigen Verfassungsgerichtes anvertraut sein, dem diese Grundentscheidung genügend verfassungsgesetzliche Substanz bietet, um aus ihr konkrete Normen zur Entscheidung von Verfassungsstreitigkeiten im Sinne einer gerechten sozialen Grundordnung abzuleiten.

---

[315] Vgl. *Fikentscher*, S. 794.
[316] Wie dies von *Fikentscher*, S. 796, vorgeschlagen wird.
[317] *Benda*, S. 178.
[318] *Fikentscher*, S. 797.

TEIL D

Schluß

Der konkrete Inhalt der Sozialstaatsklausel des Grundgesetzes kann noch weniger als der Inhalt anderer Verfassungsbestimmungen ein für allemal mit absoluter Verbindlichkeit festgelegt werden. Er wird in entscheidendem Maße von der aktuellen Situation der Staatsgemeinschaft und den variablen Bedürfnissen ihrer Angehörigen vor allem auf wirtschaftlichem Gebiet geprägt. Ihre Berücksichtigung ermöglicht erst Antwort auf die Frage, ob durch den zu wertenden Staatsakt dem fundamentalen Gebot der Sozialstaatlichkeit, materiale, soziale Gleichheit zu schaffen und zu erhalten, Rechnung getragen wird.

Der „Manchester"-Liberalismus hatte den Blick dafür verloren, daß die Erhaltung gleicher Bedingungen Voraussetzung freiheitlicher Lebensordnung ist. Und auch unter dem heutigen Verfassungskonzept kommt dem Gesetzgeber erst allmählich zum Bewußtsein, daß nicht nur die formale Gleichheit, sondern vor allem auch die materielle Gleichheit schaffens- und schützenswert ist. Natürlich bleibt der Legislative der Regelungsvorrang erhalten. Wo aber durch das geltende unterverfassungsmäßige Recht eklatante Verletzungen der „balance of powers" im wirtschaftlichen Bereich geduldet werden, da steht es dem BVerfG offen, gestaltend einzugreifen. Zwar setzt eine gerechte Sozialordnung nicht die Existenz einer bestimmten Wirtschaftsverfassung voraus. Die geltende Form freier Marktwirtschaft muß aber — soll sie dem Sozialstaatsgebot entsprechen — auf der Voraussetzung aufbauen, daß sich im Wirtschaftsverkehr Kräfte begegnen, die nicht durch drastisches Ungleichgewicht eine gegenseitige Beeinflussung zum Richtigen, zum Interessenausgleich, zum marktwirtschaftlich Angemessenen von vornherein ausschließen.

Versagt diese Eigenlenkung, so droht die Gefahr lavinenartig sich ausbreitender Folge-Fehlentwicklungen mit der Tendenz zur Selbstauflösung eben dieser freiheitlich marktmechanistischen Lenkung. Solche Defekte der Eigenlenkung waren im Grunde auch Ursache für die zunehmenden Schwierigkeiten und das letztliche Scheitern des reinen Liberalismus am Ende des 19. und zu Beginn des 20. Jahrhunderts. Es ist gezeigt worden, daß gerade der Untergang dieser Wirtschaftsform einen der Hauptimpulse darstellt für die Entwicklung des sozialstaatlichen Systems von der theoretischen Formulierung zum verfassungsgestaltenden Grundelement der heutigen Staatsform. Das haben die Träger staatlicher Gewalt im Auge zu behalten. Wo aber Machtpositionen mißbraucht werden, da ist es — falls andere Sanktionen nicht vorgesehen sind oder nicht angewandt werden — das Recht des BVerfG, in konkretisierender Anwendung der Sozialstaatsklausel derartige mißbräuchliche Verhaltensweisen zu unterbinden.

Die bisher vom BVerfG geübte außerordentliche Zurückhaltung bei der Anwendung der Sozialstaatsbestimmung als einer selbständigen Kontrollnorm und die daraus notwendig resultierende „Materialisierung" des grundsätzlich formal verstandenen Gleichheitssatzes wird dem Wertesystem des Grundgesetzes und der Bedeutung der verfassungsgestaltenden Grundentscheidung für den sozialen Rechtsstaat nicht gerecht. Die Sozialstaatsklausel ist geltendes Verfassungsrecht. Sie bindet unmittelbar Gesetzgebung, Verwaltung und Rechtsprechung. Das in ihr enthaltene dynamische Element richtet sich zwar in erster Linie an den Gesetzgeber, den es zu sozialer Aktivität verpflichtet. Wo er es aber unterläßt, mit positivem Rechtssatz eine Regel zur Lösung auftretender Konflikte zur Verfügung zu stellen, da ist die Streitentscheidung in letzter Instanz Sache des BVerfG. Das Gericht ist in seiner Entscheidung nicht auf den statuierten Bestand von Gesetzesvorschriften angewiesen. Es ist aber auch nicht frei, sondern an den unveränderlichen Kernbestand der Sozialstaatsentscheidung und an deren Stellung im Verfassungssystem gebunden. Seine Aufgabe ist es nicht, die gesellschaftlichen Verhältnisse auf eine bestimmte Weltanschauung hin zu verändern. Seine Aufgabe ist es, die individuelle Freiheit auf der Basis gesicherter materieller Existenz und damit nicht den demokratisch-liberalen noch den demokratisch-sozialistischen, sondern den demokratisch-sozialen Staat[1] zu schaffen und zu garantieren.

Das Bekenntnis zum sozialen Staat beinhaltet und rechtfertigt die Durchbrechung des Prinzips formaler Gleichbehandlung aller zugunsten der Schaffung materialer Gleichheit durch den Staat. Es ist dies die Reaktion auf das Versagen der liberalen Staatsform, unter der es nicht gelang, die soziale Frage im freien Spiel der Kräfte zu lösen. Wilhelm v. Humboldt hatte 1792 die Tätigkeit des Staates auf die Sorge um die Sicherheit der Bürger, auf Gefahrenabwehr beschränkt sehen wollen[2]. Heute ist die positive Sorge für soziale Gerechtigkeit wesentlichster Inhalt staatlicher Gestaltungstätigkeit geworden.

Eine zeitgemäße Verfassungsinterpretation wird den Freiheitsraum des Bürgers vom Staat mit Akribie verteidigen. Es darf ihr dabei aber

---
[1] Vgl. *Redeker*, S. 415.
[2] Vgl. *v. Humboldt*, S. 58 ff.

nicht entgehen, daß die Freiheit des einzelnen durch direkte Eingriffe staatlicher Macht in geringerem Maße gefährdet erscheint[3], daß es vielmehr wesentlich ist, mit der Sicherung der materiellen Existenz und der Schaffung sozialer Gerechtigkeit die individuellen Freiheitsrechte auch wirklich zur Verfügung des Rechtsträgers zu stellen.

Solche Realisierung kann nicht ohne entscheidende, justitiabilisierend-konstitutive Mitwirkung des Bundesverfassungsgerichts an der Verwirklichung der in das Grundgesetz aufgenommenen Werte geschehen. Diese verantwortliche Mitwirkung des Gerichts ist bei funktionsgerechtem Verständnis des Gewaltenteilungsgrundsatzes zulässig; sie ist aber auch notwendig. Denn die gerechte Verwirklichung des sozialen Rechtsstaates durch Gewährleistung zeitgemäßer materieller Voraussetzungen menschenwürdiger Existenz ist ohne ständig ergänzende, unabhängige verfassungsrichterliche Konkretisierung der verfassungsgestaltenden Grundentscheidung nicht denkbar.

Hier kann sich das Schicksal unseres postliberalen Staatswesens entscheiden. Denn noch heute gilt, was Minister von Radowitz vor 120 Jahren deutlich genug formulierte:

> „Der Staat wird dazu getrieben werden, der sozialen Aufgabe zu genügen — oder sie wird ihn über den Haufen werfen."

---

[3] Vgl. *Reiner Schmidt*, S. 56.

Literaturverzeichnis

Abendroth, Wolfgang: Zum Begriff des demokratischen und sozialen Rechtsstaates im Grundgesetz der Bundesrepublik Deutschland, in: Sultan u. Abendroth, Bürokratischer Verwaltungsstaat, S. 81, Hannover u. Frankfurt, 1955 und in: Rechtsstaatlichkeit und Sozialstaatlichkeit, S. 114, Darmstadt 1968

— Diskussionsbeitrag in der Aussprache über den ersten Beratungsgegenstand, in: Veröffentlichungen der Vereinigung der Deutschen Staatsrechtslehrer, Heft 9, Berlin 1952

— Leitsätze des Diskussionsbeitrags in der Aussprache über die Berichte zum ersten Beratungsgegenstand, in: Veröffentlichungen der Vereinigung der Deutschen Staatsrechtslehrer, Heft 12, Berlin 1954

Abraham, Henry J.: The Judiciary, Boston 1965

Achinger, Hans: Der soziale Rechtsstaat und die sich wandelnde Gesellschaft, in: Soz. Rechtsstaat — Weg oder Irrweg, S. 67, Bad Godesberg 1963

Adomeit, Klaus: Rechtsquellenfragen im Arbeitsrecht, München 1969

Alfange, Dean: The Supreme Court an the National Will, Garden City, New York 1937

Anschütz, Gerhard: Die Verfassung des deutschen Reichs, Kommentar; Nachdruck des 14. A. Berlin 1933, Bad Homburg v. d. H. 1965

Apelt, Willibalt: Diskussionsbeitrag in der Aussprache über den ersten Beratungsgegenstand, in: Veröffentlichungen der Vereinigung der Deutschen Staatsrechtslehrer, Heft 12, Berlin 1954

Arndt, Adolf: Das Bild des Richters, Karlsruhe 1957

— Gesetzesrecht und Richterrecht, in: NJW 63, S. 1273

Arndt, Claus: Zur Bedeutung der Sozialstaatsklausel im Grundgesetz, in: GMH 1961, 461

Aumann, Francis R.: The Instrumentalities of Justice: Their Forms, Functions, and Limitations, Columbus 1956

Bachof, Otto: Begriff und Wesen des sozialen Rechtsstaates, in: Veröffentlichungen der Vereinigung der Deutschen Staatsrechtslehrer, Heft 12, Berlin 1954

— Buchbesprechung, in: FamRZ 56, 399

— Grundgesetz und Richtermacht, Tübingen 1959

Badura, Peter: Verwaltungsrecht im liberalen und im sozialen Rechtsstaat, in: Recht und Staat 328 (1966)

— Die Rechtsprechung des BVerfG zu den verfassungsrechtlichen Grenzen wirtschaftspolitischer Gesetzgebung im sozialen Rechtsstaat, in: AöR 92, 382

Bäumlin, Richard: Die rechtsstaatliche Demokratie, Berner iur. Diss., Zürich 1954

Benda, Ernst: Industrielle Herrschaft u. sozialer Staat, Göttingen 1966

Bendick, Albert M.: Privacy, Property and the Constitution, in: 54 Calif. Law Review 407 (1966)

Besson, Waldemar-*Jasper*, Gotthard: Das Leitbild der modernen Demokratie, München, Frankfurt, Berlin 1965

Bethge, Dietrich: Die Arbeitsvermittlung im sozialen Rechtsstaat, Kölner iur. Diss., Düsseldorf 1962

Birnbaum, Harold F.: Stare decisis vs. Judicial Activism: Nothing Succeeds like Success, in: American Bar Association Journal 54:1 (1968), S. 482 ff.

Blackmar, Charles B.: The Legislative Challenge to the Judiciary, Missouri Law Review 1969, S. 24

Boehmer, Gustav: Praxis der richterlichen Rechtsschöpfung, Tübingen 1952

Bogs, Walter: Der soziale Rechtsstaat im deutschen Verfassungssystem, in: Sozialer Rechtsstaat — Weg oder Irrweg?, S. 44, Bad Godesberg 1963

— Die Einwirkung verfassungsrechtlicher Normen auf das Recht der sozialen Sicherheit, in: Verhandlungen des 43. Deutschen Juristentages 1960, S. G 1, Tübingen 1962

Born, Karl Erich: Idee und Gestalt des sozialen Rechtsstaats in der deutschen Geschichte, in: Soz. Rechtsstaat — Weg oder Irrweg?, S. 81, Bad Godesberg 1963

Boutmy, Emile: Studies in Constitutional Law, London u. New York 1891

Breitel, Charles D.: The Courts and Lawmaking, in: Legal Institutions Today and Tomorrow, S. 1, New York 1959

Brunner, Georg: Die Problematik der sozialen Grundrechte, in: Recht u. Staat, Heft 404/405, Tübingen 1971

Bülow, Oskar: Gesetz u. Richteramt, Leipzig 1885

Cahill, Fred V.: Judicial Legislation, New York 1952

Callison, J. P.: Courts of Injustice, New York 1956

Cardozo, Benjamin: The Nature of the Judicial Process, 25. Auflage, New Haven and London 1966

Collmer, Paul: Der Sozialstaat, in: Festschrift f. Hermann Kunst, S. 150, Berlin 1967

Corbin, Arthur L.: Legal Analysis and Terminology, 29 Yale Law Rev. 163

Cox, Archibald: The Warren Court, Cambridge 1968

Crosskey, W. W.: Politics and the Constitution in the History of the United States, 1953

Dahm, Georg: Deutsches Recht, 2. Aufl., Stuttgart 1963

Darmstädter, Friedrich: Der Wohlfahrtsstaat und das soziale Grundrecht, in: Festschrift für Emge, S. 12, Wiesbaden 1960

Dax, Günter: Das Gleichbehandlungsgebot als Grundlage positiver subjektiv-öffentlicher Rechte, Bonn 1969

Dean, Howard E.: Judicial Review and Democracy, 2. Aufl., New York 1967

— Judicial Review, Judicial Legislation and Judicial Oligarchy, in: Oregon Law Review 34, S. 20

Dersch, Hermann: Der Verfassungsgrundsatz der Sozialstaatlichkeit und Rechtsstaatlichkeit in der Praxis der Sozialversicherung, in: Festschrift für Walter Bogs, S. 59, Berlin 1959

Dichgans, Hans: Vom Grundgesetz zur Verfassung, Düsseldorf, Wien 1970

Dicke, Detlev Christian: Verfassungsrechtliche Möglichkeiten und Grenzen der Wirtschaftslenkung in Italien u. der Bundesrepublik Deutschland, Stuttgart, Berlin, Köln, Mainz 1969

Diplock, Kenneth: The Courts as Legislators, Birmingham 1965

Dölle, Hans: Die Gleichberechtigung von Mann u. Frau im Familienrecht, in: JZ 53, S. 353

v. Doemming, Klaus-Berto, Rudolf Werner *Füsslein* und Werner *Matz*: Entstehungsgeschichte der Artikel des Grundgesetzes, in: JÖR I, S. 1

Graf zu Dohna, Bernt: Die Grundprinzipien des Völkerrechts über die freundschaftlichen Beziehungen u. die Zusammenarbeit zwischen den Staaten, Berlin 1973

Dorsen, Norman: The Rights of Americans: What they Are — What they Should Be, New York 1971

Douglas, William O.: Legal Institutions in America, in: Legal Institutions Today and Tomorrow, S. 274, New York 1959

Dubischar, Roland: Grundbegriffe des Rechts, Stuttgart, Berlin, Köln, Mainz 1968

Dürig, Günther: Verfassung u. Verwaltung im Wohlfahrtsstaat, in: JZ 53, 193 ff.

— Grundrechte u. Zivilrechtsprechung, in: Festschrift für Nawiasky, S. 157 ff., München 1956

Dupprè, Fritz: Eröffnung der 36. Staatswissenschaftlichen Fortbildungstagung 1968 in Speyer, in: Wohl der Allgemeinheit u. öff. Interessen, S. 9, Berlin 1968

Eichenberger, Kurt: Die richterliche Unabhängigkeit als staatsrechtliches Problem, Bonn 1960

Ellwein, Thomas: Das Regierungssystem der Bundesrepublik Deutschland, 2. Aufl., Köln u. Opladen 1965

Erichsen, Hans-Uwe: Staatsrechtslehrertagung 1969 in Bern (II), in: DVBl 70, 166

Esser, Josef: Interpretation und Rechtsneubildung im Familienrecht, in: JZ 53, 521

— Grundsatz u. Norm in der richterlichen Fortbildung des Privatrechts, 2. Aufl., Tübingen 1964

Farnsworth, Allan E.: An Introduction to the Legal System of the United States, New York 1963

Fechner, Erich: Freiheit u. Zwang im sozialen Rechtsstaat, Tübingen 1953

— Die soziologische Grenze der Grundrechte, in: Recht u. Staat, Band 177, Tübingen 1954

— Sozialer Rechtsstaat u. Arbeitsrecht, in: RdA 55, S. 161

— Rechtsphilosophie, Tübingen 1956

Feldmann, Heinz-Joachim: Der pol. Charakter verfassungsgerichtlicher Spruchtätigkeit, Würzburger Diss., Würzburg 1971

Fikentscher, Wolfgang: Wirtschaftskontrolle— ein Verfassungsgrundlagenproblem, in: WuW 71, S. 789

Flume, Werner: Richter und Recht, in: Verhandlungen des 46. Deutschen Juristentages, Band II, S. K 4, München u. Berlin 1967

Forkosch, Morris D.: The Separation of Powers, in: University of Colorado Law Review 41 (1969), S. 529, Boulder 1969

Forsthoff, Ernst: Begriff u. Wesen des sozialen Rechtsstaates, in: Veröffentlichungen der Vereinigung der Deutschen Staatsrechtslehrer, Heft 12, Berlin 1954

— Schlußwort in der Aussprache über den ersten Beratungsgegenstand, in: Veröffentlichungen der Vereinigung der Deutschen Staatsrechtslehrer, Heft 12, Berlin 1954

— Die Umbildung des Verfassungsgesetzes, in: Der Rechtsstaat im Wandel, S. 147, Stuttgart 1964

Frank, Jerome: Law and the Modern Mind, New York 1930

Frankfurter, Felix: The Supreme Court as Legislator, in: Kurland, Felix Frankfurter on the Supreme Court, S. 181, Cambridge 1970

— Social Issues before the Supreme Court, in: Kurland, Felix Frankfurter on the Supreme Court, S. 286, Cambridge 1970

— The Orbit of Judicial Power, in: Kurland, Felix Frankfurter on the Supreme Court, S. 338, Cambridge 1970

— The Judicial Process and the Supreme Court, in: Kurland, Felix Frankfurter on the Supreme Court, S. 496, Cambridge 1970

Freedman, Max: Justice Frankfurter and Judicial Review, in: Perspectives on the Court, S. 1 ff., Evanston 1967

Friedmann, Wolfgang: Recht und sozialer Wandel, Frankfurt 1969

Friesenhahn, Ernst: Die Verfassungsgerichtsbarkeit in der BRD, in: Verfassungsgerichtsbarkeit in der Gegenwart, S. 89, Köln, Berlin 1962

— Aufgabe u. Funktion des BVerfG, in: Aus Politik und Zeitgeschichte, Beilage zur Wochenzeitung „Das Parlament" 6/65, Bonn 1965

— Wesen und Grenzen der Verfassungsgerichtsbarkeit, in: Zeitschrift f. d. Schweiz. Recht 1954, S. 130

— Staatsrechtslehre u. Verfassung, Bonner Rektoratsrede 1950

Fröhler, Ludwig: Die verfassungsrechtliche Grundlegung des sozialen Rechtsstaats in der BRD u. in der Republik Österreich, München 1967

Fuss, Ernst-Werner: Zur richterlichen Prüfung von Gesetz und Gesetzesanwendung, in: Festschrift für Schack, S. 11, Hamburg 1966

— Normenkontrolle und Gleichheitssatz, in: JZ 62, S. 565, 595, 737

Gallwas, Hans-Ulrich: Der Mißbrauch von Grundrechten, Münchner iur. Diss., o. O. 1961

Geiger, Willi: Verfassungsentwicklung durch Verfassungsgerichtsbarkeit, o. O. 1965

— Was heißt sozialer Rechtsstaat nach dem GG?, in: Sozialer Rechtsstaat, Wohlfahrtsstaat, Versorgungsstaat, Paderborn 1962

Gerber, Hans: Die Sozialstaatsklausel des GG, in: AÖR 81, S. 1

Germann, Oscar Adolf: Präjudizielle Tragweite höchstinstanzlicher Urteile, insbesondere der Urteile des schweiz. Bundesgerichts, in: ZSR 1949, S. 297 u. 423

— Probleme und Methoden der Rechtsfindung, 2. Auflage, Bern 1967

Gerstenmaier, Eugen: Die normative Kraft der proklamierten Menschenrechte, in: Bulletin des Presse- u. Informationsamtes der Bundesregierung vom 12. 12. 1968, S. 1402

— Rang und Stand in der modernen Massenwelt, Bad Godesberg 1961

— Der Primat der Politik, Bonn 1967

Giese, Friedrich und Egon *Schunck*: Grundgesetz für die Bundesrepublik Deutschland, 4. u. 7. Aufl., Frankfurt (Main), 1955 u. 1965

Göldner, Detlef Christoph: Verfassungsprinzip u. Privatrechtsnorm in der verfassungskonformen Auslegung u. Rechtsfortbildung, Berlin 1969

Goodpaster: An Introduction to the Community Development Corporation, in: 46 J. Urban Law 603 (1969)

Gray, John C.: Nature and Sources of Law, 2. Auflage 1921

Grewe, Wilhelm: Das bundesstaatliche System des GG, in: DRZ 1949, 351

— Die Bundesrepublik als Rechtsstaat, in: DRZ 49, 392

— Der Begriff des „sozialen Staates" in der deutschen Verfassungsentwicklung, in: Der Arbeitgeber 1950/51, S. 39

Gross, Werner: Verwaltung und Verwaltungsrechtsprechung im sozialen Rechtsstaat, in: Soz. Rechtsstaat — Weg oder Irrweg?, S. 106 ff., Bad Godesberg 1963

Grossmann, R.: Die staats- und rechtsideologischen Grundlagen der Verfassungsgerichtsbarkeit in den Vereinigten Staaten von Amerika und in der Schweiz, Zürich 1948

Hamann, Andreas: Das Grundgesetz für die BRD, 2. Aufl., Neuwied und Berlin 1961

— Die Ermessensfreiheit der Gesetzgebung, in: NJW 55, 969

— Deutsches Wirtschaftsverfassungsrecht, Neuwied, Berlin, Darmstadt 1958

Hamed, Abdul Samed: Das Prinzip der Gewaltenteilung und die Beaufsichtigung der Regierung durch das Parlament, Berner iur. Diss., Bern 1957

Hamel, Walter: Die Bedeutung der Grundrechte im sozialen Rechtsstaat, Berlin 1957

Hart, Henry Melvin jr.: Comment on: The Courts and Lawmaking, in: Legal Institutions Today and Tomorrow, S. 40, New York 1959

Hart, H. C. A.: Positivism and The Separation of Law and Morals, in: 71 Harvard Law Review 593

Hartwich, Hans-Hermann: Der soziale Rechtsstaat — Motor erweiterter Mitbestimmung oder restriktive Bedingung der Gesellschaftsreform, in: Gewerkschaftliche Monatshefte, Oktober 1971, Köln 1971

— Sozialstaatspostulat und gesellschaftlicher status quo, Köln und Opladen 1970

Haug, Hans: Die Schranken der Verfassungsrevision, Züricher iur. Diss., St. Gallen 1947

Hayek, Friedrich A.: Masse und Demokratie, Stuttgart 1957

Heck, Karl: Diskussionsbeitrag in den Verhandlungen der sozial-rechtlichen Arbeitsgemeinschaft über das Thema: Die Einwirkung verfassungsrechtlicher Normen auf das Recht der sozialen Sicherheit, in: Verhandlungen des 43. Deutschen Juristentages, München 1960, S. G 90, Tübingen 1962

Hecklinger, Roland: Die normative Kraft der grundgesetzlichen Sozialstaatsklausel in ihrer Bedeutung für das moderne Arbeitsrecht, Freiburger iur. Diss., Düsseldorf 1960

Hegel, Georg W. F.: Grundlinien der Philosophie des Rechts, Band VIII d. gesamm. Werke, Berlin 1833

Heller, Hermann: Der Begriff des Gesetzes in der Reichsverfassung, in: VVDStRL 4, S. 98

— Staatslehre, Leiden 1934

Hessdörfer, Ludwig: Der Rechtsstaat, Stuttgart 1961

Hesse, Ernst: Die Bindung des Gesetzgebers an das Grundrecht des Art. 2 I GG bei der Verwirklichung einer verfassungsmäßigen Ordnung, Berlin 1968

Hesse, Konrad: Grundzüge des Verfassungsrechts der BRD, 2. Aufl., Karlsruhe 1968

— Der Rechtsstaat im Verfassungssystem des Grundgesetzes, in: Festschrift für Smend, S. 71, Tübingen 1962

Heuss, Theodor: Tagebuchbriefe 1955/1963, Stuttgart 1970

v. Hippel, Ernst: Das richterliche Prüfungsrecht, in: Anschütz, Gerhard und Richard Thoma, Handbuch des Deutschen Staatsrechts, Band II, S. 546, Tübingen 1932

Hirsch, Hans-Joachim: Richterrecht und Gesetzesrecht, in: JR 66, S. 334

Hirschfield, Robert: The Constitution and the Court, 4. Aufl., New York 1965

Hoadley, N. N.: The Nature of the Kingdom or Church of Christ, in: Works, Bd. II, London 1773

Hobbes, Thomas: Leviathan, Paris 1651, Nachdruck, London, New York 1914

Hogan, Harry J.: The Supreme Court and Natural Law, in: American Bar Association Journal 54 1 (1968), S. 570 ff.

Howard, J. Woodford: Adjudication Considered as a Process of Conflict Resolution: A Variation on Separation of Powers, in: Journal of Public Law 18 (1969), S. 339, Atlanta 1969

Huber, Ernst Rudolf: Zur Problematik des Kulturstaates, in: Recht u. Staat, Bd. 212 (1958)

— Nationalstaat und Verfassungsstaat — Studien zur Geschichte der modernen Staatsidee, Stuttgart 1965

— Wirtschaftsverwaltungsrecht, Bd. I u. II, 2. Aufl., Tübingen 1953

— Rechtsstaat und Sozialstaat in der modernen Industriegesellschaft, in: Rechtsstaatlichkeit u. Sozialstaatlichkeit, Darmstadt 1968

— Der Streit um das Wirtschaftsverfassungsrecht, in: DÖV 56, 200

Huber, Hans: Die Bedeutung der Grundrechte für die sozialen Beziehungen unter den Rechtsgenossen, in: Rechtsstaatlichkeit und Sozialstaatlichkeit, S. 259, Darmstadt 1968

— Gewerbefreiheit und Eigentumsgarantie, in: Festschrift für Max Gutzwiller, S. 535, Basel 1959

— Soziale Verfassungsrechte?, in: Rechtsstaatlichkeit und Sozialstaatlichkeit, S. 1, Darmstadt 1968

— Probleme des ungeschriebenen Verfassungsrechts, in: Rechtsquellenprobleme im Schweizerischen Recht, S. 95, Bern 1955

Hueck, Alfred: Der Sozialstaatsgedanke in der Rechtsprechung des Bundesarbeitsgerichts, in: Rechtsstaatlichkeit und Sozialstaatlichkeit, S. 411, Darmstadt 1968

von Humboldt, Wilhelm: Ideen zu einem Versuch, die Grenzen der Wirksamkeit des Staats zu bestimmen, Berlin 1841

Hyneman, Charles S.: The Supreme Court on Trial, New York 1963

Ipsen, Hans Peter: Über das Bonner Grundgesetz, Hamburg 1950

— Die Nachprüfung der Verfassungsmäßigkeit von Gesetzen, in: Beiträge zum öffentlichen Recht, S. 19, Berlin, Tübingen 1950

— Enteignung und Sozialisierung, in: VVDStRL 10, S. 74 ff., Berlin 1952

— Gleichheit, in: Die Grundrechte, Bd. II, S. 111, Berlin 1954

Isensee, Josef: Subsidiaritätsprinzip und Verfassungsrecht, Berlin 1968

Jackson, Robert H.: The Supreme Court, Cambridge 1955

Jahrreiss, Hermann: Freiheit und Sozialstaat, in: Mensch und Staat, Köln—Berlin 1957

Jerusalem, Franz: Die Staatsgerichtsbarkeit, Tübingen 1930

Jesch, Dietrich: Gesetz und Verwaltung, Tübingen 1961

Kägi, Werner: Rechtsfragen der Volksinitiative auf Partialrevision, in: ZSR 75 (NF 1956) II, 746 a ff.

von Kaltenborn, Carl: Geschichte der deutschen Bundesverhältnisse und Einheitsbestrebungen von 1806 bis 1856, Band II, Berlin 1857

Kant, Immanuel: Der Streit der Fakultäten, Königsberg 1798

Karl, Hermann: Freiheit und Sozialstaat, Bochumer Diss., 1970

Kaskel, Walter: Die rechtliche Natur des Arbeitsschutzes, in: Festschrift für Heinrich Brunner, München und Leipzig 1914

Katz, Rudolf: Bundesverfassungsgericht und USA-Supreme Court, in: DÖV 1954, S. 97 ff.

Kauper, Paul G.: The Constitutions of West Germany and the United States: A Comparative Study, in: Michigan Law Review 58, S. 1091

— The Alternative Amendment Process: Some Observations, in: 66 Michigan Law Review 903

von Kirchmann, Julius: Die Wertlosigkeit der Jurisprudenz als Wissenschaft, Berlin 1848

Klein, Franz: Zum Begriff und zur Grenze der Verfassungsgerichtsbarkeit, in: DÖV 64, 471

Klein, Friedrich: Bundesverfassungsgericht und richterliche Beurteilung politischer Fragen, Münster 1966
— Bonner Grundgesetz und Rechtsstaat, in: ZgStW 106 (1950), S. 390
Knapp, Wolfgang: The Protection of Equal Laws, Ann Arbor 1971
— Der oberste Gerichtshof der Vereinigten Staaten und die Ausdehnung des Gleichheitsgedankens, Tübinger iur. Diss. 1973
Köttgen, Arnold: Der soziale Bundesstaat, in: Festgabe für Muthesius, S. 19, Köln, Berlin, München, Bonn 1960
Kontiades, Jon: Verfassungsgesetzliche Staatsstrukturbestimmungen, Stuttgart, Berlin, Köln, Mainz 1967
Krüger, Herbert: Verfassungswandlung und Verfassungsgerichtsbarkeit, in: Festschrift für Smend, S. 151, Tübingen 1962
Landsberg, Kurt und Harry *Götz:* Verfassung von Berlin, Berlin 1951
Lasalle, Ferdinand: Über Verfassungswesen, in: Reden und Schriften, S. 146 ff., Berlin 1926
Laufer, Heinz: Typus und Status des Bundesverfassungsgerichts, in: Festschrift für Gerhard Leibholz, S. 427, Tübingen 1966
— Verfassungsgerichtsbarkeit und politischer Prozeß, Tübingen 1968
— Die demokratische Ordnung, 2. Aufl., Stuttgart 1970
Leibholz, Gerhard: Der Status des BVerfG (Bericht des Berichterstatters an das Plenum des BVerfG), in: JÖR NF 6 (1957), S. 120
— Die Gleichheit vor dem Gesetz, 2. Aufl., München und Berlin 1959
— Der Status des Bundesverfassungsgerichts, S. 61, Karlsruhe 1963
— Einleitung zu: Der Status des BVerfG, in: JÖR NF 6 (1957), S. 110
— Verfassungsrecht und Arbeitsrecht, in: Hueck-Leibholz, Zwei Vorträge zum Arbeitsrecht, S. 21, München 1960
— Mehr Freiheit durch Sozialstaat, in: Die Zeit, Nr. 21 (1971), S. 8, Hamburg 1971
— Strukturprobleme der modernen Demokratie, 3. Aufl., Karlsruhe 1967
Leibholz, Gerhard und Hans-Justus *Rinck:* Grundgesetz, 3. Aufl., Köln 1968
Leisner, Walter: Die Gesetzmäßigkeit der Verfassung, in: JZ 64, S. 201 f.
— Von der Verfassungsmäßigkeit der Gesetze zur Gesetzmäßigkeit der Verfassung, in: Recht und Staat, Heft 286/287, Tübingen 1964
Lenz, Helmut: Die unbehagliche Nähe der Koalitionsgarantie zum Sozialstaat, in: Gesellschaft, Recht und Politik, Neuwied und Berlin 1968
Lerche, Peter: Das Bundesverfassungsgericht und die Verfassungsdirektiven, AÖR 90, S. 341
— Übermaß und Verfassungsrecht, Köln, Berlin, München, Bonn 1961
Lieb, Manfred und Stefan *Westhoff:* Voraussetzungen und Abgrenzung von richterlicher Inhaltskontrolle und Rechtsfortbildung, in: Der Betrieb 1973, 69 ff.
Loewenstein, Karl: Verfassungslehre, 2. Auflage, Tübingen 1969
Lucas, John R.: The Supreme Court: A Political View, in: Western Politica 1 (1967), S. 32, Stanford 1967

Maihofer, Werner: Rechtsstaat und Sozialstaat, in: Rechtsstaat — Sozialstaat, S. 13, Stuttgart, Berlin, Köln, Mainz 1972

Majewski, Otto: Auslegung der Grundrechte durch einfaches Gesetzesrecht?, Berlin 1971

v. Mangoldt, Hermann und Friedrich *Klein:* Das Bonner Grundgesetz, 2. Aufl., Bd. I, Berlin und Frankfurt 1966

Marcic, René: Vom Gesetzesstaat zum Richterstaat, Wien 1967
— Verfassungsgerichtsbarkeit als Sinn der Reinen Rechtslehre, in: Festschrift für Gerhard Leibholz, S. 481, Tübingen 1966

Maunz, Theodor, Günther *Dürig* und Roman *Herzog:* Grundgesetz, München 1971

McWhinney, Edward: Federal Supreme Courts and Constitutional Review, in: Canadian Bar Review 45, S. 578, Toronto 1967
— Judicial Review, 4. Aufl., Toronto 1969
— Constitutionalism in Germany and the Federal Constitutional Court, Leyden 1962

v. Mehren, Arthur Taylor: The Judicial Process in the United States and Germany. A Comparative Analysis, in: Festschrift für Rabel, S. 67, Tübingen 1954

Meier-Hayoz, Arthur: Der Richter als Gesetzgeber, Zürich 1951

Mendelson, Wallace: Justices Black and Frankfurter: Conflict in the Court, Chicago 1961

Menger, Christian-Friedrich: Der Begriff des sozialen Rechtsstaates im Bonner Grundgesetz, in: Recht und Staat, Heft 173, Tübingen 1953

Menzel, N. N.: Geschichte in Wissenschaft und Unterricht, 1961

Michelmann, Frank J.: The Supreme Court 1968 Term, Foreword: On Protecting the Poor Through the Fourteenth Amendment, in: Harvard Law Review 1969, S. 7

Miller, Arthur S. und Ronald F. *Howell:* The Myth of Neutrality in Constitutional Adjudication, in: University of Chicago Law Review 27 (1960), S. 689

Müller, Gerhard: Der Gedanke des sozialen Staates in der bisherigen Rechtsprechung des Bundesarbeitsgerichts, in: Betrieb 1956, S. 524 und 549

Müller-Freienfels, Wolfram: Kernfragen des Gleichberechtigungsgesetzes, in: JZ 57, S. 685

Neumann, Franz: Zum Begriff der politischen Freiheit, in: ZgesStW 109 (1953), S. 25 ff.

Nipperdey, Hans-Carl: Diskussionsbeitrag in der Aussprache über die Berichte zum ersten Beratungsgegenstand, in: VVDStRL Heft 12, S. 92, Berlin 1954
— Freie Entfaltung der Persönlichkeit, in: Die Grundrechte, Bd. IV, 2, S. 741, Berlin 1962
— Soziale Machtwirtschaft und Grundgesetz, 3. Aufl., in: Kartellrundschau, Heft 2, Köln, Berlin, München, Bonn 1965

Oellrich, Claus: Der Beitrag des Bundesarbeitsgerichts zur Methode der Gesetzesauslegung, Bonner iur. Diss., Bonn 1966

v. Oppen-Rundstedt, Catharina: Die Interpretation der amerikanischen Verfassung im Federalist, Bonn 1970

Ossenbühl, Fritz: Probleme und Wege der Verfassungsauslegung, in: DÖV 65, S. 649

Otto, Volker: Das Staatsverständnis des Parlamentarischen Rates, Düsseldorf 1971

Paulsen, Andreas: Soziale Gerechtigkeit als Wertnorm der Wirtschaftsordnung, München 1948

Graf v. Pestalozza, Christian: Kritische Bemerkungen zu Methoden und Prinzipien der Grundrechtsauslegung in der Bundesrepublik Deutschland, in: Der Staat 2 (1963), S. 425

Peters, Hans: Die freie Entfaltung der Persönlichkeit als Verfassungsziel, in: Festschrift für Laun, S. 670, Hamburg 1953

— Die Gewaltentrennung in moderner Sicht, Köln und Opladen 1954

Post, Charles Gordon: The Supreme Court and Political Questions, Baltimore 1936

Powell, Thomas Reed: Vagaries and Varieties in Constitutional Interpretation, New York 1956

Pritchett, C. Herman: The Supreme Court Today: Constitutional Interpretation and Judicial Self Restraint, in: South Dakota Law Review 3 (1958), S. 51

Radbruch, Ernst: Rechtsphilosophie, 4. Aufl., Stuttgart 1950

Radbruch, Gustav und Konrad *Zweigert:* Einführung in die Rechtswissenschaft, 11. Aufl., Stuttgart 1964

Ramm, Thilo: Der Arbeitskampf und die Gesellschaftsordnung des Grundgesetzes, Stuttgart 1965

Rasehorn, Theo: Rechtsfindung und Gerichtspraxis, in: NJW 72, S. 81 ff.

Rawls, N. N.: Distributive Justice: Some Addenda, in: 13 Natural Law Forum, S. 1 (1968)

Redeker, Konrad: Legitimation und Grenzen richterlicher Rechtsetzung, in: NJW 72, S. 409

Reuss, Hermann: Der Richter und das Gesetz, in: DÖV 1963, S. 361 ff.

Reuss, Wilhelm: Die Bedeutung des Sozialstaatsprinzips, in: Sozialstaatsprinzip und soziale Sicherheit, S. 7, Stuttgart 1960

Ridder, Helmut: Zur verfassungsrechtlichen Stellung der Gewerkschaften im Sozialstaat nach dem Grundgesetz für die Bundesrepublik Deutschland, Stuttgart 1960

Roche, John P. und Leonhard W. *Levy:* The Judiciary, New York 1964

Röhl, Hellmut: Die Problematik der sozialen Grundrechte in unserem Staat, in: DVBl 55, S. 182

Rohwer-Kahlmann, Harry: Die Einwirkung verfassungsrechtlicher Normen auf das Recht der sozialen Sicherheit, in: NJW 60, S. 1641

von Radowitz, Joseph Maria: Gesammelte Schriften, Band IV, Berlin 1853
— Diskussionsbeitrag in den Verhandlungen der sozialrechtlichen Arbeitsgemeinschaft über das Thema: Die Einwirkung verfassungsrechtlicher Normen auf das Recht der sozialen Sicherheit, in: Verhandlungen des 43. Deutschen Juristentages, München 1960, S. G 80, Tübingen 1962

Rosenblum, Victor G.: Law as a Political Instrument, Garden City, New York 1955

Rüpke, Giselher: Gesetzgeberisches Ermessen und richterliches Prüfungsrecht in der Rechtsprechung des Bundesverfassungsgerichtes zum Gleichheitsgrundsatz, Göttinger iur. Diss. 1961

Rustow, Alexander: Wirtschaftsordnung und Staatsform, in: Magna Charta der sozialen Marktwirtschaft, S. 19, Heidelberg 1952

Rupp, Hans G.: Judicial Review in the Federal Republic of Germany, in: American Journal of Comparative Law 9 (1960), S. 29

Salmond, John: On Jurisprudence, London 1942

Scharpf, Fritz Wilhelm: Grenzen der richterlichen Verantwortung, Karlsruhe 1968

Schelsky, Helmut: Mehr Demokratie oder mehr Freiheit?, in: Frankfurter Allgemeine Zeitung, 20. 1. 1973, S. 7

Scheuner, Ulrich: Der Bereich der Regierung, in: Festschrift für R. Smend, S. 253, Göttingen 1952
— Die staatliche Intervention im Bereich der Wirtschaft, in: VVDStRL 11, S. 1, Berlin 1954
— Grundfragen des modernen Staates, in: R-St-W, Band III, Düsseldorf 1951
— Die institutionellen Garantien des Grundgesetzes, in: R-St-W, Bd. IV, S. 88
— Der Gleichheitsgedanke in der völkischen Verfassungsordnung, in: ZGStW 99, 295, Tübingen 1939
— Die neuere Entwicklung des Rechtsstaates in Deutschland, in: Rechtsstaatlichkeit und Sozialstaatlichkeit, S. 461, Darmstadt 1968

Schlephorst, Hubert: Amerikanisches Verwaltungsrecht im Spannungsfeld zwischen zunehmender staatlicher Betätigung und bürgerlichen Freiheitsrechten, Münsteraner iur. Diss., 1963

Schmidt, Reiner: Der soziale Auftrag des Grundgesetzes, in: Rechtsstaat — Sozialstaat, S. 39 ff., Stuttgart, Berlin, Köln, Mainz 1972

Schmidt, Richard: Die Grundlinien des Deutschen Staatswesens, Leipzig 1919

Schmitt, Carl: Verfassungslehre, München und Leipzig 1928
— Rechtsstaatlicher Verfassungsvollzug, in: Verfassungsrechtliche Aufsätze, S. 452, Berlin 1938
— Der Hüter der Verfassung, Tübingen 1931
— Das Reichsgericht als Hüter der Verfassung, in: Festgabe zum 50jährigen Bestehen des RG, Bd. I, S. 154, Berlin und Leipzig 1929

Schnorr, Gerhard: Sozialstaat — ein Rechtsbegriff?, in: Festschrift für Hans Schmitz, Band II, S. 256, Wien, München 1967

Scholz, Rupert: Arbeitsverfassung und Richterrecht, in: Der Betrieb 72, S. 1771

Schreiber, Werner: Das Sozialstaatsprinzip des Grundgesetzes in der Praxis der Rechtsprechung, Berlin 1972

Schüle, Adolf: Diskussionsbeitrag in der Aussprache über den ersten Beratungsgegenstand, in: Veröffentlichungen der Vereinigung der Deutschen Staatsrechtslehrer, Heft 12, Berlin 1954

Schulz-Schaeffer, Helmut: Die Staatsform der Bundesrepublik Deutschland, Berlin 1966

Schweda, Joachim: Nicht erfüllte Aufträge des Verfassungsgebers an den Gesetzgeber, insbesondere diejenigen im Bonner Grundgesetz, Münster. Diss., o. O. 1968

Smend, Rudolf: Festvortrag, in: Das Bundesverfassungsgericht, Festschrift zum 10jährigen Bestehen, S. 23 ff., Karlsruhe 1963

Sonnenfeld, Kurt: Der Schutz der weiblichen Arbeiter gegen gewerbliche Ausbeutung, Greifswalder Diss., Greifswald 1919

Spanner, Hans: Die richterliche Prüfung von Gesetzen und Verordnungen, Wien 1951

Stahler, Konrad: Verfassungsrechtliche Nachprüfung gesetzgeberischen Unterlassens, iur. Diss., München 1966

Stark, Anton: Bedeutung und verfassungsrechtlicher Gehalt der Aussagen des Grundgesetzes über den sozialen Bundes- und den sozialen Rechtsstaat, Tübinger iur. Diss., o. O. 1959

Stein, Erwin: Die verfassungsrechtlichen Grenzen der Rechtsfortbildung durch die Rechtsprechung, in: NJW 64, S. 1745

v. Stein, Lorenz: Geschichte der sozialen Bewegung in Frankreich von 1789 bis auf unsere Tage, Nachdruck Darmstadt 1959

— Handbuch der Verwaltungslehre, 2. Aufl., Stuttgart 1865

Stern, Klaus: Das Bundesverfassungsgericht und die sogenannte konkrete Normenkontrolle nach Art. 100 I GG, in: AÖR 91, S. 223

Stahlmann, Alfred: Die Unbestimmtheit der Begriffe „Rechtsstaat" und „freiheitliche demokratische Grundordnung" in der Rechtsprechung des Bundesverfassungsgerichts, Münster. iur. Diss., München 1965

Swisher, Carl: Dred Scott One Hundred Years After, in: 19. Judicial Policy 183 (1958)

Thieme, Werner: Liberalismus und Grundgesetz, in: ZgesStW 113, S. 285

Tomandl, Theodor: Der Einbau sozialer Grundrechte in das positive Recht, in: Recht und Staat, Heft 337/338, Tübingen 1967

Triepel, Heinrich: Diskussionsbeitrag in der Aussprache über den zweiten Beratungsgegenstand, in: VVDStRL 7, S. 197

— Wesen und Entwicklung der Staatsgerichtsbarkeit, in: Veröffentlichungen der Vereinigung der Deutschen Staatsrechtslehrer, Heft 5, Berlin und Leipzig 1929

Ueberschaer, Hans-Christian: Bundesverfassungsgericht, Rechtsstaat — Justizstaat, Heidelberger iur. Diss., 1962

Vanderbilt, Arthur T.: The Doctrine of the Separation of Powers and its Present Day Significance, University of Nebraska, 1953

Vile, M. J. C.: Constitutionalism and the Separation of Powers, Oxford 1967

Wagner, Christa: Bonner Grundgesetz und Verfassungsgewohnheitsrecht, Münchner iur. Diss., 1963

Walter, Wilhelm: Die Sozialethische Definition der Demokratie, Freiburg (Schweiz) 1962

Weber, Werner: Weimarer Verfassung und Bonner Grundgesetz, Göttingen 1949
— Die verfassungsrechtlichen Grenzen sozialstaatlicher Forderungen, in: Der Staat 1965, 409

Wechsler, Herbert: The Courts and the Constitution, Atlanta 1965

Weisel, Horst: Der Sozialstaatsgrundsatz des Bonner Grundgesetzes, Marburger iur. Diss.

Welzel, Hans: Die Frage nach der Rechtsgeltung, Köln und Opladen 1966

Werner, Fritz: Sozialstaatliche Tendenzen in der Rechtsprechung, in: AÖR 81, S. 84
— Bemerkungen zur Funktion der Gerichte in der gewaltenteilenden Demokratie, in: Juristen-Jahrbuch 1 (1960), S. 68 ff.

Wienholtz, Ekkehard: Normative Verfassung und Gesetzgebung, Freiburg i. B. 1968

Wiethölter, Rudolf: Rechtswissenschaft, Frankfurt, Hamburg 1968

Wimmer, Peter: Freiheit in der Mitverantwortung für unseren Staat als Sozialstaat im Sinne des Grundgesetzes, Kölner iur. Diss., München 1967

Winkelvoss, Reimer: Die Verwirklichung des sozialen Rechtsstaats, in: DRiZ 1966, 332

Wintrich, Josef: Aufgaben, Wesen, Grenzen der Verfassungsgerichtsbarkeit, in: Festschrift für Nawiasky, S. 191, München 1956

Wittig, Peter: Politische Rücksichten in der Rechtsprechung des Bundesverfassungsgerichts?, in: Der Staat, Bd. 8 (1969), S. 137

Wolf, Ernst: Verfassungsgerichtsbarkeit und Verfassungstreue in den Vereinigten Staaten, Basel 1961

Wolff, Hans-J.: Verwaltungsrecht I, 6. Auflage, München und Berlin 1965
— Rechtsgrundsätze und verfassungsgestaltende Grundentscheidungen als Rechtsquellen, in: Gedächtnisschrift für W. Jellinek, S. 33, München 1955

Zacher, Hans-F.: Soziale Gleichheit, in: AÖR 93, S. 341

ohne Autor: The Federal Common Law, in: Harvard Law Review 82 (1068/69), S. 1512, Cambridge 1969

Printed by Libri Plureos GmbH
in Hamburg, Germany